循环经济规划方法论

王 军／著

减量化
Reduce

3R

资源化
Recycle

再利用
Reuse

吉林出版集团股份有限公司

图书在版编目（CIP）数据

循环经济规划方法论 / 王军著. -- 长春：吉林出版集团股份有限公司，2015.12 （2025.7重印）

ISBN 978 - 7 - 5534 - 9825 - 6

Ⅰ. ①循… Ⅱ. ①王… Ⅲ. ①自然资源－资源经济学－研究 Ⅳ. ①F062.1

中国版本图书馆 CIP 数据核字(2016)第 006741 号

循环经济规划方法论

XUNHUAN JINGJI GUIHUA FANGFALUN

著　　者：王　军

责任编辑：杨晓天　张兆金

封面设计：韩枫工作室

出　　版：吉林出版集团股份有限公司

发　　行：吉林出版集团社科图书有限公司

电　　话：0431－86012746

印　　刷：三河市佳星印装有限公司

开　　本：710mm×1000mm　　1/16

字　　数：257 千字

印　　张：14.75

版　　次：2016 年 4 月第 1 版

印　　次：2025 年 7 月第 3 次印刷

书　　号：ISBN 978 - 7 - 5534 - 9825 - 6

定　　价：63.00 元

如发现印装质量问题，影响阅读，请与印刷厂联系调换。

前　言

改革开放三十多年来，中国经济得到了快速发展。经济的高速发展、城镇化及生活现代化的快速推进，使我国长期以来"三高一低"的粗放式发展模式逐渐丧失了后续空间，无力支撑中国经济实现新突破、迈入新阶段，更难以保障中国走上富强、文明、人与自然和谐相处的生态文明之路。此外，能源需求持续走高、资源短缺与浪费、废物产生量持续攀升等导致经济增长与资源环境之间的矛盾更加尖锐，雾霾频发、水体污染、垃圾围城，环境群体事件持续上升并呈现规模不断增大的趋势，有些地区的污染水平甚至超出了环境承载力，环境压力逐渐逼近"临界点"。环境问题的最终解决，一是靠技术创新，二是靠制度完善。这其中，发展循环经济（Circular Economy）的技术创新与制度建设是至关重要的，甚至起到一个无法替代的、关键性的作用。循环经济本质上是一种生态经济，就是按照生态学规律，合理利用自然资源和环境容量，实现经济活动生态化的发展模式。

自 20 世纪 90 年代后期引入中国以来，循环经济的发展得到国家的高度重视。2005 年 11 月 1 日，国家发改委、国家环保总局、科技部、财政部、商务部、国家统计局 6 部委联合下发《关于组织开展循环经济试点（第一批）工作的通知》，正式启动了我国的循环经济试点工作。2008 年 8 月 29 日，全国人大常委会通过了《中华人民共和国循环经济促进法》，确立了促进循环经济发展的重要法律制度。十多年的实践表明，发展循环经济必须有一个正确的思维方式，就是以规划指引为基础，技术创新为核心，制度建设为保障。编制循环经济发展规划是《中华人民共和国循环经济促进法》确定的循环经济基本管理制度之一。相关规划的编制在推进循环经济发展，减少污染物排放、节约用地、节水等领域，突破技术瓶颈等方面的指导意义重大。技术创新在推动规划指标完成，提升效率方面作用显著。制度是保障规划顺利实施、项目顺利执行、目标顺利完成的重要手段，没有制度的完善，就难以形成规划任务顺利完成的良好外部环境。

　　一个好的循环经济规划应具备前瞻性、先进性、实用性和可操作性等特点；应能很好地指引地区的循环经济发展，减少资源能源的消耗、改善环境质量，从根本上正确协调区域社会、经济、资源和环境之间的关系，对人类自身的经济活动、资源能源的分配和使用、消费行为模式以及生态环境建设等活动，做出时间、空间和程度上的合理安排，从而建立一种可持续的、和谐的生态文明发展模式。

　　笔者在 30 多年的环保科研和管理工作实践中，特别是近十多年来的循环经济理论研究与实践中，既长期关注环境污染问题的解决方式、注重环境问题解决技术方法的效率和效益，不断深化循环经济方法学研究；同时也注重通过案例实践来提高企业和社会对发展循环经济的信心和动力。1995 年参加可持续发展国际论坛，开始研究通过实施区域环境污染"零排放"规划来解决环境污染问题；2002 年以来，在山东省环保局的支持下，组织开展了针对农村环境污染问题的循环型农业发展模式的规划设计研究，开展了村镇污水"零排放"实践。主持了国内第一家地方政府绿色采购的试点工作。2004 年以来，在国家环保总局、国家发展和改革委员会的支持下，在青岛策划了国内首个静脉产业园区，并负责组织园区的规划与建设工作；编制了中华人民共和国环境保护行业标准——《静脉产业类生态工业园区标准（试行）》（HJ/T275－2006）。2007 年成功运作了中日两国政府间的重大项目"中日循环型城市合作项目"并负责组织实施。该项目取得的多项政策和技术突破填补了国内循环经济领域的空白。在这个合作项目中，青岛是唯一被写入两国政府总理签署的《中华人民共和国政府和日本国政府关于进一步加强环境保护合作的联合声明》中的城市；在青岛成功创建了我国第一个静脉产业类生态工业园；为国家建立了第一个静脉产业类生态工业园标准；促成了国内第一个废旧家电拆解项目的技术突破和实现盈利；第一次由政府主导、日方出资、促成了青岛的 52 名行政和专业人员的国外专业培训和 6 名专家参加国际会议。该合作项目取得了突破性进展和明显成效，为我国的循环型城市建设提供了典型示范。该合作项目所创建的"政产学研用"合作模式已被国内十几个循环经济园区所借鉴。该合作项目的成功要素之一，就是有一个好的规划引领。

　　本书集笔者十多年循环经济理论研究以及实践案例总结整理而成，与 2007 年出版的《循环经济的理论与研究方法》、2011 年出版的《静脉产业论》，共同构成循环经济三部曲。本书在综述循环经济发展历程的基础上，对循环经济的概念和内涵进行了再思考和全新的总结；描述了在生态文明大背景下，发展循环经济面临的新形势和新任务；阐明了循环经济规划编制的必要性和意义；总结了循环经济规划编制的主要方法；深刻剖析了循环经济规划编制工作存在的核心问题；回顾了循环经济规划编制的主要实践工作；并从宏观层面、城市与园区层面、社会层面（含资源再生产业与静脉产业园）等层面选择了循环经济规划的典型案例进行分析。本书资料全面、内容翔实，注重理论联系实际、宏观与微观紧密结合，对各级循环经济规划编制及企业循环经济建设、静脉产业园的建立等具有重要的参考价值。

在十多年循环经济工作实践中，特别是青岛静脉产业园规划编制及"中日循环型城市合作项目"实施过程中，金鉴明院士、王文兴院士、孟伟院士、张坤民教授等专家学者给予了许多有益的指导；国家环境保护部万本太总工程师、赵英民司长、山东省环保厅张波厅长等领导在工作中给予了大力支持；中国物资再生协会刘强副会长、山东省环保厅谢锋副厅长、国家发改委循环经济处郭启民处长、环保部科技司冯波处长、日本 IGS 北京事务所小柳秀明所长、上智大学柳下正治教授、德国特里尔应用技术大学海克教授、北京工业大学黄海峰教授等专家也提出了许多指导性意见和建议，在此一并表示谢意。

最后笔者衷心希望本书的出版能对我国循环经济规划编制工作的规范化起到一定的促进作用，从而进一步推动循环经济的健康有序发展。

由于循环经济规划是近年来的一个新课题，涉及内容广泛，其相关支撑理论体系尚处于探索阶段，很难准确把握，加上笔者水平有限，本书难免有不足和疏漏之处，敬请广大读者不吝指正。

2014 年 10 月于青岛浮山

目　录

第一章 循环经济面临的形势和任务

第一节 关于循环经济内涵的再思考

20 世纪 90 年代以来，循环经济所倡导的以生态学理论和生态规律为基础的经济发展模式越来越引起国际社会的关注。一些发达国家相继提出了把发展循环经济、建设循环型社会作为 21 世纪人类社会和生态环境协调发展的必然途径。循环经济是经济发展与生态环保"双赢"的理论，也是推进可持续发展的一种实践模式，其主要强调最有效地利用资源和保护环境，核心是以自然生态系统为模型，在生产和消费领域建立循环模式，以实现节约资源、保护环境、促进经济的可持续发展为最终目标。循环经济理念的提出和不断深入的实践使国际社会更加重视资源节约和保护环境，同时也开启了关于绿色发展与资源环境问题的深层次探索。

一、循环经济概念的再认识

（一）循环的概念

《说文解字》中"循"意为"详遵切，行顺也"。《新华字典》中，循是指遵守、依照沿袭、遵循、因循、循环、循规蹈矩，古同"巡"。具体来说，循主要分为以下几个意思：一是顺着，沿着，如《说文》"循，行顺也"；二是按照、依序，如《韩非子·定法》"因任而授官，循名而责实"；三是遵循、仿效，如《楚辞·天问》"昏微循迹"。环，《新华字典》中主要有圈形的东西、围绕、相互联系的许多事物中的一个等意思。《康熙字典》中的环，主要为"绕也，周回也""户关切""璧属也"等意思。其作为动词的基本意思有两个：

一是环绕，如《国语·越语上》"三江环之"；二是旋转，如《周礼·乐师》"如环拜以钟鼓为节"。循环，《新华字典》做"周而复始回旋"解释，《史记·高祖本纪论》"三王之道若循环，终而复始。"百度百科中其本意是以环形、回路或轨道运行；沿曲折的路线运行，特指运行一周而回到原处；延伸为往复回旋，指事物周而复始地运动或变化。

在循环过程中，递增与衰减并存，从单体的生命或物质诞生开始，其不断成长的同时，也不断地衰老，衰败。循环的方式主要有三种：第一，循环的重复。作为一种理想状态，它是封闭的圆圈，是周而复始的重复。第二，循环的递增。循环会随着时间的推移以及过程的循环，事物在本质或数量上都会不断发展壮大。第三，循环的衰减。随着时间的推移以及过程的循环，事物在本质或数量上都会以一定的速度衰减或者减少。

（二）循环经济定义的再确认

随着 20 世纪 60 年代全球环境保护思潮和运动的不断崛起，循环经济思想开始萌芽。美国经济学家 K. Boulding 发表的《即将到来的宇宙飞船地球经济学》认为，地球就像在太空中飞行的宇宙飞船，需要依靠自身有限的资源来生存，若不合理地开发利用，肆意破坏环境，地球将会像宇宙飞船那样因耗尽资源最终走向毁灭，从而萌生了反馈型的循环经济发展思想。1989 年，英国环境经济学家 D. Pearce 和 R. K. Turner 发表《自然资源和环境经济学》一书，首先提出了循环经济一词，认为应将生产过程中以及最终消费后产生的废物重新用于生产过程，并将所有资源纳入生命周期闭路循环管理的行为称为"循环经济"。1994 年，德国颁布了《循环经济与废物清除法》，从而成为世界上最早制定循环经济相关法律法规的国家，该法经过多次修订，于 1996 年 10 月以《循环经济·废物管理法》的形式正式生效，将废物管理上升到了循环经济的高度，也使世界环境保护运动发生了根本性的转变，即由过去的末端治理转向了源头控制。

20 世纪 90 年代，循环经济的理念被引入中国。由于当时中国所处的经济发展阶段、面临的资源环境问题等与发达国家存在较大差异，许多学者结合国家发展的现实情况与自己的研究领域，从经济、资源利用、环境保护等角度对循环经济的概念进行了不同的阐述，对循环经济这一概念也存在着一些争议和分歧。从目前发表的文献来看，代表性论述主要有：

（1）所谓循环经济，就是把清洁生产和废物的综合利用融为一体的经济，本质上是一种生态经济，它要求运用生态学规律来指导人类社会的经济活动。

简言之，循环经济是按照生态规律利用自然资源和环境容量，实现经济活动的生态化转向。它是实施可持续战略必然的选择和重要保证。（《发展循环经济是21世纪的大趋势》，曲格平）

（2）循环经济是国际社会推进可持续发展的一种实践模式，它强调最有效利用资源和保护环境，表现为"资源—产品—再生资源"的经济增长方式，做到生产和消费"污染排放最小化、废物资源化和无害化"，以最小成本获得最大的经济效益和环境效益。（《大力发展循环经济为全面建设小康社会做贡献》，解振华）

（3）从物质流动的方向看，传统工业社会的经济是一种单向流动的线性经济，即"资源—产品—废物"。线性经济的增长，依靠的是高强度地开采和消耗资源，同时高强度地破坏生态环境。循环经济的增长模式是"资源—产品—再生资源"。（《清洁生产、生态工业和循环经济》，段宁）

（4）循环经济是对物质闭环流动型经济的简称，是以物质、能量梯次和闭路循环使用为特征的，在环境方面表现为污染低排放，甚至污染零排放。循环经济把清洁生产、资源综合利用、生态设计和可持续消费等融为一体，运用生态学规律来指导人类社会的经济活动，因此本质上是一种生态经济。循环经济的根本任务就是保护日益稀缺的环境资源，提高环境资源的配置效率。（《发展循环经济是21世纪环境保护的战略选择》王金南，俞德辉）

（5）循环经济就是对资源及其废物，乃至对"死亡"产品的"遗体"进行综合利用的一种生产过程。这一生产过程的实施，可以达到最大限度地"保护资源、节约资源"的目的。循环经济理论反对一次性消耗资源，提倡资源的重复使用或多次重复使用，提倡对已经达到生命终点的产品实现再生，使其变废为宝，达到变废物为再生资源和再生产品的目的。（《白色发泡餐盒还有没有生存空间》，《光明日报》，2001年12月17日）

（6）循环经济就是在可持续发展的思想指导下，按照清洁生产的方式，对资源及其废物实行综合利用的生产活动过程。这个生产过程要求将资源作为一种循环使用的原材料，重复多次地使用；同时又要求在产品生产和产品使用过程中不发生或少发生污染（即不产生或少产生废气、废水和废渣）。也就是说，在经济发展过程中要努力做到少投入、多产出，少污染或无污染，实现"资源—产品—再生资源—再生产品"的循环式的经济发展模式。现在，客观形势要求人类的经济发展，要从主要依靠自然资源转向主要依靠智力投资，从主要依靠物资资本转向主要依靠人力资本，从以牺牲环境为代价转向以保护环境为目的。资源及其废物的循环使用和再生利用，靠的是智力投入和科技进步。（《人类呼唤"循环经济"》作者系广东省人大常委、城建环资委主任委员）

（7）循环经济也称为资源闭环利用型经济，在保持生产扩大和经济增长的同时，建立"资源—生产—产品—消费—废物再资源化"的清洁闭环流动模式。循环经济是把清洁生产、资源综合利用、可再生能源开发、灵巧产品的设计和生态消费等融为一体，运用生态学规律来指导人类社会经济活动的模式。（《循环经济：把经济与环境由"仇家"变"亲家"——访中国工程院院士、清华大学教授金涌》，《人民日报》，2003年3月24日）

（8）循环经济本质上是一种生态经济。它运用生态学原理及其基本规律而不是机械论规律来指导人们的社会经济活动，要求将人类社会的各项经济活动与自然环境的各种资源要素视为一个密不可分的整体加以考虑，以实现经济数量的增长和环境质量的改善协调一致，实现GDP（GNP）的"绿化"，从而成为一种崭新的发展途径和模式。（《循环经济——原理及其发展战略》，沈耀良）

（9）循环经济是运用生态学规律来指导人类社会的经济活动，是以资源的高效利用和循环利用为核心，以"减量化、再利用、再循环"为原则，以低消耗、低排放、高效率为基本特征的社会生产和社会再生产方式，其实质是以尽可能少的资源消耗和尽可能小的环境代价实现最大的发展效益；是以人为本，贯彻和落实新科学发展观的本质要求；是实现从末端治理转向源头污染控制，从工业化以来的传统经济转向可持续发展的经济增长方式，从单纯的科技管理转向"经济—社会—自然"复合生态系统，从多部门分兵治理转向国家统一部署，与经济目标、社会目标和文化目标的有机结合，通过人文社会伦理教育、法律制度建设和科技创新"三剑齐发"，整合和优化经济系统各个组成部分之间的关系，走新型工业化道路，从根本上缓解日益尖锐的资源约束矛盾和突出的环境压力，全面建设小康社会目标，促进人与自然和谐发展的现实选择；是实现由依靠物质资源为主转向依靠智力资源为主，由生态环境破坏型转向生态环境友好型的历史性和突破性的重大革命；是建设物质文明、精神文明和政治文明，乃至生态文明的有效途径；是人类对人与自然关系深刻反思的积极成果。（《发展循环经济构建资源循环型社会》，左铁镛，中国科协2004学术年会）

（10）2008年8月29日第十一届全国人民代表大会常务委员会第四次会议通过的，2009年1月1日起实施的《中华人民共和国循环经济促进法》第二条规定："本法所称循环经济是指在生产、流通和消费等过程中进行的减量化、再利用、资源化活动的总称。"

（11）循环经济主要是指在生产、流通和消费的过程中进行的减量化、再利用、资源化活动。这个概念跟经济学一般的概念显然是不同的，所以具有它的特殊意义。实际上我们讲的循环是物质，循环的不是经济。为什么叫循环经济呢？就是要通过物质循环达到一定的经济效益，取得好的成本效益，所以可能在这个意义上，有一些理论就把它认为是循环经济。（翟勇，2009 包装废弃物循环经济论坛）

（12）循环经济即物质闭环流动型经济，是指在人、自然资源和科学技术的大系统内，在资源投入、企业生产、产品消费及其废弃的全过程中，把传统的依赖资源消耗的线性增长的经济，转变为依靠生态型资源循环来发展的经济。（百度百科）

从易于大众理解、便于指导和实际操作的角度考虑，循环经济的基本概念应表述如下：循环经济就是按照生态规律，合理利用自然资源和环境容量，实现经济活动生态化的发展模式。循环经济要求运用生态学规律而不是机械论规律来指导人类社会的经济活动，其特征是自然资源的低投入、高利用和废物的低排放。

二、循环经济内涵的再思考

循环经济本质上是一种生态经济，是一种强调经济和生态环境协调发展的新经济模式，即"资源—产品—再生资源"的循环型经济运行模式。其按照物质循环和能量流动规律，模仿稳定高效的自然生态系统，通过建立工业生态系统的"食物链"和"食物网"，将经济系统和谐地纳入自然生态系统的循环过程。循环经济系统应包括一般产品生产和资源循环再利用两个产业体系，如图 1-1 所示。

由图 1-1 可见，一般产品生产体系主要指从原料开采到生产、流通、消

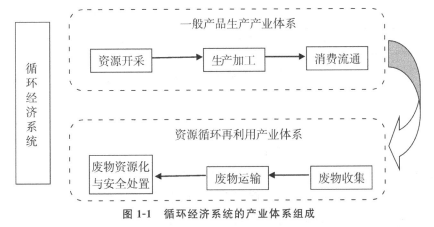

图 1-1　循环经济系统的产业体系组成

费、废弃的过程；而资源循环再利用产业体系主要指从生产或消费后产生废物的收集、运输、拆解、资源化及最终安全处置的过程。在这两个体系中包括四类主要行为者：资源开采者、生产加工者、消费者和废物处理者。

三、循环经济的基本原则

循环经济以"减量化、再利用、资源化"（即 3R 原则，如图 1-2 所示）为基本原则来组织生产，实现资源利用的"减量化"、产品的"再利用"及废物的"资源化"，以最小的环境代价与资源消耗实现最大的发展效益，实现人与自然的和谐。3R 原则的重要性并不是并列的，它们的优先顺序是"减量化""再利用""资源化"，其排序实际上也反映了 20 世纪 50 年代以来人们在环境与发展问题上思想进步走过的三个历程：一是以环境破坏为代价追求经济增长的理念终于被抛弃，人们的思想从排放废物转变为要求净化废物，即末端治理的思想；二是由于环境污染的实质是资源浪费，因此要求进一步从净化废物升华到利用废物，即再利用的思想；三是人们认识到利用废物仍然只是一种辅助性手段，环境与发展协调的最高目标应该是实现从利用废物到减少废物的"质"的飞跃。

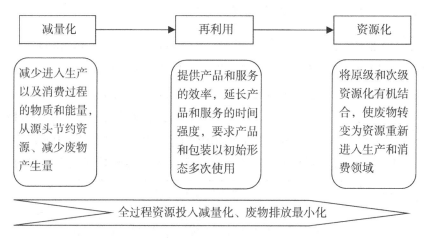

图 1-2 循环经济的 3R 原则

（一）减量化原则

减量化原则是循环经济的第一原则，属于输入端方法，主张从生产源头，即输入端就应有意识地节约资源、提高单位产品对资源的利用率，目的是减少进入生产和消费过程的物质量、降低废物的产生量。在生产过程中，减量化原则常表现为生产工艺的绿色化、产品的小型化和轻量化，并要求产品包装追求简单朴实而不是豪华浪费，从而达到减少废物排放的目的。采取的主要措施有：改进管理技术，减少进入生产和消费领域的资源投入量；引进先进的生产工艺并配合实施清洁生产，减少单位产品生产原料的使用量和污染物的排放量。在消费中，提倡适度消费和绿色消费，要求改变消费至上的传统消费观念，从使用环境不友好的物质、品牌向追求环境友好的物质和精神的生活方式转化。在消费领域的主要表现为：选购包装简易的物品，购买耐用并可循环使用的物品，减量化原则的优先级最高，在不得不产生废物时，应尽量减少其产生量，然后在可行的情况下促进对其的进一步再利用及资源化。

（二）再利用原则

再利用原则是循环经济的第二原则，与资源化相比，具有如下特点：一是属于过程性方法，为防止物品过早地成为废物，在生产和消费过程中应尽可能多次使用或以多种方式使用所投入的原材料或购买的产品；二是避免产生废物的方法，是一种预防性措施。依据再利用原则，企业在生产中应引入生态设计理念，尽可能采用标准化方式进行产品设计和生产加工，以便于设备的维修和升级换代，从而延长使用寿命；在消费中应鼓励消费者购买可重复使用的物品及再生产品，或将淘汰的旧物品返回二手市场供他人使用。在许多发达国家，有相当数量的环境友好人士和消费者喜欢到各类慈善组织或跳蚤市场购买廉价的二手产品或稍有损坏但仍可使用的物品，这种行为对节约资源、减少废物的产生具有十分重要的意义。

（三）资源化原则

资源化原则本质上是一种末端治理方式，属于输出端方法，是指尽量使在生产和消费过程中产生的废物，通过资源化的手段再加工为可重新使用的原材料或产品，并重新返回到生产和消费领域。要求从材料选取、产品设计、工艺流程、产品使用到废物处理的产品全生命周期，实行清洁生产，力争做到废物排放的无害化和资源化。资源化通常包括原级资源化和次级资源化，原级资源化是指废物资源化后形成与原产品功能相同或相近的新产品，次级资源化是指废物资源化后变成不同类型的新产品。循环经济中提倡将废物原级资源化和次级资源化相结合，以充分实现资源的再循环使用。一般原级资源化在形成产品过程中可减少 20%～90% 的原生材料使用量，而次级资源化则可减少 25%。目前发达国家的再生资源回收总值约为 3000 亿美元，占世界国民生产总值的 1%。

第二节　循环经济的分类与特点

一、循环经济的主要类型

按照经济社会活动的规模和所涉及的范围，循环经济可以分成大、中、小三种规模的循环方式。

（一）"小循环"模式

"小循环"——企业内部的循环，是指以一个企业内部或者一个农村家庭为单位，根据生态效率的理念，以清洁生产为抓手，提高资源、能源的利用效率，实现污染无害排放或零排放目标。企业是经济建设的主体，也是发展循环经济的基础，因此，发展循环经济应把企业作为重点，提倡建立循环型企业，最大限度节约原材料和能源，淘汰有毒原材料，削减废物的产生量和毒性。要求企业做到：减少物料的使用量、减少能源的使用量、减少有毒物质的使用量、提高物质的循环利用率、提高产品的耐用性、促进废物减量排放等。同时，企业还应实现全面的绿色管理，包括绿色营销、绿色会计、绿色审计等，企业内部的循环经济模式如图1-3所示。

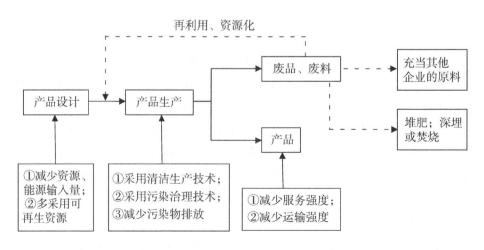

图1-3　企业内部的循环经济模式（小循环）

（二）"中循环"模式

"中循环"——企业之间的物质循环，是指把不同的工厂或部门联结起来，以循环经济理念和生态工业原理为指导，形成共享资源和互换副产品的产业共生组合，使得一个工厂或部门产生的废气、废热、废水和废物等成为另一个工厂或部门的原料和能源，并通过企业间的物质集成、能量集成、信息集成和价值集成，形成企业间及企业与社会间的工业代谢和共生关系；通过建立生态工业园区，寻求园区内企业间的关联度，进行产业链接，实现工业生产最佳化。中循环是建立在多个企业或产业相互关联、互动发展基础上的运行模式。在中循环中，要优先考虑将上游企业产生的废物或副产品在下游企业得到充分利用，使所有的物质都得到循环往复的利用，最终实现废物的"再循环利用"和污染的零排放，企业之间的循环经济模式如图 1-4 所示。

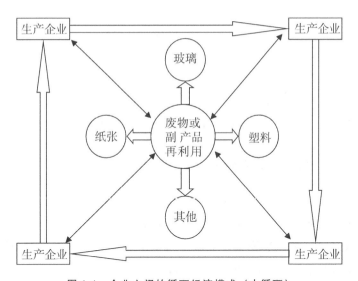

图 1-4　企业之间的循环经济模式（中循环）

（三）"大循环"模式

"大循环"——循环经济在社会层面上的体现，指通过工业、农业、城市、农村的资源循环利用，废物的少排放或零排放，在整个经济社会领域建立起循环型社会的实践模式。社会层面上的大循环主要是通过合理收集废旧物资并实现其再生利用来推动消费过程中和消费后物质和能量的循环。其实践形式是建立循环型城市或循环型区域，在城市或区域内，以污染预防为出发点，以物质循环流动为特征，以经济、社会和环境的协调、可持续发展为最终目标，高效利用资源和能源，减少污染物排放。循环型城市和循环型区域建设主要由四大要素构成：一是构建循环经济产业体系，二是构建完善的城市基础设施，三是构建和谐的人文生态环境，四是构建绿色消费体系。在大循环中，要优先考虑"再利用"原则，延长产品和服务的时间强度，提高产品和服务的利用效率。社会层面的循环经济模式如图1-5所示。

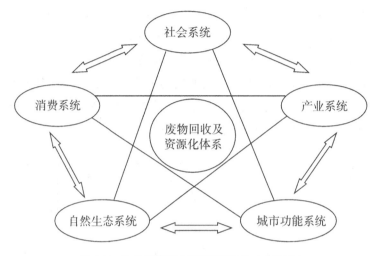

图1-5 社会层面的循环经济模式（大循环）

二、循环经济的主要特点

循环经济不同于传统的单向线型开放式经济增长模式，而是按照自然生态系统物质循环和能量流动方式，将经济活动组织成为"资源—产品—废物"的闭路反馈式环型经济发展模式，要求尽可能减少进入生产流程的资源与能源，实现资源的反复利用和废物的资源化，改变了传统的思维方式、生产方式、消费方式和生活方式，其主要特性如下：

（一）动态发展特性

从系统论的观点来看，世界上任何事物都可看作是一定的系统，循环经济也可被看作系统且具有动态发展的特性。其动态性主要表现为两个方面：一是对于循环经济系统来说，它既是一个目标，又是一个过程。作为一个系统，循环经济理论是不断发展和变化的，是动态与静态的统一，随着认识的提高，不断趋于完善；二是循环经济将经济活动、自然资源和科学技术组成一个大系统，划定边界条件，合理设计系统内外的交流渠道，通过系统内部的信息反馈、控制调节来实现自然资源的循环利用，推动生产活动、自然资源和科学技术之间的动态平衡，从而有利于实现社会经济体系的协调发展。

例如：循环经济鼓励在企业内部采取产品结构调整、更新换代、产业升级、引进高新技术开展技术创新等措施，以达到节能降耗的目的；主张企业之间采取多种形式的合作，通过密切企业之间的原材料、副产品和废物联系，丰富上游产品链，发展生态产业链条，实现各企业间的共同发展。实践证明，通过对传统产业的生产技术和生产工艺进行生态化、循环化改造和技术升级，加强企业间的废物与副产品的联系，在提高经济效益的同时，可以有效减少资源和能源的投入，降低生产成本，减少污染物的产生及最终排放量，使企业走上一条动态发展的循环经济之路。

（二）法规政策的依赖特性

完善的法律法规体系和公众的依法参与是发展循环经济的重要基础。国内外发展循环经济的实践表明，循环经济的健康发展必须有一套切实可行的法律法规体系来保障。我国应借鉴发达国家的成功经验，在全面贯彻《中华人民共和国循化经济促进法》的基础上，以更加完善的法律法规对政府、企业和个人的行为加以约束，确保循环经济快速、健康地发展。应采取的主要措施为：①根据延伸生产者责任制度，强化生产者的环境责任，对废家电等资源性废物进行循环利用；②运用经济激励手段，遵循"污染者承担，治理者受益"的原则，对各种资源再生企业和购买再生资源及环保设施的企业给予政策上的支持；③加大全民素质教育力度，鼓励社会各界自觉加入到推进循环经济发展的行列；④积极开展专业研究人员的培养和教育，建立专项基金鼓励企业、高等院校和科研机构联合进行废物减量排放及"3R"化应用技术的开发攻关；⑤完善创新激励机制，参考美国的"总统化学挑战奖"、英国的"Jerwood－Stalters 环境奖"等形式，对把产品的设计、制造、使用与生态原理相结合的先进技术及工艺进行奖励。

通过立法来控制废物的产生和促进废物的回收及循环利用是国际社会通常采用的方法。日本是世界上发展循环经济、建设循环型社会较早的国家，也是循环经济立法最全面的国家。其所有的相关法律文件集中体现为"三个要素，一个目标"，即废物减量排放，废旧物品再利用，资源循环利用以及实现建设循环型社会的目标。为此，日本于 2000 年 6 月 2 日正式颁布了《推进循环型社会形成基本法》，并于 2001 年 1 月生效。该法明确提出了建立循环型社会的基本原则是动员全社会力量，通过抑制自然资源的消费来减少对环境的影响，规定了废物产生者的生产责任和回收义务，确定了废物处理的优先顺序，即生产过程中的废物减量化—再使用—循环再利用—热回收—安全处置。

（三）科学技术的支撑特性

科学技术是第一生产力，经济的发展、社会的进步都依赖于科技的进步。经济总是随着技术的不断集成和提高而发展，循环经济也不例外。式 1-1 给出的是一种衡量科学技术进步对经济发展贡献率的计算方法：

$$\frac{\Delta T}{T} = \frac{\Delta Y}{Y} - \alpha\frac{\Delta K}{K} - \beta\frac{\Delta L}{L} \tag{1-1}$$

式中：

$\dfrac{\Delta T}{T}$——技术进步的贡献率；

$\dfrac{\Delta Y}{Y}$——国民生产总值增长率；

$\dfrac{\Delta K}{K}$——资本增长率；

$\dfrac{\Delta K}{K}$——劳动增长率；

α、β——资本和劳动的产出弹性系数。

由式 1-1 可见，资本和劳动的增长越低，经济布局越合理，地区的经济发展速度越快，经济增长质量也越高，技术进步的贡献率也就越大。

发展循环经济需要有相应的科学技术作支撑。研究表明，当代知识经济的主要技术载体是以信息技术和生物技术为主导的高新技术，而循环经济的技术载体则是环境无害化技术，其主要特征是通过提高资源和能源的利用率，降低资源和能源的消耗水平；通过对废旧物品进行回收和循环利用，减少污染物的最终排放量，并对现阶段技术经济条件下，不可资源化再利用的废物进行无害化处置。

环境无害化技术主要涉及污染的预防和治理两个领域，主要有三种类型：一是污染治理技术，该技术主要用于废物的末端处理，即通过建立末端净化装置来消除可能的环境污染，实现对有毒有害物质的净化处理，包括大气污染防治技术、水污染防治技术、固体废物处理技术、噪声污染防治技术等；二是废物利用技术，该技术是循环经济的重要技术载体，废物的回收和循环利用也是循环经济的重要内容，其目的是通过废物再利用技术实现产业和生活废物的资源化处理；三是清洁生产技术，该技术是循环经济的核心载体，包括清洁的原料、清洁的生产工艺过程、清洁的产品、清洁的服务等方面内容，其特点是从工艺设计、原料选取、加工、提炼、产出、使用到报废处置，从产品开发、规划、设计、建设生产到运营管理，实行全过程的污染控制。

（四）各行业协调发展的特性

循环经济理论具有极强的协调性，其实施具有高度的综合性，随着清洁生产的大力推广及 ISO 14001 环境管理体系认证的逐步实施，循环经济理论已贯穿于经济社会的各个领域，对各行各业的协调发展起到了重要的促进作用。例如，贵港国家生态工业（制糖）示范园区是我国自 1999 年启动生态工业园区建设试点以来建设的第一个国家级生态工业示范园区，园区由蔗田、制糖、酒精、造纸和热电等企业与环境综合处置配套系统组成，通过副产品、能源和废物的相互交换，资源和废物产业链的延伸，实现了资源和能源的最佳配置和合理利用，将环境污染降至最低水平，带动了各相关行业的发展。同时，也提高了经济效益，为制糖业的结构调整和结构性污染治理开辟了一条新路，促进了经济社会与环境的协调发展。

（五）带动静脉产业发展的特性

循环经济在产业层面的表现主要体现在两个方面，即动脉产业（又称一般产品生产产业）和静脉产业（又称资源再生产业）。动脉产业是将自然资源作为原料的产业；静脉产业是将废物转化为再生资源的产业，指在循环经济体系中，承担对废物进行收集、分类、运输、分解、资源化利用及最终安全处置的产业总称。我国在《静脉产业类生态工业园区标准（试行）》中对静脉产业的基本概念表述为：静脉产业是以保障环境安全为前提，以节约资源、保护环境为目的，运用先进的技术，将生产和消费过程中产生的废物转化为可重新利用的资源和产品，实现各类废物的再利用和资源化的产业，包括废物转化为再生资源及将再生资源加工为产品两个过程。循环经济通过动脉产业和静脉产业的有机结合，把经济活动组织成"资源—产品—再生资源"的反馈式流程，使进入系统的自然资源得到最大限度利用。静脉产业主要以产业废物和城市生活垃圾为原料，经过先进的生产技术和设施将废物转化为再生资源，促进资源再生，增加就业机会以服务于人类社会。在循环经济体系中动脉产业与静脉产业的关系如图1-6所示。

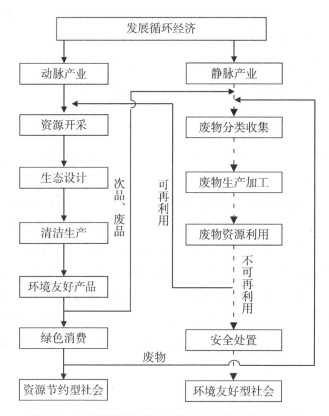

图1-6 在循环经济体系中动脉产业与静脉产业的关系

第三节 循环经济的发展历程

循环经济理念从孕育到产生经历了约30年的时间。随着人类社会对环境保护的重视，对可持续发展战略的普遍认同，循环经济发展模式已日益受到世界各国的关注，德国、日本、韩国等国家相继开展了相关的理论研究与实践并积累了一些成功的经验。循环经济模式已经成为一些资源紧缺、人口密度相对较大的国家实现可持续发展的一种有效途径。

一、典型发达国家

（一）德国

德国是世界上发展循环经济起步最早、水平最高的国家之一，也是最早制定相关法律的国家，现已形成了比较完善的循环经济法律体系，见表1-1。

表 1-1 德国循环经济法律体系发展历程

时间（年）	内　容
1972	《废物处置法》
1974	《控制大气污染物排放法》
1976	《控制水污染物排放法》
1978	"蓝色天使"计划
1983	《控制燃烧污染法》
1984	《废物管理法》
1986	成立联邦环境保护部和各州环保局
1991	《包装废物管理条例》《包装品条例》
1994	制定《循环经济·废物管理法》
1996	实施《循环经济·废物管理法》
1998	《包装法令》《生物废物条例》
1999	《垃圾法》《联邦水土保持与旧废物法令》
2000	《可再生能源促进法》
2001	《社区垃圾合乎环保放置及垃圾处理法令》《废弃电池条例》《废车限制条例》
2002	持续推动《生态税改革法》《森林繁殖材料法》《废弃木材处置条例》
2004	《可再生能源修订法》
2005	《电子电器法》《包装条例》第三修正案、《电子电器法之费用条例》《垃圾堆放评估条例》、1989年《巴塞尔协定》之附件第二修正案、《垃圾运送法修正案》《解散与清理垃圾回收支援基金会法》
2006	《包装条例》第四修正案、《废车条例第一修正案》《欧盟垃圾处理条例》《欧洲议会、议院关于垃圾处理条例（2006）第1013号公报》
2009	《包装条例》第五修正案
2010	《水资源管理法》《自然生态保护法》《非离子放射防护法》《环境法规清理法》

德国的循环经济起源于垃圾处理。20 世纪 70 年代，随着经济的快速增长，大量生产、大量消费导致垃圾大量排放，垃圾的堆积问题日益突出，引起了当时的联邦德国政府全社会的高度关注。90 年代初期，德国导入循环经济理念，以期在全社会范围的生产和消费活动中，通过最大限度地减少自然资源的使用来减少废物的产生；通过对废物的再使用和循环利用来减少废物的最终处置量。这一理念在 1991 年颁布的《包装废物管理条例》中首次得以具体体现。《包装废物管理条例》明确了商品生产和流通业对包装废物的回收和循环利用义务。此外，多排放废物者多交费的规定也是靠经济杠杆来促进生产者和销售商节约资源、减少废物产生和排放的有效手段之一。根据该条例的规定，餐饮业的商品包装必须由生产者负责回收；在商店购买商品所产生的包装废物必须由销售商回收；运输过程中的包装废物必须由生产者回收；所回收的包装废物必须全部循环利用。《包装废物管理条例》的强制施行，迫使生产制造和流通业者不得不认真考虑包装废物的回收和循环利用问题。1991 年，代理进行资源回收和循环利用的德国回收利用系统股份有限责任公司（DSD 双元回收体系，如图 1-7 所示）成立，该公司按照包装废物的大小和种类分别制定了不同的回收价格，针对可循环利用的包装废物发明了一种绿色标签（即绿点标志制度），对贴有绿色标签的包装废物可以直接放入该公司设立的黄色回收箱或装入垃圾袋后放在路旁。为了

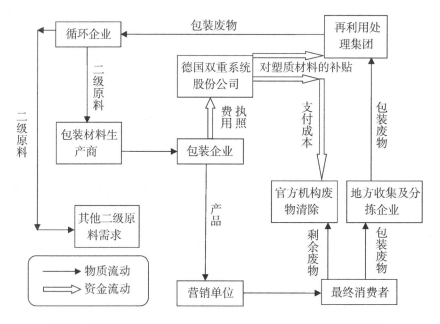

图 1-7　德国双元回收体系中对使用后包装的回收及再利用运作模式

减少处理包装废物所付的费用（包装成本），生产者将包装减少到最低限度，从《包装废物管理条例》颁布的 1991 年到 1995 年，包装废物的总产生量从 760 万吨下降到 670 万吨，减少了 12％；包装废物的人均产生量从 1991 年的 94.7 公斤下降到 1997 年的 82.3 公斤，减少了 12.4 公斤。6 年间该公司共循环利用了 2500 万吨包装废物，取得了较好的经济效益。

　　1996 年 10 月，德国颁布了《循环经济·废物管理法》替代原来的《废物管理法》。该法从废物经济学的观点出发，提出了避免废物产生、污染者承担治理义务与官民合作三原则；要求生产者对产品使用后的回收再利用和最终处理承担义务，促使生产者依靠科技进步，积极采用无污染或低污染的新工艺、新技术，实现资源的低投入、高效利用和废物的低排放，将生产过程对环境的影响降至最低。循环经济的发展使德国在 GDP 增长两倍的情况下，环境质量持续改善，主要污染物减排近 75％。在废物处理技术方面，德国取消了废物混合填埋方式，规定可回收再生资源和有机废物等必须分类收集、分类处置，对混合收集的有机废物，一般采取先将废物分选后再进行厌氧消化处理的方式，也有直接将有机废物进行焚烧发电以有效利用发电余热的情况，通过分类收集，德国有效地实现了废物减量化和资源化。据统计，1990—2000 年德国的废物减量排放率达到 33.5％，其中，包装废物的回收率很高，2000 年玻璃包装瓶的回收率约为 82％，纸质包装物约为 77％。而 2006 年玻璃包装瓶及纸质包装物的回收率均达到 100％。2006 年德国城市固体废物收集及回收率如图 1-8 所示。

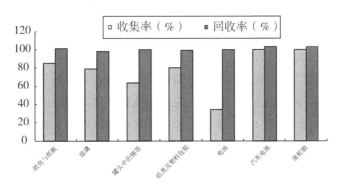

图 1-8　2006 年德国城市固体废物收集情况

　　德国政府积极探索废物管理的新途径，经过十几年的努力，完成了从末端治理向循环经济方式的转换。循环经济理念的导入不仅将德国的资源回收和循环利用以法律的形式固定下来，同时也创造了新的商机，专门处理垃圾的新行业——废品回收和循环利用企业应运而生。德国发展循环经济的做法主要体现在以下三个方面：一是尽可能避免废物的产生；二是最大限度地利用产生的废物；三是对不能再利用的废物以环境安全的方式进行处置。在完善的法律法规体系保障下，德国已经实现了由单纯污染治理到废物循环利用的战略性转变，有效地减少了废物的产生量和最终填埋量。

（二）日本

日本既是国际上较早建立循环经济法律体系的发达国家之一，也是循环经济立法最完善的国家，日本循环经济法规体系见表1-2。自第二次世界大战结束之后的经济高速增长时期以来，日本一直沿用大量生产、大量消费、大量废弃的经济发展模式，全国的废物排放量一直呈增加态势且居高不下。据统计，日本每年产生近5000万吨的一般废物，其中60％由包装物和容器构成。由于填埋场地有限，废物减量化和再生利用已经成为一个紧迫的问题，为此，日本政府自1970年以来颁布了一系列法律法规对废物的处理问题进行规范。此外，为了减少废物产生，提高资源循环利用率，加快建设循环型社会，日本对20世纪70年代颁布的《废物处理法》进行了多次修订，并于1993年颁布了《环境基本法》。《环境基本法》中增加了生活垃圾分类收集和循环利用等内容，并将此作为国民的义务以法律形式固定下来；之后又修订了《废物处理法》和《再生资源利用促进法》；出台了《容器包装循环利用法》《家电循环利用法》《建筑材料循环利用法》和《食品循环利用法》。2000年又相继制定了基于"延伸生产者责任制度"的《推进循环型社会形成基本法》《绿色采购法》和《资源有效利用促进法》等法律法规，强化了废物的源头减量化和无害化处理等措施。

为了综合地、有计划地推动循环型社会的全面、协调发展，日本政府除了逐步完善相关法律体系之外，还结合先进的废物处理处置技术，对废物进行资源化、焚烧及填埋处置。近年来，日本的废物分类回收率和循环利用率正在逐年提高。以废塑料瓶为例，按照《容器包装循环利用法》的要求，日本政府开始组织废塑料瓶的回收，1999年的废塑料瓶回收率约为23％，2005年的回收率达到了47.3％，与1999年相比增加了1倍以上。2006年日本全国废物循环利用率为19.6％，比2004年提高了2个百分点。在废物管理方面，日本由原来以焚烧或填埋处理方式为主调整为以资源循环利用为主，从而有效提高了废物的循环利用率，缓解了日益突出的废物最终填埋处置场地不足的问题。循环经济给日本的经济发展带来了新的生机，给国土狭窄的日本创造了更大的生存空间，同时也产生了明显的经济效益、社会效益和环境效益。

表 1-2　日本循环经济法律法规体系发展历程

时　间	内　　容
1970 年	制定《废物处理法》
1971 年	制定《管理者法》
1991 年	制定《再生资源利用促进法》 修订《废物处理法》（明确废物抑制排出、再生利用等减量化措施）
1993 年	制定《环境基本法》
1994 年	制定《环境基本计划》
1995 年	制定《容器包装循环利用法》
1997 年	修订《废物处理法》（新设再生利用认定制度、强化非法丢弃对策）
1998 年	制定《家电循环利用法》
2000 年	制定《推进循环型社会形成基本法》 修订《再生资源利用促进法》→《资源有效利用促进法》 修订《废物处理法》（强化发生抑制对策与不适当处理对策） 制定《建筑材料循环利用法》 制定《食品循环利用法》 制定《绿色采购法》 新制定《环境基本计划》（1994 年环境基本计划变更）
2002 年	制定《汽车循环利用法》
2003 年	制定《推进循环型社会形成基本计划》《家用电脑回收利用法》
2004 年	修订《管理者法》（明确了管理者法和 ISO 14000 的互补和整理关系）
2007 年	通过《21 世纪环境立国战略》
2008 年	制定第二次《推进循环型社会基本计划》

二、国内方面

目前，我国的现代化进程面临着人口、资源和环境矛盾日益尖锐的严峻挑战，而循环经济在德国和日本等国家取得了明显成效，以资源节约、环境友好和可持续发展为特征的循环经济模式开始受到国内各级政府、学术界和企业界的高度关注，并纷纷采取各种措施推动循环经济在我国的发展，以增强经济社会的可持续发展能力。伴随着环境保护事业的不断深化和经济社会的绿色发展，近年来，我国在清洁生产、绿色采购、生态工业园建设、生态市建设以及资源回收利用等方面的工作均取得了显著成效，为加快循环经济发展奠定了基础。

（一）清洁生产

清洁生产是指不断采取改进设计、使用清洁的能源和原料、采用先进的工艺技术和设备、改善管理、综合利用等措施，从源头削减污染，提高资源利用效率，减少或避免生产、服务和产品使用过程中污染物的产生和排放，以减少或消除对人类健康和环境安全的危害。在我国，清洁生产的发展经历了三个阶段：1983—1992 年是理念形成阶段，该阶段主要对清洁生产的理论进行研究，且将其作为实现环境与经济协调发展的重要手段。1993—2002 年是应用实践阶段，该阶段将清洁生产确立为实现工业领域可持续发展的重要手段，完成了清洁生产的立法工作，研究制定了促进清洁生产的政策，加大了以清洁生产为主要内容的工业结构调整和技术工艺改造的力度，开展了清洁生产的示范试点工作。2002 年 6 月 29 日，第九届全国人大常委会第 28 次会议审议通过了《中华人民共和国清洁生产促进法》，这是我国第一部以污染预防为主要内容的专门法律，标志着我国清洁生产开始走上法制化和规范化管理的轨道。在此期间，原国家经济贸易委员会还在全国 10 个城市的 5 个行业开展了清洁生产示范试点工作，原国家环保总局通过国际合作项目开展了企业清洁生产试点。冶金、化工、石化、轻工等重点行业和广东、江苏、辽宁、安徽等一些地区开展了企业清洁生产试点。截至 2001 年年底，全国试点单位已达 700 多家，为我国全面推行清洁生产积累了大量的经验。2003 年至今是全面依法推广阶段，该阶段国家各相关部委有计划、有步骤地继续在重点流域、重点区域、重点城市和重点企业实施清洁生产试点，充分运用市场机制，实施企业自愿清洁生产行动、对"两有""双超"企业强制实施清洁生产审核和清洁生产区域示范试点工作，在工业企业较集中的区域，建立了清洁生产示范园区，推动清洁生产工作由点到面逐步展开，并在工作中充分发挥了大型企业和企业集团的带动作用，有效推动了清洁生产在中小企业的实施。

（二）绿色采购

政府绿色采购是落实科学发展观，发展循环经济，构建资源节约型、环境友好型社会的重要手段。2003 年 1 月 1 日正式施行的《中华人民共和国政府采购法》第九条提出的"政府采购应当有助于实现国家的经济和社会发展政策目标，包括保护环境"，是我国开展政府绿色采购的重要法律依据。其次，环

境标志产品（如图 1-9 所示）认证工作在我国已
经开展了 10 多年，为推行政府绿色采购提供了
必要的市场条件。截至 2004 年年底，已在 56 大
类产品中开展了环境标志认证工作，已有 900 多
家企业的 18000 多种产品通过认证获得环境标
志。从政府采购法及环境标志认证实施情况来
看，我国已经基本具备了推行政府绿色采购的
条件。2006 年 11 月 22 日，原国家环保总局和
财政部联合发布的《环境标志产品政府采购实施
意见》和首批《环境标志产品政府采购清单》标

图 1-9　中国环境标志

志着我国将逐步推广政府绿色采购制度。《环境标志产品政府采购清单》于 2007
年 1 月 1 日起首先在中央一级预算单位和省级（含计划单列市）预算单位施行，
2008 年 1 月 1 日起全面施行。近年来，我国的政府绿色采购也取得了一定进展，
一些部门和单位开展了一些试点工作。如原国家环保总局在国家 ISO 14000 示范
区建设的要求中提出"区域各相关组织建立绿色消费、绿色采购制度"；2005 年
青岛在国内率先开展政府绿色采购试点工作，青岛市财政局和青岛市环保局联合
发布了青岛市《绿色采购环保产品政府采购清单》（第一批），成为全国第一个正
式进入政府绿色采购实际操作的城市；北京 2008 奥运会行动规划中明确表示：
"在奥运设施建设中，广泛使用绿色环保建筑材料"；北京奥组委还对每一类采购
产品均规定了产品的环境要求，优先选购获得环境标志的产品。此外，原国家环
保总局不断完善政府采购清单，加强监督检查，以推动政府绿色采购工作的顺利
开展，为全社会形成绿色消费氛围发挥政府的引导和率先垂范作用。

（三）生态工业园区建设

生态工业园区是将生态建设与工业活动相结合的产物。2003 年，原国家
环保总局曾将其定义为依据工业生态学、循环经济理念和清洁生产要求原理而
设计建立的一种新型工业园区。它遵从循环经济的减量化、再利用、资源化原
则，通过园区内各单元的副产物和废物交换、废水和能量的梯级利用以及基础
设施的共享，实现资源利用的最大化和废物排放的最小化，以达到园区污染物
零排放的目的。

原国家环保总局根据我国实际，从具体操作层面将生态工业园区分为三种
类型：一是行业类生态工业园区，以某一类行业的一个或几个企业为核心，通

过物质和能量的集成，在更多同类或相关企业建立共生关系。二是综合类生态工业园区，是由不同行业、工业组成的工业园区，主要指在高新技术产业开发区、经济技术开发区等工业园区基础上改造而成的生态工业园区。三是静脉产业类生态工业园区，是以从事静脉产业生产的企业为主体建设的一类生态工业园区，该类园区是静脉产业的实践形式。

我国于1999年开始启动生态工业园区示范项目，2001年开始了第一个国家级生态工业园区——贵港国家生态工业（制糖）示范园区的建设。截至2013年6月，已有86个生态工业园开展试点建设，22个通过验收，不仅包括制糖业、铝业、矿业、钢铁、磷煤化工和海洋化工等具有行业特点的生态工业园区以及以处理废旧家电、电子废物和废塑料为主的废物资源再生企业，也包括具有区域特点的生态工业园区。此外，生态工业园区的设计运行，紧密围绕当地的自然条件、行业优势和区位优势；园区内通过各单元间副产物和废物的交换、能量和废水的梯级利用以及基础设施的共享，来最大限度地实现资源利用的最大化和废物排放的最小化；通过在园区内运用现代化管理手段、政策手段以及采用各类生产及环境保护新技术，保证园区的稳定和可持续发展。

（四）生态市建设

生态市（含地级行政区）是经济社会和生态环境协调发展，各个领域基本符合可持续发展要求的地市级行政区域，是地市规模生态示范区建设的最终目标。生态城市的内涵之一就是大幅度提升资源利用率，而提高资源利用率就是发展循环经济的主要指标之一。目前，我国在生态市的规划和建设方面仍存在一些问题，如：理念创新性不强、经济和生态发展不协调、公众对生态保护的认识不足；社会保障体系不够健全和城市的生态环境较差等。因此，开展生态城市建设应以城市生态学和环境经济学理论为指导，以可持续发展为主题，以城市规划为蓝本，以环境保护为重点，以循环经济为重要基础，以城市智慧化管理为手段，建立政府主导、市场推进、执法监督、公众参与的新机制，建设经济、社会、生态三者保持高度和谐的城市。生态城市建设规划应将生态建设、生态恢复、生态平衡作为强制性内容。生态城市建设规划还应重点考虑以下问题：一是确定城市人口承载力，人口承载力不是指城市最大容量，而是指在满足人类健康成长及生态良性循环的前提下城市人口的最适宜的可接收数量；二是城市的产业结构决定了城市的功能和性质以及城市的基本活动方向、内容、形式及空间分布；三是提高资源利用效率，加快废旧资源开发及再生利用的研究和推广，在城市区域内建立高效和谐的物流和能源供应网，实现物流的"闭路再循环"，重新确定"废物"的价值，减少环境污染的产生。

（五）资源回收利用

随着我国经济的快速发展，资源瓶颈已经成为经济可持续发展的主要制约因素之一。2006年年初，为落实国家建设节约型社会的要求，商务部在全国26个城市启动了再生资源体系建设试点工作；2007年，国务院把再生资源回收体系建设试点列入了国家节能减排综合性工作方案，并明确由商务部负责；在2009年施行的《中华人民共和国循环经济促进法》中又明确规定"国家鼓励和推进废物回收体系建设"，这为完善再生资源回收体系建设和行业的发展提供了前所未有的机遇。近年来，在国家一系列鼓励再生资源回收利用优惠政策的支持下，再生资源回收加工体系初步形成，有效促进了循环经济的发展。目前，我国现有各类再生资源回收利用企业50000多家，回收网点50余万个，回收利用加工工厂5000多个，从业人员近千万人，资源再生加工利用体系初步形成。

我国还尚未构建起完善的再生资源回收循环利用模式，由于缺乏对再生资源回收利用行业的引导和有效监管，我国再生资源回收企业经营规模普遍较小、网点散乱、模式单一，没有形成规范高效的产业化流程，且加工处理工艺落后。再生资源的拆解、分拣和收集等预处理过程的自动化程度低，主要以手工操作为主，资源分拣不彻底，浪费现象严重。据不完全统计，目前我国除废钢铁回收率达到50％左右，废塑料、废橡胶、废纸和废玻璃的回收率仅分别为25％、32％、35％和13％，废旧家电和计算机等电子废物回收处理工作还没有全面展开，因此，大量的再生资源有待于充分回收和利用，再生资源行业的发展前景非常广阔。

三、几个相关概念的比较

循环经济是一种新的经济发展模式，与低碳经济、绿色经济、生态经济等概念的基本理念相近，内容互有交叉，极易产生混淆，常被等量齐观，为循环经济的理论和实践成果在社会领域的推广增加了难度，然而，它们在侧重点、突破口和研究核心上又有各自的特点，循环经济、低碳经济、绿色经济、生态经济发展起源如图1-10所示。

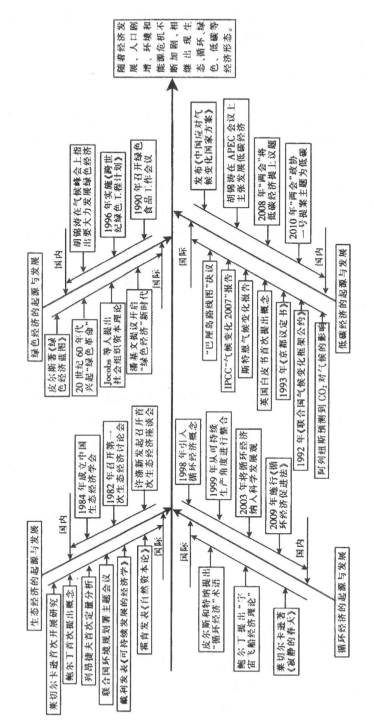

图1-10 循环经济、低碳经济、绿色经济、生态经济的发展起源

（一）循环经济与低碳经济

2003 年，英国政府发布能源白皮书《我们能源的未来：创建低碳经济》，首次提出"低碳经济"的概念，最早提出发展低碳能源、低二氧化碳排放的低碳经济发展模式，替代当前过分依赖化石能源的发展模式。低碳经济是一种以低能耗、低污染、低排放为基础的经济发展模式，是人类社会继农业经济、工业经济之后的又一次重大进步，是一场涉及生产模式、生活方式、价值观念和国家权益的全球性革命。其基本内涵和外延可以表述为：低碳经济是一种在经济发展的同时，追求最低二氧化碳排放量、生态环境代价以及社会成本的经济发展模式；是一种通过地球生态系统的自我调节而具有很强可持续性的经济发展模式。其实质是通过提高能源利用效率和优化清洁能源生产结构，实现社会生产的低碳化和能源消费的生态化，核心是能源利用和生产技术改进以及制度和发展观念的转变。低碳经济有两个基本特点：一是生产、交换、分配、消费等社会生产各个环节的低碳化，把二氧化碳排放量尽可能降至最低限度乃至零排放，以获得最大的生态经济效益；二是生产、交换、分配、消费等社会生产各个环节的能源消费生态化，提高低碳能源和无碳能源在国民经济能源框架中所占的比重，保障整个经济社会的清洁发展、绿色发展和可持续发展。

循环经济和低碳经济这两个发展模式既有相同点又有区别。就相同点而言，主要包括以下几个方面：一是两者的目的实质相同，二者都强调经济发展的同时保护自然环境，循环经济强调资源的减量化、再循环、再利用，提高资源的利用效率，以此实现人类的永续性发展和自然环境的保护。而低碳经济的目标也包含提高能源利用效率，减少资源使用过程中的能量损耗与温室气体排放，开发利用清洁能源，最终实现人类可持续发展，与循环经济所追求的最终目标一致。二是二者的提出背景相似，尽管循环经济提出于 20 世纪 60 年代，而低碳经济提出于 21 世纪初期，但二者的提出背景都是缘于地球生态环境的破坏影响人类社会的可持续发展。循环经济提出于发达资本主义国家的后工业时代，经济大发展之后导致的资源枯竭现象以及严重的环境负效应危及人类的生存与发展。而低碳经济提出于 21 世纪工业全球化进程引起的地球大气质量的改变，导致气候变化危机，危及人类的可持续发展。二者的背景皆是人类遭遇严重的资源危机、生存危机以及环境危机，是人类理性反思的结果。三是二者都是生态文明的反映，无论是循环经济发展模式，还是低碳经济发展模式，都是对传统经济发展模式的反思结果，都是对过去资源掠夺式的人类社会发展模式的否定，都意识到必须改变过去只考虑经济发展而不考虑自然环境承载能力的传统经济发展模式，走一条人与自然相和谐的可持续型经济发展之路。循环经济以资源的循环利用实现人与自然的和谐；而低碳经济以人类生产生活中减少碳排放以阻止地球大气环境的恶化来实现人与自然的和谐，因此都是生态文明观的不同体现形式。

就区别而言，循环经济与低碳经济作为两个不同的概念，主要表现在以下几个方面：一是二者的侧重点不同，循环经济强调资源的减量化使用原则，从生产源头开始就强化资源的控制，通过各个环节能量的梯次运用而防止能量的流失，实现资源的充分利用。低碳经济的关注点则是资源利用过程中所产生的二氧化碳等温室气体排放问题，其重点是针对能源的高效利用问题。二是二者的发展方式不同，循环经济的实现方式是通过物质的减量化及充分循环利用来促进最大的资源利用率与生态环境的保护。它强调从生产、流通、消费等各个环节的资源循环再利用，减少资源的利用量而提高资源利用效率，以实现资源各要素之间的循环。而减少二氧化碳等温室气体排放是实现低碳发展的关键。低碳经济主要通过抑制生产过程与消费中的二氧化碳等温室气体的产生与排放，通过减少人类活动各个环节中的温室气体排放来实现人类生产生活与自然生态环境的和谐共赢。

（二）循环经济与绿色经济

绿色经济这一概念最早见于英国经济学家 Pierce1989 年的《绿色经济蓝皮书》，与传统经济模式相比，绿色经济以"绿色生产"和"绿色消费"为核心、以绿色技术为手段，立足于传统产业经济，以经济与资源的协调为目的，强调经济、社会与环境的一体化发展。事实上，绿色经济是在生产、生活中解决环境问题，技术创新是其一大特点，它是充分体现自然资源价值和生态价值的经济，它主要通过绿色生产、绿色流通和绿色分配等途径，实现人类经济发展对地球生态环境的改善，确保自然资源的永续利用，保证人类生活质量的持续提高。绿色经济融合了环境友好型、资源节约型和循环经济等经济模式的特点。

循环经济和绿色经济既有相同点又有区别。就相同点而言，主要包括以下几个方面：一是二者都追求经济活动中的资源减量使用，而循环经济的核心就是通过减量化原则减少资源的消耗来提高能源利用效率等方式，减轻资源危机，实现人与自然的和谐发展；就绿色经济而言，其理念则包含通过对传统经济领域的技术改造以及在新领域的技术创新，促使在生产与消费等各个环节减少自然资源的消耗量，以此维持自然资源利用的持续性，实现对自然环境的保护，确保人类社会的可持续发展。二是二者的目的追求相同，循环经济和绿色经济都追求人类的可持续发展和环境友好的实现，要求人类在生产和消费活动中不能把自身置于这个大系统之外，而是将自己作为这个大系统的一部分来研究符合客观规律的经济原则，从自然—经济大系统出发，使人类经济社会的循环与自然循环更好地融合起来。

就不同点而言，循环经济与低碳经济作为两个不同的概念，主要表现在以下几个方面：一是二者的核心不同，循环经济的核心是物质的循环，强调在经济活动中如何利用 3R 原则，以实现资源节约和环境保护，提倡在生产、流通、消费全过程的资源节约和充分利用；绿色经济以发展经济、全面提高人民生活福利水平为宗旨，保障人与自然、人与环境的和谐共存，兼顾物质需求和精神上的满足，使社会系统的最大公平目标得以实现，核心是以人为本。二是二者的研究角度不同，循环经济主要从资源减量化、再循环、再利用角度减少资源消耗，强调的是在生产、流通、消费全过程中物质的循环利用、清洁生产、能源的充分利用；绿色经济强调环境友善、关爱生命、鼓励创造，突出以科技进步为手段实现绿色生产、绿色流通、绿色分配，兼顾物质需求和精神上的满足。它通过有益于环境的经济行为，实现经济的可持续增长，是一种以维护人类生存环境、合理保护资源与能源、有益于人类社会健康发展为特征的经济发展模式。

（三）循环经济与生态经济

生态经济的概念是美国经济学家 Kenneth. Boulding 在《一门科学—生态经济学》一书中正式提出的，是指在生态系统承载能力范围内，运用生态经济学原理和系统工程方法改变生产和消费方式，挖掘一切可以利用的资源潜力，发展一些经济发达、生态高效的产业，建设体制合理、社会和谐的文化以及生态健康、景观适宜的环境，实现经济腾飞与环境保护、物质文明与精神文明、自然生态与人类生态的高度统一和可持续发展的经济。生态经济的本质是将人类社会经济发展架构在地球生态环境可承载的范围之内，在保证生态系统自然修复能力的前提下扩大再生产规模，建立经济发展、社会进步和自然环境保护相协调的复合型生态社会系统，实现人类社会经济发展与生态环境保护双赢的经济发展局面。强调自然生态资本在人类经济建设中的投入效益，认为生态环境既是人类经济活动的载体，更是经济生产的要素，建设和保护生态环境本身就是发展生产力。因此，生态经济强调在经济发展过程中对生态资源的建设与利用并重的理念，在资源利用过程中强调自然环境保护，确保人类社会经济发展与自然生态建设的动态平衡，实现人的发展与自然和谐的经济发展道路。

循环经济和低碳经济既有相同点又有区别。就相同点而言，主要包括以下几个方面：一是理论基础相同，生态经济、循环经济的理论基础都是生态经济理论和系统理论，以生态与经济系统协调发展为核心，以包括人类在内的生态大系统为研究对象，借鉴生态学的物质循环和能量转化原理，充分考虑了资源和环境的可持续发展问题，探索人类经济活动和自然生态之间的关系。二者都强调把经济系统与生态系统的多种组成要素联系起来进行综合考察与实施，追求经济社会与生态发展全面协调，达到生态经济的最优目标。二是二者的发展目的实质相同，循环经济与生态经济都追求人类的可持续发展和环境友好的实现，要求充分考虑自然生态系统的承载能力，尽可能地节约自然资源，不断提高自然资源的利用效率；对物质转化的全过程采取战略性、综合性、预防性措施，降低经济活动对资源环境的过度使用及对人类所造成的负面影响，并且用生态链条把工业与农业、生产与消费、城区与郊区、各行业之间有机结合起来，从自然—经济大系统出发，使人类经济社会的循环与自然循环更好地相融合。

就不同点而言，循环经济与生态经济作为两个不同的概念，主要表现在以下几个方面：一是研究突破口不同，循环经济、生态经济都是以人为本，解决人类生存危机，但是它们解决问题的突破口各异，循环经济是通过资源的有效利用和生存环境的改善来体现的，生态经济则将人类看成是具有最高级智慧的生物，通过人类与环境的相互创造、依存和协同进化的关系来实现人类经济系统的可持续发展。二是核心内容不同，生态经济的核心是实现经济和自然系统的协调发展。循环经济的核心是物质的循环利用，通过最大限度地提高资源的利用效率，实现污染的零排放。三是提出背景不同，20世纪50年代，随着二战后经济和科学技术的迅猛发展，西方发达国家工业化进展加快所带来的严重的环境污染，能源危机和资源枯竭，给社会发展造成巨大的经济损失。人类社会逐渐认识到将生态学和经济学结合的重要性，于是就产生了生态经济学。循环经济的产生可以追溯到20世纪60年代。当时，许多国家和地区经济高速发展，但资源环境问题日趋严重，为了有效改善西方工业化国家环境污染状况，改变传统的末端治理方式，一些国家开始探索资源的高效、循环利用的新发展模式，于是产生了循环经济。

第四节　发展循环经济的必要性及面临的主要问题

一、发展循环经济的必要性

循环经济的核心是解决在传统经济发展过程中出现的资源与环境问题。19世纪以来，随着工业化和城市化进程的加快，人类与自然的矛盾日益加剧，在人类征服和改造自然的同时，人口过度膨胀、自然资源过度开采与浪费、生态环境日益恶化等给人类的生产和生存带来了极大的威胁。随着改革开放的不断深入和扩大，市场经济的迅速崛起，我国的资源、能源开发利用，产业发展，基础设施建设等都达到了前所未有的规模，现代化进程面临着人口、资源和环境的矛盾日益尖锐，也更加严峻。

（一）资源逐渐枯竭，且利用率低

我国的资源总量和人均资源占有量都严重不足，且利用效率低，但是资源消耗的增长速度却十分惊人。在资源总量方面，我国的耕地占世界的 9%、水资源占 6%、森林占 4%、石油占 1.8%、天然气占 0.7%、铁矿石不足 9%、铜矿不足 5%、铝土矿不足 2%。在人均资源方面，我国大多数矿产资源人均占有量不到世界平均水平的一半，耕地、水资源、森林、石油、天然气人均资源只及世界人均水平的 33%、25%、20%、11%、4%。从资源消耗角度看，我国资源消耗量巨大，且呈逐年增加的态势，而资源消耗效率却较低，2001年到 2006 年我国钢材消耗量从 1.4 亿吨增加到 4.95 亿吨，年均增长率超过35%；2001 年到 2010 年我国石油消耗量从 2.29 亿吨增加到 4.39 亿吨，几乎翻了一番，单位 GDP 的能耗却是美国的 2.5 倍，日本的 5 倍；我国矿产资源总回收率仅为 30%，共伴生矿产资源综合利用率还不到 20%，远低于国外50% 以上的平均水平。

（二）环境污染呈恶化趋势

"十一五"期间，我国经济的年均增长率超过了 10%，是世界上发展速度最快的经济体之一。然而，传统的"大量生产、大量废弃"的线性经济增长模

式却没有得到根本转变,部分生产者片面追求经济效益,一些高消耗、高污染的企业趁机浑水摸鱼,迅速发展,水、大气环境等都遭受了严重的污染,所面临的环境形势十分严峻,压力持续加大。2012 年,我国废水排放总量达到 684.6 亿吨,较 2001 年增加 59.8%。其中,化学需氧量排放总量为 2423.7 万吨,氨氮排放总量为 253.6 万吨;废气中二氧化硫排放总量为 2117.6 万吨,较 2001 年增加 8.7%,氮氧化物排放总量为 2337.8 万吨;工业固体废物产生量为 329046 万吨,较 2001 增长 3.7 倍,生活垃圾年增长率超过 10%,年产生量已达 1.8 亿吨,累积堆存量已达 70 亿吨,在 600 多个城市中,有 2/3 面临着"垃圾围城"的困境。2007—2012 年我国废水及水污染物排放情况见表 1-3、废气及大气污染物排放情况见表 1-4、工业固体废物产生及利用情况见表 1-5。

表 1-3 2007—2012 年工业废水及水污染物排放情况　　　　单位:万吨

年　份	废水排放总量（10^4）	化学需氧量排放	工业化学需氧量排放	氨氮排放量	工业氨氮排放量
2007 年	556.8	1428.2	541.5	141.3	42.5
2008 年	572	1230.7	457.6	127	29.7
2009 年	589.2	1277.5	439.7	122.6	27.3
2010 年	617.3	1238.1	434.8	120.3	27.3
2011 年	652.1	2499.9	355.5	260.4	28.2
2012 年	684.6	2423.7	338.5	253.6	26.4

表 1-4 2007—2012 年工业废气及大气污染物排放情况　　　　单位:万吨

年　份	SO_2 排放量	工业源 SO_2 排放量	NO_x 排放量	烟尘排放量
2007 年	2468.1	2140.0	—	986.6
2008 年	2321.2	1991.3	—	901.6
2009 年	2214.4	1866.1	—	847.2
2010 年	2185.1	1864.4	—	829.1
2011 年	2217.9	2016.5	2404.3	—
2012 年	2117.6	1911.7	2337.8	—

表 1-5　2007—2012 年工业固体废物产生及利用情况　　　单位：万吨

年　份	工业固体废物产生量	综合利用量	贮存量	处置量	综合利用率（％）
2007 年	175767	110407	24153	41355	62.8
2008 年	190127	123482	21883	48291	64.9
2009 年	204094.2	138348.6	20888.6	47513.7	67.7
2010 年	240943.5	161772	23918.3	57263.8	67.1
2011 年	325140.6	199757.4	63248	713810.4	60.5
2012 年	329046	202384	70826	59787	60.9

由表 1-3、表 1-4 可见，各种水污染物排放量由于受国家环境保护管理部门严格监管和企业重视及科技进步等因素影响，污染物排放量增长态势得到了基本控制，而表 1-5 表明，工业固体废物排放量高居不下，历年贮存量呈增长态势，对土壤和水环境安全影响令人堪忧。

（三）生态系统破坏严重

我国的生态系统已难以支撑当前的发展方式，生态系统的破坏已对国民经济产生了严重的负面影响。根据全国沙漠、戈壁和沙化土地普查及荒漠化调研结果，我国荒漠化土地面积已达到 262.2 万平方千米，占国土面积的 27.4％，近 4 亿人口受到荒漠化的影响与威胁。2012 年，长江、黄河、珠江、松花江等十大水系 469 个国控监测断面中，Ⅳ～Ⅴ类和劣Ⅴ类水质断面比例占到 31.1％，如图 1-11 所示，62 个国控重点湖泊中，Ⅳ～Ⅴ类和劣Ⅴ类水质的湖泊占 38.7％，见表 1-6。地下水监测中较差—极差水质的监测点比例为 57.8％，如图 1-12 所示。监测的 468 个市（县）中，出现酸雨的市（县）达到 227 个，近半出现酸雨，人民群众的身体健康受到严重损害。

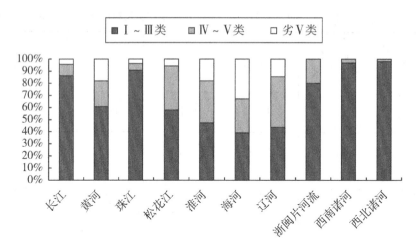

图 1-11 2012 年我国十大水系各类水质占比一览

表 1-6 2012 年重点湖泊（水库）水质状况

湖泊（水库）类型	I 类	II 类	III 类	IV 类	V 类	劣 V 类
三湖（太湖、滇池、巢湖）	0	0	0	2	0	1
重要湖泊	2	3	8	12	1	6
重要水库	3	10	12	2	0	0
总 计	5	13	20	16	1	7

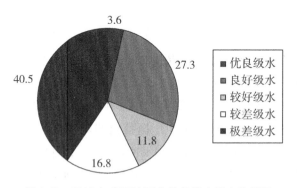

图 1-12 2012 年我国地下水的各类水质占比情况

发展循环经济可以从根本上缓解资源瓶颈制约和环境压力，最大限度地减少资源、能源的输入，提高资源、能源的利用效率，最大限度地将废物转化为资源，降低废物的产生及其最终排放量，从而相应地减少污染治理投入和环境监管成本，达到保护环境的目的。发展循环经济就是要通过合理利用自然资源和正确处理废物来改变传统的经济增长方式，实现经济增长方式由数量型向质量型和效益型转变，促进生产发展；提高资源再利用水平，减少废物的排放，促进生态平衡；不断创造新的产业领域，增加就业机会，保障社会稳定、提高生活水平，从而实现经济社会的可持续发展。

发展循环经济就是要立足于建设循环型企业、生态工业园区和循环型区域，通过立法、教育、文化建设以及宏观调控，在全社会范围内树立"资源循环"的理念，实现经济社会的可持续发展。在推动循环经济的实施过程中，对各种规模、各种循环模式应同等重视。

二、我国发展循环经济存在的问题

由于循环经济进入我国的时间比较短，作为一种全新的理念，还没有形成特定的发展模式，与发达国家相比，无论在概念的内涵和外延上，还是在实践的侧重点上都存在较大差异。从整体来看，目前我国循环经济发展仍然处于初级阶段，存在诸多问题。

（一）认识问题

循环经济在我国迅速升温发展，但由于对其理论研究的滞后性。一些地区和个别部门在对循环经济不能总体把握的情况下，就热衷宣传、盲目炒作，给人感觉全国各地都在开展循环经济工作。个别人士对循环经济知之甚少，没有基本的常识和实践，但是盲目跟风，拼命挤上来，抢着发表观点，基本都是旧瓶装新酒、缺少新意、创意和前瞻性等。出现了不少认识上的误区和实践上的问题。例如很多地方仅仅把把循环经济等同于废物的回收利用，或仅仅看作是生态工业园区的建设；只重视发展循环经济的技术方面，而不顾经济合理性和可行性，忽视制度建设；把循环经济当成政府的政绩工程，流于作秀等问题的存在使一些地区的循环经济既不经济，又不环保，更难以循环，在很大程度上阻碍了我国循环经济的深入持续、健康发展。

（二）进展问题

一部分企业管理层对循环经济发展缺乏责任感和认同感，仅局限于应付政府与公众的表面层次。专业技术人员缺失严重，技术开发滞后，技术推广缓慢，企业的循环经济发展水平总体偏低。由于主体利益的不同，上级政府对于循环经济发展态度积极明确，而地方则是迟缓或者消极，公众的参与积极性也不高。因此，尽管在国家层面高度重视发展循环经济，但实际成效却很低，在一些地区往往造成雷声大雨点小的局面。例如某城市的生活垃圾分类回收活动，2012 年里先后开展了四次试点活动，前三次均因效果不理想黯然退场，而第四次的试点中，垃圾分类回收设施也形同虚设。

（三）政策支持问题

目前，我国在废物回收、再利用和最终处理处置等循环经济的重要节点都不同程度地存在相关法律法规相对滞后，缺乏有效的政策支持等问题。主要是对节能、清洁生产企业施行减税和免税等单一的手段直接税收优惠，而加速折旧等间接优惠手段却很少采用，产品的技术创新和技术进步的生态设计几乎没有优惠政策。例如建设生态工业园，国家只是从道义上支持、引领，但是缺少相关的技术管理体系建设、经济支持政策等。循环经济在前期、中期和后期的发展过程中，需要进行大量的基础设施建设。国家财政为了满足这一要求，进行大力扶持，但投资数额仍然十分有限，资金链断裂阻碍了循环经济的可持续发展。零散单一的优惠政策和有限的财政支持之间很难协同配合，共同发挥政策引导作用。同时在循环经济的发展中仍然有许多法律空白，发展循环经济涉及投资、贸易、资源回收、科技、教育培训等纵向管理与企业经营、包装、垃圾处理、建筑、食品、化学品、家电、服务行业等诸多领域，相应的循环经济法规体系建设上总体尚处于初级阶段，需要制定的法律法规及政策任务很多很重，应适时加快建立健全相关的循环经济法规制度保障和政策支持体系建设。

（四）技术支撑问题

循环经济的健康发展的关键之一在于科学技术创新。没有先进技术的输入，循环经济所追求的经济和环境效益等目标将难以从根本上实现。我国循环经济的科技基础薄弱，自主开发能力差，例如缺乏逆向科研的思想能力，只注重提高资源开采率，单一地将资源加工成产品进而使用后废弃的线性行为，而很少用逆向科研的开发使废物重新回到生产过程，发挥二次资源的作用。循环经济技术创新能力也不强，全国都在热炒很少几个方面的事例，雷同性严重。例如，粉煤灰的利用、建筑废物资源化以及生活垃圾分类收集等，宣传的很好，但是缺少经济合理的相关技术支撑，很难让人相信其项目的技术水平和实施效果真实性。据新闻媒体报道，某市自开展废电池专项回收以来，收集废电池 300 多吨，但由于废电池回收利用的技术不成熟造成处理成本非常高，经济效益难以平衡，至今仍未实现处理的产业化。

（五）公众参与问题

发展循环经济是一项涉及各行各业、千家万户的事业，需要政府、企业和社会公众的共同参与和努力。而目前促使经济行为主体主动参与循环经济实践的制度与政策环境尚不完善，仅仅依靠政府来推行循环经济，难以实现生态改善的理想与经济社会现实的有机融合以致使循环经济缺乏内生力和自运行的动力，造成"循环经济不经济"的现象。同时对于循环经济相关的资源与生态环境问题的信息公开体制不健全，多数城市缺少基本培训，只是热衷于在新闻媒体上宣传、走形式、走过场，形式主义现象严重。由于公众参与意识的缺乏，难以很好地形成广泛、深入、持久的宣传教育，公众缺乏资源忧患意识、节约资源保护环境的责任意识和文明消费的理念。据水智慧机构的一项调查显示，修好一个滴水的龙头，平均每年可节水 52.8 万升，相当于半个标准游泳池的容积。而如果没有公众的积极参与与配合，就不可能实现可持续的消费方式，也就不可能形成可持续的生产方式。

（六）规划脱节问题

循环经济不仅要单纯解决环境问题，还要逐步向经济、政治、文化、科技等社会各方面协调发展延伸。目前循环经济的发展缺乏统一的发展规划，循环经济规划与经济社会相协调的发展规划不成熟。管理上条块分割，工业废物和生活垃圾的资源回收与再循环利用相互脱节。一些地方的循环经济发展规划普遍存在缺少先进性、前瞻性及可操作性等问题，也缺少规划的协调保障机制。如何根据国内外循环经济发展实践，深入开展循环经济规划的内涵与相关理论架构的研究，成为循环经济领域亟待解决的问题。许多城市在推进循环经济时，政府各职能部门各自独立推进循环经济工作。如某城市市经委在工业领域做推进清洁生产的工作，农委在做推进生态农业的工作，环卫局在做生活垃圾处理工作等。各部门各做各的事，各讲各的理，做得都很认真，但是由于缺少统一的规划指导、协调，事倍功半，影响了城市循环经济工作的整体推进。

第二章　为什么要编制循环经济规划

第一节　循环经济规划的理论基础

规划是人类为了达到一定的目的，结合社会、经济、环境发展状况，对于自身活动、行为所做的合理的时间、空间和程度上的安排。循环经济规划则是为了从根本上协调人类社会、经济、资源和环境之间的关系，建立一种生态和谐、可持续的发展模式而做出的在不同层次上对人类自身的经济活动、资源能源的分配和使用、消费行为模式以及生态环境的建设等活动，所做的时间、空间和程度上的合理安排。循环经济规划主要遵循"减量化、再利用、资源化"原则，以资源的高效利用和"资源消费—产品—再生资源"闭环型物质流动模式的建立为核心，循环经济规划主要由以下理论基础支撑。

一、可持续发展理论

可持续发展一词最早出现于 1980 年国际自然保护同盟在世界野生生物基金会的支持下制定发布的《世界自然保护大纲》。可持续发展的概念来源于生态学，最初应用于林业和渔业，指的是对资源的一种管理战略，即如何将全部资源中合理的一部分加以收获，使得资源不受破坏，而新成长的资源数量足以弥补所收获的数量。1987 年前挪威首相 Brent.Lan 领导的世界环境与发展委员会在《我们共同的未来》报告中对可持续发展的概念进行了详尽阐述，将其定义为"既满足当代人的要求，又不危及后代人要求的发展"。并以此为主题，对人类共同关心的环境与发展问题进行了全面论述，受到世界各国政府组织和舆论的极大重视。这一定义中强调了两个基本观点：一是人类要发展，尤其是穷人要发展；二是发展要有限度，特别要考虑环境限度，不能危及后代生存和发展的能力。总的来说，可持续发展就是从不同角度强调必须把自然资源和生态环境保护好，使其可持续性不仅在当代不受到损害和破坏，而且后代也应如此。

可持续发展的内涵十分丰富，主要包括 5 方面的内容：

（1）可持续发展是一种全新的发展观，它与单纯强调经济增长的传统发展观截然不同。可持续发展不否认经济增长，尤其是贫困和欠发达地区的经济增长。经济增长是实现发展的一个不可缺少的条件，因此要重新审视如何推动和实现经济增长。

（2）可持续发展强调生态、经济、社会诸多因素间的协调发展，即可持续发展要求以自然资源为基础，同环境承载力相协调，以提高生活质量为目标，同社会进步相适应。

（3）可持续发展强调发展的可持续性，即自然资源得以持续利用，环境承载能力得以维持或持续提高，经济社会持续发展。

（4）可持续发展强调发展的代际和代内公平。公平是指分配方式、机会选择上的公平和平等，而不是要对社会财富平均分配。具体地说，就是在发展经济时，不仅不允许部分人或部分地区的发展以损害另一部分人或其他地区的发展为代价，而且也决不允许当代人以损害后代的利益为代价而谋求一时的发展和利益。

（5）可持续发展强调人类必须彻底实现由"人是自然主人"的传统观念向"人是自然成员"的观念转变，强调人类要把自己当作自然界中的普通一员，在经济活动中完全遵循自然规律，本着人与自然和谐相处、协调发展的原则来进行活动，而不能仅从功利主义观点出发，对自身需要的资源和环境，进行无限度的索取和开发，只有这样，才能实现可持续的健康发展。

总之，可持续发展是一种新的生存方式。它要求人类共同遵守公平性、持续性、共同性等原则。可持续发展理论广泛应用于指导经济、生态和社会的发展。可持续发展是以人为本，以发展为核心，综合研究并实现人口、经济、社会、资源、环境生态等的协同，实现经济效率、社会公平、兼顾代际利益以及人类和自然的和谐。它是一种环境优化型的新发展模式，因此在循环经济规划中，能深刻揭示"自然—社会—经济"复杂系统的运行机制的可持续发展理论具有十分重要的意义。

二、生态学及其相关理论

（一）生态学理论

生态学是研究生物之间以及生物与非生物环境之间相互关系的学科。生态学理论是德国生物学家 Haeckel1869 年提出的。在其动物学著作中定义生态学为：研究动物与其有机及无机之间相互关系的学科，特别是动物与其他生物之间的有益和有害关系。其后，有些博物学家认为生态学与普通博物学不同，具有定量和动态的特点，并把生态学视为博物学的理论科学；持生理学观点的生态学家认为生态学是普通生理学的分支，与一般器官系统生理学不同，它侧重在整体水平上探讨生命过程与环境条件的关系；从事植物群落和动作行为工作的学者分别把生态学理解为生物群落的科学和环境条件影响下的动物行为科学；侧重进化观点的学者则把生态学解释为研究环境与生物进化关系的科学。后来，在生态学定义中又增加了生态系统的观点，把生物与环境的关系归纳为物质流、能量流和信息流。

循环经济规划最主要的指导原理是生态系统原理。所谓生态系统是指在一定空间内，生物成分（生物群落）和非生物成分（物理环境）通过物质循环、能量流动和信息传递形成的一个功能整体。生态系统是一个不断演化的动态系统，在外界环境与能量供应相对稳定的情况下，向着物种组成多样化、结构复杂化和功能完善化的方向发展，直到生态系统达到成熟状态。当生态系统的结构和功能处于相对稳定的时候，生物之间、生物和环境之间高度适应、相互协调，种群结构与数量比例稳定，能量和物质输入输出大致相等，这种状态就是生态平衡。生态系统具有自我调节功能，外来干扰在一定限度以内，通过反馈机制，系统自我调节后可恢复到最初的稳定状态；当外来干扰超过系统自我调节能力时，系统不能恢复到最初的稳定状态，此时，生态系统表现为生态失调或生态平衡的破坏。

人类社会不同于生物群落，它是以人的行为为主导、以自然环境为依托、以物质流动为命脉、以社会体制为经络的人工生态系统，即"社会—经济—自然"复合生态系统。人与资源、环境矛盾的产生与实质，就是由于自然生态系统中各个成分之间关系的失调。人既是生态系统的成员，受一般自然规律的制约，又是支配生态系统的最积极、最活跃的因素。人类一旦认识和掌握了生态系统的特性并运用科学方法实行管理，就能防止系统的逆向演化，维持其平衡或创造出具有更高的生态效益与经济效益的新系统，建立起新的生态平衡。

（二）产业生态学理论

产业生态学是一门研究社会生产活动中自然资源从源、流到汇的全代谢过程，组织管理体制以及生产、消费、调控行为的动力学机制、控制论方法及其与生命支持系统相互关系的系统科学。它被列为美国 21 世纪环境科学研究的优先领域。产业生态学起源于 20 世纪 80 年代末 R. Frosch 等人模拟生物的新陈代谢过程和生态系统的循环再生过程所开展的"工业代谢"研究。"工业代谢"是将生态学的生物代谢的概念引入产业生态学中所创建的新名词。工业代谢是模拟生物和自然生态系统代谢功能的一种系统分析方法。与自然生态系统相似，产业生态系统同样包括四个基本组分，即"生产者""消费者""再生者"和"外部环境"。通过分析系统结构变化，进行功能模拟和分析产业流（输入流、产出流）来研究产业生态系统的代谢机理和控制方法。通常采用的方法有"供给链网"分析（类似食物链网）和物料平衡核算。R. Frosch 等认为现代工业生产过程就是一个将原料、能源和劳动力转化为产品和废物的代谢过程。R. Frosch 与 N. Gallopoulos 等人进一步从生态系统角度提出了"产业生态系统"和"产业生态学"的概念。

产业生态学就是依据整体、协调、循环、自生的生态控制论原理，系统设计、规划和调控人工生态系统的结构要素、工艺流程、信息反馈关系及控制机理，在系统范围内获取高的经济效益和生态效益，实现可持续发展。

生态产业是按生态经济原理和知识经济规律组织起来的基于生态系统承载能力，具有高效的经济过程及和谐生态功能的网络型产业。它通过两个或两个以上的生产体系或环节之间的系统耦合，使物质能量多级利用、高效产出，资源、环境系统持续开发、利用。使企业发展的多样性与优势度，开放度与自主度，力度与柔度，速度与稳定度达到有机的结合，污染负效益变为经济正效益。生态产业主要有横向耦合、纵向闭合、区域耦合、柔性结构、功能导向等设计原则。

（1）横向耦合原则。生态产业设计时应运用食物网链结构原理，通过不同工艺流程间的横向耦合及资源共享，为废物寻找利用者或分解者，建立产业生态系统的"食物链"和"食物网"，实现物质的再生循环和分级利用，使污染负效益变为资源正效益。

（2）纵向闭合原则。生态产业设计时应考虑将生产、流通、消费及环境保护于一体，第一、二、三产业在企业内部形成完备的功能组合。

（3）区域耦合原则。企业内及企业之间相关的自然及人工环境构成产业生态系统或复合生态体，逐步实现废物在系统内最大限度地回收和向系统外排放的最小化。

（4）柔性结构原则。企业结构应灵活多样，依据资源、市场及外部环境的变化而自动调整产品、产业结构及工艺流程。

（5）功能导向原则。企业以对社会的服务功效为经营目标，而不是以产品的产量或产值为经营目标，企业的工艺流程和产品应多样化。

（三）生态经济学理论

生态经济学是一门从经济学的角度来研究由经济系统和生态系统复合而成的生态经济系统的结构和运动规律的科学。它的研究对象既不像一般生态学那样只是研究生态系统的运动规律，也不像一般经济学那样，专门研究经济系统内生产力和生产关系的对立统一规律，而是将二者结合起来，研究由生态系统和经济系统相互结合所形成的复合系统——生态经济系统各因素间相互联系、相互制约、相互转化的运动规律。

生态经济学认为：①在资源的开发和利用之间，通常存在链状和网状的关系，而且与短链相比，长链循环转化环节增多，更有利于系统稳定和物质的多次利用，同时也可以提高系统的生产力。②生态经济系统中有一个生态阈值。在生态因子或经济因子的变化（特别是经济因子）或经济系统作用于生态系统时，没有超过生态系统的承载能力（生态阈值），则系统会在各因子的相互反馈调节下得到补偿，从而保证其内部能量、物质（产品）转化效率得到提高；与之相反，如果人类的经济活动超过了生态系统的承载能力，就会出现系统失控、环境破坏和生态失衡等问题。③价值增值可以通过三种方式实现。一是加环增值，通过增加一个或几个转化效率高的环节来延伸产业加工链，提高生态资源利用效率，生产出数量更多、品种更优的产品，实现价值的增值；二是减环增值，适用于以自然力和自然能为主的产业链，能量转化和经济产出水平较低难以达到高型利用，为取得高产出，借助于高技术方法来减少原来产业链的环节，从而取得高增值产品；三是差异增值，通过产品的品质、外观、功能的差异、季节性差异、地域差异和习惯差异等，使价值和价格相背离，达到价值增值的目的。这些理论和方法也可以用于指导循环经济规划的建设和发展。

三、系统科学理论

系统是由相互作用和相互依赖的若干组成部分结合成的、具有特定功能的有机整体。系统具有三个基本特征：系统是由若干元素组成的，元素间相互作用、互相依赖，系统作为一个整体具有特定的功能。Rosen. R 曾指出，系统一词几乎从不单独使用，而往往与一修饰词组成复合词，如"自然系统""物理系统""生物系统""社会系统"等。这种使用方式本身就体现了现代科学体系的二维特征：修饰词描述了研究对象的物质特征；"系统"一词表征了所述对象的系统或整体特性，即"系统性"。对某一具体对象的研究，既要研究其物性，也要研究其系统性。系统科学显著特点之一就在于它对于系统整体特性的强调，其核心思想包括：一个系统作为整体，具有其要素所不具有的性质和功能；整体的性质和功能，不等同于其各要素的性质和功能的叠加；整体的运动特征，要在比其要素更高的层次上进行描述；整体与要素，遵从不同描述层次上的规律。这便是通常所说的"整体大于部分之和"。

系统科学研究系统的运动规律，探讨系统分析的方法和系统逻辑的具体应用。凡是用系统观点来认识和处理问题的方法，亦即把对象当作系统来认识和处理的方法，不管是理论的或经验的，定性的或定量的，数学的或非数学的，精确的或近似的都叫作系统方法。

由于循环经济系统的组成要素十分复杂，其不仅包括众多的自然要素，还包括物质产品的生产、分配、交换、消费等一系列的经济要素。这就决定了在进行循环经济规划时不是孤立地研究系统内的某一要素，而是要运用系统论的整体性原则，对组成循环的诸要素进行整体性、综合性研究，以求得各要素之间的最佳关系，使循环经济各要素协调发展取得最佳的经济效益和生态效益。这也意味着积极开展系统科学理论的研究，使循环经济规划置于科学的基础之上，无论在理论上还是实践上都具有十分重要的意义。

四、规划学理论

规划即进行比较全面的长远的发展计划，是对未来整体性、长期性、基本性问题的思考、考量和设计未来的整套行动方案。规划需要准确而实际的数据以及运用科学的方法进行整体到细节的设计。依照相关技术规范及标准制定有目的、有意义、有价值的行动方案。其目标具有针对性，数据具有相对精确性，理论依据具有详实及充分性。规划的制定从时间上需要分阶段，由此可以使行动目标更加清晰，使行动方案更具可行性，使数据更具精确性，使经济运作更具可控性以及收支合理性。规划主要包括宏图和计划两个层次，宏图就是描绘未来发展的前景，即根据对人类自身生存现实的认识来构思未来的发展目标和发展状况；计划就是为实现未来的发展目标所进行的科学决策和行动安排，包括时空排序和步骤方法。规划与设计的不同之处在于：规划作为实际行动的基础具有长远性、全局性、战略性、方向性、概括性和鼓动性。

就经济社会发展而言，规划分为产业规划和形态规划两种类别。所谓产业规划就是指综合运用各种理论分析工具，从当地实际状况出发，充分考虑国际、国内及区域经济发展态势，对当地产业发展的定位、产业体系、产业结构、产业链、空间布局、经济社会环境影响、实施方案等做出一年以上的科学计划。所谓形态规划就是指国家所投入的科学技术、基础设施、具体建设等项目。两者的关系是相辅相成的：①产业规划是形态规划的基础和前提。经济社会如何发展，最核心的不是道路、厂房、绿地、景观等系统的工程建设，而是如何从当地资源、能源禀赋及经济发展基础条件出发，设计主导产业、优势产业、特色产业，研究产业链条，并从空间和时间两个方面，对区域产业发展做出科学、合理、可操作性强的产业发展规划。只有如此，区域经济才有可能获得健康、快速发展，才需要有相应的在产业规划基础上，并与产业规划相配套的形态规划（平面建设规划）。②形态规划会促进或影响产业规划。一个好的形态规划会极大地促进产业规划的实施，反之则会限制或制约产业规划的有效实施，这也正是科学研究的意义所在，专家存在的价值所在。国家经济社会发展规划的编制，必然是建立在大量的科学研究基础上的，循环经济规划作为规划的一种，也要遵循规划的方法和原则。

第二节　编制循环经济规划的必要性

循环经济是作为人类应对资源瓶颈制约和环境污染挑战而提出的一种新型经济形态，其改变了传统的"资源—产品—废物"的线性增长方式，取而代之的是"资源—产品—废物—再资源化"的循环发展方式。在经济发展方式的转变中，依然有许多弊端需要不断克服。

一、循环经济发展中的主要制约因素

（一）经济发展方式的惯性制约

经济发展方式的转变不是一蹴而就的，而是一个循序渐进的过程，受生产力发展水平和技术水平等诸多条件的制约。我国长久以来形成的粗放型增长方式仍然以较强的惯性在运行着，与发达国家相比，在技术水平和管理水平等方

面都存在较大差距；我国正处于全面推进工业化及城市化的加速发展时期，城市基础设施、高速公路、铁路等的大规模建设，也必然会使我国现阶段的增长呈现出高物质消耗特征；技术进步是经济发展方式转变的中心环节，是转变经济发展方式的内在动力，我国的技术力量与世界先进水平有差距且自主创新能力不足。

（二）经济技术手段的制约

经济发展最终要靠生产效率提高，而提高效率则需要通过投入先进的科技和现代化设备来实现。也就是说，要把资源的投入转到技术的投入上，以减少经济发展对投资的强依赖性。虽然我国在过去的半个世纪不断加大对科研、教育等方面的投入力度，并且也取得了一些进步，但是综合科技竞争力依然落后，科研能力总体上达不到先进国家的水平，缺乏创新成果。现阶段很多先进技术设备，甚至人才都是从国外高价引进的，版权、专利等自主创新性严重不足。所以科技进步、人才培养、创新机制的建立对推动经济高水平发展方面尚任重道远。

（三）经济体制的制约

从宏观角度来讲，我国的社会主义市场资源配置不太合理，市场在变化，政府职能也在变化。虽然我国已经在 20 世纪末初步建立了社会主义市场经济体制，但市场在资源配置中的基础性作用仍然发挥得很不够，土地、矿产、贷款等重要资源的配置权利仍然在很大程度上掌握在各级政府手中，或者极大地受到政府决策的影响。这就使各级政府官员有了运用这种动员和支配资源的权力来实现自己政绩目标的可能，破坏了公平竞争的市场环境，从而降低了资源配置的效率。从微观角度分析，各级地方政府一贯地以 GDP 作为衡量政绩的主要指标，不能全面反映政府的职能和科学发展观的要求，从内容上看，片面强调经济增长，忽视社会发展、环境保护、生态平衡；从政绩考核指标体系上看，轻视质量和效益指标，片面强调数量考核指标。但经济效益和结构效益，生态环境质量下降，经济发展方式未能实现根本转变，严重制约循环经济的发展。

（四）经济发展、资源、环境的认识的制约

我国的资源环境保护教育起步晚，宣传手段落后，缺乏顶层设计，尤其是对于节约资源、保护生态环境的宣传教育没有及时到位，总是等到出了问题才开始着手宣传教育，公众普遍缺乏资源现状的危机意识和对可持续发展重要性认识，部分地方政府注重眼前的直接经济利益，而没有用科学的、前瞻的眼光看待和保护资源，环境污染现象较为突出。另外在经济增长上只看数量上的增长，不注重经济质量上的提高和环境资源的承载能力，片面地追求增长速度、规模扩张，不注重效率与质量的切实提高，缺乏对预留子孙后代未来的生存和发展空间的考虑，更没有走可持续的经济发展道路，缺乏科学的经济发展观念。

（五）经济结构的制约

由我国现行的经济运行状况来看，产业结构不合理，包括地域结构、城乡结构、企业中间的组织生产结构、商品结构、分配结构等都存在不合理的地方。一是产业结构不协调。产业结构随着经济的发展而不断变动，在经济发展的不同阶段，选择的主导产业不同，经济发展的方式也不同。新中国成立以来，我国的产业结构进行了多次调整，以适应经济发展的需要，但每次调整都存在不合理的部分，而在结构不协调状态下的发展，会有相当一部分表面形式的增长。第一产业中，农业基础设施相当不足，设备、技术落后制约了该产业自身的发展；农村社会保障并没有落到实处，农民增收困难。服务业对我国国民收入的贡献不足三成，还不及落后国家的五成水平，发达国家的占比一般是六、七成。而第三产业的落后直接影响了整个国家所有产业的连接性运作，供应链是脱节的，每个环节落后一步，最后生产效率势必会低下，进而影响各个产业的更新换代、分工协作的协调进行，最后就影响了整个国民经济的发展质量。第二产业虽然相对实力雄厚，但仍然是粗放的发展方式，对国外的依赖性强，缺乏自主创新的科技方法与手段支撑。二是地域结构雷同。地域结构、产业选择雷同主要是指各个地区在选择生产产业，产业生产内容、规模，品质设定，目标消费者等方面的相似现象，造成了大量的人力浪费、重复建设、投机倒把以及生产能力过剩，供大于需。一些城市、地区没有从本地区的实际出发，优化产业结构，发挥特色和优势，获取更高的规模经济效益。三是投资与消费需求失衡。众所周知，拉动经济发展的三大力量，一靠投资、二靠消费、三靠出口，但是三者必须维持合理比例才能真正促进经济的发展进步。虽然经济在增长，可消费并没能跟上，这种不可持续的高速增长并不能称之为平衡与和谐。

为了更有效地促进经济发展，转变经济发展方式，在我国，发展循环经济已从一种理论探讨和一般实践上升成为一种国家战略。因此，作为循环经济实践基础和依据的发展模式探讨、发展原则分析以及相关理论定量分析研究显得更为重要和紧迫。但在我国现阶段，循环经济的理论研究相对滞后，还不能为循环经济的科学发展和实践提供深入、全面的理论指导，特别是有关循环经济规划理论的研究更是寥寥无几。对于循环经济理论探讨的匮乏，使人们在积极倡导发展循环经济的同时，并没有对循环经济有真正本质的认识和了解，这也是循环经济实践中遇到的主要障碍之一。

二、制定循环经济规划的必要性

为了解决这些问题，就必须坚持走可持续发展之路，加快经济结构调整，转变经济发展方式，重视并加快发展循环经济。循环经济的发展模式逐渐受到了世界主要发达国家的认可，为可持续的经济发展模式开辟了一条新的发展道路。在发展中如何将追求经济利益为目标的现代经济发展模式过渡转化和优化调整到循环经济发展模式上来，需要做出一定的改革和创新。制定科学合理的循环经济规划是成功实施循环经济发展战略的关键所在，其有利于提高资源、能源利用效率和产出效益，优化提升产业结构水平，促进社会的和谐、可持续发展。制定循环经济规划的必要性与意义主要表现在：

（一）缓解资源短缺与浪费的压力

节约资源、能源，提高资源、能源利用效率是发展循环经济的重要目标之一，也是循环经济规划编制的重点内容。以资源的高效利用和循环利用为核心，以"减量化、再利用、资源化"为原则，以低消耗、低排放、高效率为基本特征。通过编制循环经济规划，采用生态设计、清洁生产、物料替代、废物资源化利用以及一体化管理手段和措施，构建企业内部、企业之间、产业内部、产业之间的产品链、废物链，形成互用共生网络，推进节能、节水、节地、节材和综合利用，可以使企业合理地配置资源和各种经济要素，最大限度地降低水耗、物耗和能耗，提高资源产出率，从开源和节流两个方面双管齐下，以最小的资源和环境成本，取得最大的经济效益和环境效益，对于缓解我国资源短缺的现状具有重要的现实意义。青岛啤酒（厦门）有限公司在推进循环经济工作中，按照规划将清洁生产的理念贯穿于生产管理的每个环节，例如广泛使用变频器、节电器降低电耗，使用除渣清灰剂降低煤耗，将包装过程产生的废料重新制造成品等，取得了可观的经济效益和良好的社会效益，公司每年降低生产成本510万元左右。

（二）促进社会、经济与环境的协调

传统的经济增长方式采取掠夺式资源开采，单纯地追求经济增长，而忽视生态环境保护，造成了严重的生态破坏和环境污染。循环经济注重人与自然的和谐发展，注重人口质量的全面提高，注重经济增长与环境保护的协调发展。循环经济规划以经济和社会发展的要求为基础，以分析资源和能源的输入、转化以及污染全过程为重点，以建立一个循环型、可持续的经济发展体系为目标，可以从根本上协调人类社会、经济、资源和环境之间的关系，从不同层面上对经济活动，资源、能源的分配和使用，消费行为模式以及生态环境的建设等做出时间、空间和程度上的合理安排，有效减少资源、能源的使用，降低污染物的排放，从而实现社会物质、能量循环与自然生态循环的有机统一，从根本上改变资源、能源过度消耗，环境污染严重的局面，实现社会、经济、环境三者的共赢，从而促进人口、资源和环境的全面、健康、协调的可持续发展。莱芜市作为山东省生态环境相对比较脆弱的地方，植被和土壤退化现象普遍，水土流失严重，结构性污染严重。为了完成山东生态省建设的总体目标任务，在其规划中紧抓山、水、田、林，优化产业结构，大做生态文章，在恢复当地的生态地貌中确立了自己的支柱产业，促进了社会效益、经济效益和环境效益三者的和谐统一。

（三）推动产业合理布局和经济发展模式的调整

循环经济理论的逐步形成和不断完善，改变了人类社会对经济发展模式的认识，提出了新的循环式的、非单程式的经济发展理念和发展模式，运用系统科学、生态学、经济学等多学科理论的融合和发展，依靠技术的进步和创新，通过改变经济结构和布局、延伸产业链、补链、节约资源能源、提高资源利用率等手段，改变当前我国经济发展粗放型的方式，促进从消耗大量资源、牺牲生态环境为代价、传统的"资源—生产—废物"的线型经济运行的模式，向资源利用效率高、对环境友好的、新型的"资源—产品—再生资源"的闭合式的、低投入高产出的经济模式转变。在循环经济规划的编制过程中对其目标、指标、项目和资金等方面经过科学的论证和精心规划，使循环经济规划纳入国民经济和社会发展计划中。因此，循环经济规划的目的就是协调经济社会的发展以减缓资源与环境之间的矛盾，在经济和社会发展的同时，提高资源的利用效率，以此转变传统的产业布局和经济发展模式。武汉东西湖区作为围湖造田形成的城市新区，农垦活动一直是当地居民的主要经济活动，围垦解决了血吸虫的危害，但也使汉江行洪受损。为此，在编制发展规划过程中，东西湖区经过科学的分析论证，决定在满足新的分洪功能前提下，将湖泊的功能由单一的蓄洪改造为旅游服务功能，成为全国第一个提出湖泊生态修复和休憩旅游规划的地区，改变了当地单一的农垦经济活动，得到了相关专家及公众的一致认同。

（四）充分发挥高新技术在推动循环经济中的作用

传统的工业技术是在最大限度地开发自然资源、最大限度地创造社会财富、最大限度地获取利润的经济指导思想下开发出来的技术。循环经济作为传统工业后期的经济产物，也应当摒弃落后的传统工业技术，以高新技术为先导。同时，循环经济规划涉及一定的空间区域，涉及人口、资源、经济、社会的方方面面，需要大量的数据支持和分析判断工作，没有高新技术的支持，不仅信息数据采集困难，而且同步性差，也难以准确判定。目前，信息技术、计算机技术、遥感技术、全球定位技术、地理信息系统技术、系统分析技术、模型仿真技术、3D打印技术、生态制图技术等给循环经济规划水平的提高提供了新的可操作平台，规划的编制可以充分利用这些创新型技术提高循环经济规划的水平，以指导各地实施。因此，循环经济规划可以有效地利用高新技术促进循环经济的实施建设。韩国在进行以水循环及水安全为主的智慧河流规划中，将信息与通信技术行业、基础设施行业与水行业融合并整合，利用 ICT 行业、自动化技术、观测和控制技术、程序开发和操作技术、安全和通信技术等构造智能运行系统，将水资源分配系统的事故率降低 50%，水务系统运行的能源需求降低 10%，在水质稳定达标前提下，维护和管理的费用降低 20%，大大促进了沿流域地区循环经济的发展。

（五）有效指导循环经济各项活动的开展

循环经济规划主要是通过实地调研、分析数据和发现并解决问题等方式，确定实施循环经济工作的内容和范围，制定出可操作的循环经济目标、指标体系，给出经济社会发展、资源节约与综合利用、环境保护工作及智慧管理等领域的方向和要求，同时，提出一系列有效的工程项目和措施手段。总之，循环经济规划是在充分考虑产业布局、资源条件、市场需求以及经济和环境成本的前提下，根据发展形势和区域特点在流通、生产和消费领域有侧重地选择重点企业和行业开展节水、节能、节地、节材和综合利用等活动，破解经济增长与资源能源短缺、环境污染之间的矛盾，全面实现发展速度与资源保障相协调，是全面建设小康社会、构建社会主义和谐社会的战略选择，也是我国实现跨越式发展的重要举措。规划的作用是指导循环经济建设工作，为政府和部门开展相关工作提供了考核和评价依据，也为如何开展循环经济工作提供了切实可行的实施方案，对有效实现循环经济活动起着决定性的作用。山东某地作为国内闻名的蔬菜基地，主要供应北京。近年来，随着北京市生活水平的提高，对生活质量的要求也越来越高，北京有关管理部门加大了对各地进京蔬菜的检测。该县正是在循环型农业发展规划的指导下，把无公害蔬菜基地的建设放在重要位置，大力宣传无公害农蔬栽培技术，始终稳占北京蔬菜供应市场的重要位置。

第三节　循环经济规划应遵循的原则

一、编制原则

合理的循环经济规划对指导企业、行业、区域层面开展各种形式的循环经济是十分重要的，循环经济规划的相关设计应遵循以下基本原则：

（一）循环经济的 3R 原则

3R 原则是循环经济的核心内容，即废物的减量化（Reduce）、资源的再利用（Reuse）和资源化（Recycle）。在输入端减少进入生产和消费流程的物质和能量，同时满足生产和生活的需要；在过程中梯级、循环利用资源、能源；在输出端将完成使用功能的产品重新资源化。在制定循环经济发展规划时，也应贯彻上述三原则，做到生产环节与消费环节并重，提高资源、能源的利用效率，实现经济、社会、环境效益的共赢。

（二）因地制宜、突出特色的原则

在制定循环经济规划时，应结合地区特点，实事求是地从不同区域、行业和企业的实际出发，突出自身的社会、经济、生态环境以及自然条件等特色和优势，围绕自身的重点、难点来进行循环经济规划的编制工作，从而增强规划的针对性和实效性，有助于正确处理好人口、资源与环境的关系，实现资源利用的最大化和污染的零排放，实现经济社会的可持续发展。

（三）科学合理、循序渐进的原则

编制循环经济规划应从建设资源节约型、环境友好型社会的长远战略目标出发，与当地自然生态系统相结合，尽可能多地保持原有生态功能，最大限度地降低对局地景观和水文背景、生态系统造成的负面影响，科学合理地提出循环经济发展的总体规划和发展战略，达到社会资源合理配置，循环经济发展有效促进的目的。应充分考虑到自身发展的基本规律，结合内部发展状况及外部环境的变化，不断动态调整、循序渐进，制定可实施的分阶段方案，找准不同时期的着力点，重点突破。

（四）系统性原则

编制循环经济规划应考虑到发展循环经济所包含的主要内容，同时也必须考虑到企业、行业、区域以及相互之间系统结构合理化和系统整体效能最大化。在规划和设计循环区域时，应特别关注单个企业、行业及区域相互之间的整合效应，防止空间、资源的浪费和区域发展的不平衡，实现资源的优化配置、合理布局。

（五）公众参与原则

公众是发展循环经济的原动力，也是循环经济规划得以实现的参与者与支持者，在循环经济规划编制过程中，应积极引导公众行使自己的知情权、参与权、表达权和监督权，通过合理规划，使政府、企业和公众承担各自的责任和义务，共同推进循环经济有序、健康、快速的发展。

二、编制流程

循环经济规划编制工作可分为四个阶段，如图 2-1 所示。

第一阶段（筹备与策划阶段）：成立循环经济规划编制领导小组，讨论规划编制的相关事宜，确定规划的编制小组（自行编制或委托第三方）、编制内容与规划年限。

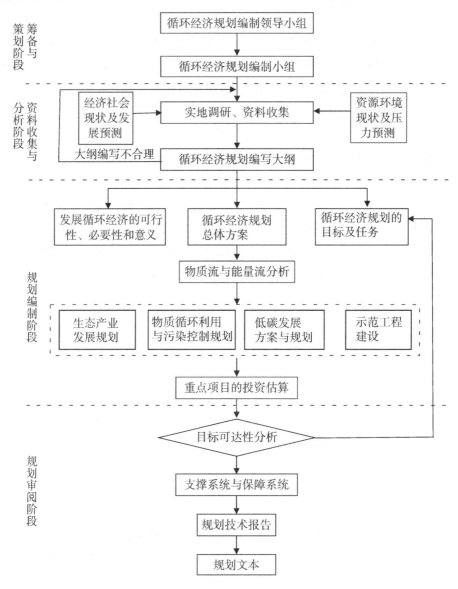

图 2-1 循环经济规划编制技术路线

第二阶段（资料收集与分析阶段）：编制小组按照循环经济发展规划编制指南及相关法律法规、政策的相关要求，进行实地调研、收集规划编制单位的经济社会及资源环境信息，并对信息进行甄别、分析，编制工作方案，提出循环经济规划编制大纲。

第三阶段（规划编制阶段）：根据循环经济规划编制大纲，起草循环经济规划编制文本，并对相关内容进行必要的说明。

第四阶段（规划审阅阶段）：编制单位组织相关专家对规划进行评阅，根据评阅意见，编制小组对规划的内容和格式进行进一步修改和完善，并通过有关单位评审。

第四节　循环经济规划的主要内容

为全面贯彻落实《中华人民共和国循环经济促进法》，指导各地区、各单位科学编制本地区、本单位的循环经济发展规划，发挥规划的宏观指导作用，2010年国家发展改革委员会印发了《循环经济发展规划编制指南》（如图 2-2 所示），指南中对循环经济规划编制的主要内容做了规定，共包括九部分。

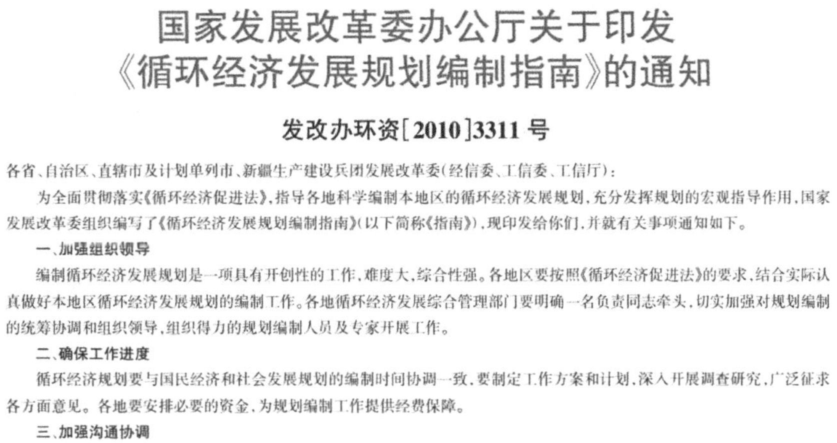

国家发展改革委办公厅关于印发《循环经济发展规划编制指南》的通知

发改办环资[2010]3311号

各省、自治区、直辖市及计划单列市、新疆生产建设兵团发展改革委(经信委、工信委、工信厅)：

为全面贯彻落实《循环经济促进法》，指导各地科学编制本地区的循环经济发展规划，充分发挥规划的宏观指导作用，国家发展改革委组织编写了《循环经济发展规划编制指南》(以下简称《指南》)，现印发给你们，并就有关事项通知如下。

一、加强组织领导

编制循环经济发展规划是一项具有开创性的工作，难度大，综合性强。各地区要按照《循环经济促进法》的要求，结合实际认真做好本地区循环经济发展规划的编制工作。各地循环经济发展综合管理部门要明确一名负责同志牵头，切实加强对规划编制的统筹协调和组织领导，组织得力的规划编制人员及专家开展工作。

二、确保工作进度

循环经济规划要与国民经济和社会发展规划的编制时间协调一致，要制定工作方案和计划，深入开展调查研究，广泛征求各方面意见。各地要安排必要的资金，为规划编制工作提供经费保障。

三、加强沟通协调

图 2-2　国家发展改革委办公厅关于印发《循环经济发展规划编制指南》的通知

一、前言

简述编制规划的背景、必要性、适用范围、规划期限、编制依据、总体思路、主要内容及组织工作等。规划期可按五年考虑，以便与国家五年规划相结合和衔接。

二、规划区域的基本情况

（一）规划区域概况

主要包括：地理位置、地理特点和气候条件等。

（二）规划区域经济社会发展基本情况

（1）总体经济发展情况；（2）产业结构情况：一、二、三产业结构情况，支柱产业和重点产业情况；（3）产业布局情况：各产业的空间布局情况，园区和产业集群；（4）社会发展情况：人口、科教文卫等情况。

（三）规划区域资源环境基本情况

资源情况主要包括：土地、水、能源、矿产、森林等主要资源的品种、储量、开采、消耗情况等。

环境情况主要包括：水环境、大气环境、土壤环境质量以及各种废物的排放情况，环境保护基础设施建设及运行情况等。

应对资源承载能力和环境容量进行分析与评价。

三、发展循环经济的紧迫性、有利条件及制约因素

（一）"十一五"期间取得的成效

各地区应对本地"十一五"期间循环经济发展情况及预期目标的完成情况进行回顾和总结。

（二）发展循环经济的紧迫性

充分考虑本地区环境资源以及气候变化等面临的形势，结合当前转变发展方式、调整经济结构的任务和压力，比较本地区在绿色发展方面与先进国家、地区的差距，对本地经济、社会发展情况进行分析，论述发展循环经济的紧迫性和重要意义。

（三）发展循环经济的有利条件

可从自然条件、基础设施、财政能力、产业基础、空间布局、人文基础、

管理水平、政策法规的颁布和实施以及社会经济发展等方面分析论述发展循环经济的有利条件和基础，特别是总结本地已开展的循环经济工作及成效，以及典型的循环经济发展模式等。

（四）制约因素

主要论述在发展循环经济中存在的主要问题、制约因素和通过发展循环经济拟解决的关键问题等。

四、发展循环经济的指导思想、基本原则和发展目标

（一）指导思想

指导思想是指导规划编制和实施的方向，要明确规划的使命，体现发展方向和工作重点。

（二）基本原则

规划原则是规划的具体指导方针，是对指导思想的进一步深化和具体化。要符合指导思想的要求并面对具体的规划内容，把指导思想的具体要求贯彻到规划的重点领域中。

（三）发展目标

制定五年的循环经济发展目标。目标要定性与定量相结合，要能够体现规划实施效果，要与地区总体发展目标相协调。其中，定量目标要有指标体系表。

根据《中华人民共和国循环经济促进法》以及国家发展改革委员会、原国家环保总局和国家统计局联合公布的《关于印发循环经济指标体系的通知》的要求，循环经济指标体系应包含资源产出率、废物再利用和资源化率，以及资源消耗、资源综合利用和废物排放（含处置）降低等四大类指标；此外还要列出体现当地循环经济特点的特色指标。对于有国家强制性规定的、指标体系中要达到或优于国家强制性指标，指标要可量化、可考核，易统计；指标体系应包含规划基准年数据、阶段性指标和规划终期指标。

各地在"十二五"期间原则上应开展物质流分析。物质流分析是对社会经济活动中物质流动进行分析，了解和掌握社会经济体系中物质的流向、流量及

相互关系，从中找出减少资源消耗、有效利用资源、减少污染物排放、改善环境的途径，是发展循环经济的重要理论基础。国家已在部分省市开展了循环经济统计试点工作，并取得了积极成果。《循环经济统计试点方案》提出了省域层面资源产出率的测算方法，各地区在"十二五"期间应尽快完善各项基础条件，参照这一方案对省域层面资源产出率进行测算，并作为本地区循环经济发展规划的重要指标。

（四）目标可达性分析

根据现状，结合发展设想，采取定性与定量相结合的方法对主要目标进行可达性分析。可比性强的指标可以结合国内外该指标情况进行分析。

五、发展循环经济的重点任务

重点任务要涵盖一、二、三次产业及整个社会生活的各个领域，构建一、二、三次产业相互耦合的循环经济体系和整体框架。要谋划循环经济发展的总体布局；大力推动循环型农业发展；优化产业结构，打造循环经济产业链，大力培育和促进循环经济新兴产业发展；构建包括第三产业在内的社会循环经济体系。建设资源回收利用网络体系，挖掘"城市矿产"，强化废物的资源化利用。要加强宣传教育，推广绿色消费模式。要高度重视循环经济技术、低碳技术的研发和应用，尤其是涉及原料的减量化利用、有毒有害原料的替代利用、有利于多次循环利用技术的开发以及产业间链接耦合关键技术的开发和应用。要重视配套技术政策、标准、规范的制定；要开展制度体系建设，体现空间布局，并体现"四节一综合"，即节能、节水、节地、节材和综合利用的相关内容。

六、空间布局

作为区域性的循环经济发展规划，要明确循环经济发展的空间布局，如区域发展重点、产业园区布局等，体现资源配置的优化。

七、发展循环经济的重点领域、重点工程及关键技术与装备

（一）重点领域和重点工程

循环经济的重点领域和重点工程是实现规划目标和落实规划任务的重要抓

手。编制规划时，要根据国家循环经济发展综合管理部门提出的循环经济发展重点领域并结合当地实际，提出本地区发展循环经济的重点领域和重点工程。

发展循环经济的重点领域，主要涉及的是如何促进原材料利用的减量化、促进"废物"的再利用和资源化、促进产业之间的相互链接。企业的清洁生产、行业之间形成副产品和废物再利用及资源化的纵向延伸和横向耦合、企业之间能量的梯级利用、水资源的循环再利用、再制造产业、"城市矿产"示范、产业废物资源化、市政废物资源化、餐厨废物资源化、建筑废物资源化、农林废物资源化、循环型服务业、产业园区的循环化改造和新建园区的循环化构建等领域均为循环经济发展的重点领域。

重点工程是实现规划目标的重要工程技术措施。要符合国家产业政策的要求，符合本地区产业发展方向和布局要求，要能够对规划目标的实现发挥关键作用。如一些产业关联度高、资源节约和节能减排效果显著的重大工程、零排放工程、循环经济关键节点工程、带动产业结构调整和产业升级的重点工程，循环经济关键技术产业化工程，可显著体现循环经济效果的社会发展工程项目等。重大项目要说明与规划指标的关联性和贡献度，规划中提出的重点工程要能够在规划期内完成。

（二）关键技术与装备

规划应根据地区循环经济发展重点，提出发展本地区循环经济的关键技术和装备，构建循环经济技术支撑体系。应主要涵盖：（1）需要大力推广应用的成熟适用技术和装备；（2）加快实现产业化的先进支撑技术和装备；（3）需要进一步创新研发的关键技术和装备等。如认为必要，《规划》可附循环经济重点工程及关键技术实施计划表或专栏。

（三）循环经济产品及服务

支持企业开展产品的生态设计。生产并提倡使用再生品、耐用品、可降解、易拆解品，政府优先采购选用，鼓励循环消费、绿色消费。推动建设咨询服务、研发推广平台，鼓励专业化废物回收利用企业对园区、生产企业开展统包式或嵌入式服务。

规划中应包含区域布局图以及循环经济产业链示意图等。

八、实施效果分析

定性、定量分析规划的实施效果，如规划完成后对资源产出效率、生态环境优化、节能降耗方面的作用等。

九、发展循环经济的保障措施

（一）地方需要采取的措施

规划是否能够顺利实施并取得预期效果，建设保障体系是必不可少的组成部分。一般情况下，涉及思想保障（宣传教育）、组织保障、法律法规保障、政策保障、管理保障（服务保障）、科技保障、人才保障、土地保障、资金保障、基础设施保障等等。保障措施要务实，具有可操作性，避免空洞的表述。

（二）需要争取的外部支持

为了规划的顺利实施和全面落实，各级政府也可适当提出对于保障循环经济发展的政策需求，供主管部门和上一级政府参考。

第三章　循环经济规划的相关分析方法

评价循环经济规划的优劣，可以利用不同的分析方法从多个方面去分析评价，例如用物质流分析评价规划后的资源效率，用环境影响评价、IPAT 方程、生命周期分析、清洁生产审核、环境价值计量及绿色核算分析等方法来评价环境影响，而对于循环经济规划的总体评价可以用循环经济指标体系分析评价法。对于不同的对象、不同的属性，用不同的分析评价方法和指标体系，得出的结论也不尽相同，所以在编制循环经济规划时应该做到具体问题、具体分析，选用适宜的分析评价方法及其指标体系。本章分别从资源利用率、环境影响和综合评价这三个方面介绍循环经济规划中相关的分析评价方法。

第一节　资源效率分析评价方法
——物质流分析

实施循环经济和清洁生产是实现经济可持续发展的两个重要途径，而这两种途径的基本思想都是以最小的投入，获取最大的收益，提高能源资源的利用率，减缓对生态环境的影响。物质流分析建立在物质代谢理论和工业代谢理论基础之上，通过分析研究经济体系内部的"资源投入—生产加工—废物排放"过程中的能源资源利用情况、废物产生和再利用的情况，达到分析和控制资源利用率、降低对环境影响的目的。随着经济社会越来越重视经济的可持续发展，追求低能耗、低污染、高收益的经济目标，物质流分析方法逐渐得到学者们的重视。尤其在 20 世纪 90 年代，世界的各个发达国家纷纷开展了国家及行业的物质流分析研究和应用。物质流分析方法作为一种对经济活动中物质投入和产出情况的分析工具，能够根据分析结果制定总量指标、效率指标、物质循环利用率指标及其废物最终处置率等评价循环经济发展状态的指标，并为提高资源利用率、加强环境的管理提供依据。

一、物质流分析方法的发展历程

最初的物质流分析是在工业代谢的研究基础上构建的，是以整个经济系统为研究区域，对系统中物质的投入、消耗、产出过程进行跟踪分析的一种代谢研究方法。物质流分析和工业代谢分析都是根据物质守恒的原理对物质的代谢进行跟踪研究，两者的评价指标也较相近。二者的不同点体现在以下两个方面：一是研究区域不同。物质流分析既可以对包括国家、城市和产业园区等的区域经济社会系统为研究区域进行物质流分析，也可以分析各产业部门或某种纯物质代谢过程的物质流动情况。而工业代谢分析以工业系统为研究区域，物质流分析的范围比工业代谢分析更为宽泛；二是代谢主体不同。工业代谢分析法一般以企业为代谢主体，而物质流分析的代谢主体可以是一个区域，也可以是一个工业园或者生产链。

物质流分析的概念及理论来源于各个年代的众多领域，例如经济学领域的Leontief 在 20 世纪 30 年代提出了输入—输出平衡表概念，这是一个基于经济学观点的物质平衡分析。到 20 世纪 70—80 年代，随着发达国家对保护环境和高效利用能源资源认知度的不断提高，关于城市新陈代谢和污染物迁移路径分析方面的研究越来越引起重视。物质平衡、城市代谢等概念的提出和相关研究成果的不断发表，为物质流分析应用于整个经济社会领域奠定了基础。20 世纪 90 年代初期，奥地利、日本、德国分别对各自国家进行了国家级的整体自然资源和物质流动情况的物质流分析。此后，一些国家相继开展了物质流的相关研究，使物质流分析法开始在世界范围内得到广泛应用。1995 年 Wernick 和 Ausubel 就美国的物质流平衡提出了一套较为完整的计算框架。1996 年欧盟委员会成立"一致性行动"的"协调账户计划"，这一计划的实施标志着物质流分析国际合作的开始。1997 年世界上研究物质流的第二大机构——世界资源研究所完成了"工业经济物质基础"的研究，并对德国、日本、奥地利、荷兰和美国的物质输入流进行了分析，同时发表了关于其中 4 个国家的物质流研究报告。2000 年世界资源研究所联合日本、美国、德国、荷兰和奥地利 5 个国家的相关机构共同对本国的经济活动及与物质流总量、物质输出流等相关内容进行了研究，完成了"国家之重"的研究报告。2001 年欧盟统计局编辑并出版了物质流分析研究方法手册，这一手册的发布为各个国家或企业开展物质流分析和研究提供了重要的依据。2007年欧盟委员会统计局发布了对经济系统的物质流统计编写手册。

二、物质流分析步骤及其主要内容

物质流分析通过分析一定区域的物质投入、产出情况和各流通环节的物质量及其利用情况，使管理者能够正确地认识到整个经济活动中资源、能源的代谢过程，并能为其开展减少资源投入、提高资源利用率工作提供管理依据，也能为循环经济规划提供指导，使循环经济规划更加合理。物质流分析过程主要包括界定研究对象和区域、核算各环节的物质流和最终结果评价三部分。

（一）界定研究对象和区域

明确研究对象和研究区域是物质流分析研究方法的关键。由于需要对各个过程的物质量进行定量统计，因此物质流分析的对象一般都很明确，可以根据研究目的确定物质流分析的对象，例如要研究一个区域煤炭能源消耗情况，那就要以煤炭作为研究对象，分析其从进入研究区域到最终消耗的过程。而研究区域的确定一般是根据研究对象的流动情况或者根据研究目的提前界定。

最初物质流分析研究对象一般为对环境产生不利影响的物质，例如分析经济活动中重金属等危险废物和与地球温暖化有关的碳物质的流动等。确定这种研究对象主要是为了减轻有害物质的影响，分析产生危害的地方，做到提前预防和控制。随着经济的发展，人们越来越关注经济的可持续发展问题，更加注重资源能源的合理配置和应用，支持资源的"减量化、再利用和资源化"以推动经济的绿色发展，循环经济的概念也由此而生。此时物质流分析的目的更多是关注经济活动中物质的流量和结构是否可持续，研究对象也多为与经济活动密切相关的物质。目前物质流分析中的"物质"具有广泛的含义，既可以是生产用的资源和能源，如金属、矿物质、化石燃料，建筑用的砂子、混凝土，农业资源，森林资源，渔业资源，固体废物等，也可以是对环境有不利影响的物质，例如重金属、危险废物等。

根据研究目的的不同，物质流分析区域有不同的界定范围。例如，研究目的是评价一个国家的能源分布情况，则研究区域应以国家的边界为界限。物质流分析可以在不同层面进行：第一，可以将整个国家作为物质流分析的研究区域；第二，可以对某一特定区域进行研究（如行政县（区）、市等）；第三，可以对某个经济实体（企业或者行业）进行研究；第四，可以对某种稳定的纯物质（如铅、铁、铜等）进行研究。在 20 世纪 90 年代初期，奥地利、日本、德国就分别以各自国家的边界为研究区域，对国家级的整体自然资源和物质流进行了分析。

（二）核算各环节的物质流

根据物质流分析目的，可以将研究区域内物质流的各环节分成独立的单元，单独对各个环节物质输入、输出和积累的平衡进行核算，以评价各单元的物质利用情况。

核算各环节的物质流主要包括两方面的内容：①物质总量核算。物质总量核算是用来核算特定的经济主体所需的物质投入总量、物质消耗总量和物质循环总量。根据物质守恒定律，在一定区域内的物质，不管以哪种形态存在，其总量都遵循质量守恒定律，即：物质的输入量（Inputs）＝物质的输出量（Outputs）＋库存净增量（NAS）。②物质使用强度分析。主要分析在一定生产或消费规模下物质的使用强度、消耗强度和循环强度，该强度可用单位GDP和人均GDP来衡量。具体指标为：资源生产率（MP）、产品使用后的再资源化率（RRUP）、物质循环利用率（MCP）。

1. 物质总量核算及其框架

物质平衡核算通常要考虑物质输入量、物质输出量和库存净增量三部分，每一部分的表现形式会有不同，例如物质输出量包括了物质未利用部分和废物排放部分。对于以国家边界为研究区域的经济系统来说，输入的物质通常指原材料和能源，输出的物质通常指产品和副产品（包括废物和污染物质）。一般来说，投入经济系统的物质主要有：直接从国内获取的资源；从国外进口的一次性能源、农矿产品和林产品等资源性物质；进口的半成品，制成品等商品类物质；进口的废纸、废塑料和废钢铁等可循环利用的废物。投入的物质代谢路径主要有：①累积在人类经济活动的边界内，形成生命周期较长的、耐用的消费品以及基础建设等，如库存的净增加；②以固体废物，空气污染物，水污染物或逸散流等形式进入环境；③以农矿产品、半成品、制成品出口到其他国家。经济系统的物质平衡核算框架如图 3-1 所示。

由图 3-1 可见，物质总量核算的目的是确定各环节物质输入量、输出量和储存量的数值，为正确评价研究区域的资源利用率、循环利用率等评价指标奠定基础。对于区域物质输入方面，除了传统意义上的直接物质流输入外，还有重要隐藏流，又称非直接流或生态包袱。隐藏流的概念是 20 世纪 90 年代初，德国 Wuppertal 研究所的 Ernstvon. Weizsaecker 提出的。所谓隐藏流是指经济活动过程中开采一次资源所不可避免产生的废物，这些废物一经产生就被废弃，不进入整个代谢过程，不产生经济效益，是对自然环境有负面影响的物质。通常包括国内隐藏流和国外隐藏流两种。1991 年，一些国家就已经开展了对经济系统中的隐藏流测算工作，并且将隐藏流与直接物质投入量所占份额进行了比较，结果如图 3-2 所示。

由图 3-2 可见，直接物质投入量伴随着较多的隐藏流，其中德国和美国的隐藏流甚至达到资源投入量的 70% 以上，隐藏流不能带来直接经济效益且会对区域的生态环境造成很大负面影响，因此衡量国家或区域经济发展对生态环境影响时应当考虑到隐藏流部分。

物质总量核算过程中用到的指标主要有三类：投入指标、消耗指标和产出指标。

（1）投入指标

投入指标主要包括：

① 直接物质投入量（Direct Material Input，DMI），是指一个国家经济发展所需物质的直接投入总量。该项指标反映了进入国内经济体系的所有物质量，即维持国内经济发展所消耗物质总量，其中不包括隐藏流量。

直接物质投入量（DMI）＝国内资源使用量＋进口资源量

② 物质需求总量（Total Material Requirement，TMR），是指国家经济发展所投入的全部资源量，既包含了物质直接投入总量，也包括与国内开采和从国外进口物品相关隐藏流的量。该项指标反映的是一个国家经济发展需要的物质基础或是支撑国家所有生产活动的资源需求总量。

物质总需求量（TMR）＝DMI＋国内隐藏流＋国外隐藏流

（2）消耗指标

消耗指标主要包括：

① 国内物质消耗（Domestic Material Consumption，DMC），是指经济发展过程中，国内资源消耗的真实物质量，因此不包括隐藏流和出口物质的量。

国内物质消耗（DMC）＝DMI－出口量

② 物质总消耗量（Total Material Consumption，TMC），是指国内生产和消费所使用的资源总量。

物质总消耗量（TMC）＝TMR－出口量（包括隐藏流）

③ 库存净增加（Net Additions to Stock，NAS），是指从开采出来后，以建筑物、基础设施、耐用的消费品（如汽车、工业机械、家用电器等）形式储

存于经济体系中（该部分称为新增库存量），直到建筑物被拆除、耐用消费品被淘汰后才回到环境中的物质量（该部分称为折旧库存量）。

$$库存净增加（NAS）＝DMI－DPO－出口量＝DMC－DPO$$

（3）产出指标

产出指标主要包括：

① 国内制造产出量（Domestic Processed Output，DPO），是指在生产和消费过程中，以各种形式排入国内自然环境中的废物总和，其中包括排入大气、水、土壤及最终处置的工业和生活固体废物，因为出口的资源及产品使用后的最终处置发生在其他国家，故不包括在内。

$$国内制造产出量（DPO）＝国内排放空气污染物＋其他形式废物$$

② 国内物质总产出量（Total Domestic Output，TMO），是指排入国内环境的废物总量，反映了国内环境的总负担，该指标反映了国家经济活动中物质流与环境压力的关系。

$$国内物质总产出量（TDO）＝DPO＋国内隐藏流$$

2. 物质使用强度核算

物质使用强度核算是对物质总量核算的结果和其他经济数据进行简单计算处理的过程，目的是得到单位国内生产总值（GDP）的物质消耗量、物质循环利用率及资源生产率等直观数据。物质使用强度是对物质流统计指标的进一步演化，其核算结果直观揭示了经济活动与自然环境之间的关系，通过对比其他国家或区域的物质使用强度指标有利于环境管理者了解循环经济发展水平，进而为区域的循环经济规划提供依据，使循环经济规划更加合理，规避不合理的环节。

① 资源生产率（Material Productivity，MP），是指单位物质投入量带来的产值。

$$资源生产率（MP）＝国内生产总值（GDP）/DMI$$

② 物质循环利用率（Material Cycle Utilization，MCU），是指废物再生利用量占直接物质投入量的比例

$$物质循环利用率（MCU）＝废物再生利用量/DMI$$

③ 物质消耗强度（Material Consumption Intensity，MCI），是指单位GDP消耗的物质总量。

$$物质循环强度（MCI）＝物质消耗总量/GDP$$

④ 废物率生产，是指单位生产GDP所产生的废物量，用以评价单位经济

的发展所带来的环境影响。

$$废物率生产＝废物产生量/GDP$$

（三）结果分析评价

根据上述物质流核算的结论，可以从资源利用率、资源生产率等方面对物质的流动及其利用情况进行评价研究。并且可以通过与其他区域或国家进行数据对比，分析目前区域内的经济发展水平和存在的问题。物质流分析最终是要以减少资源投入、提高资源利用率为目的，通过对区域的物质流分析能够识别出物质消耗大、资源利用率低的环节，由此可为区域内循环经济建设提供改进措施。

目前国内对物质流分析的应用逐渐成熟，2003—2005 年王军等人首次利用物质流分析方法对区（县）级行政区域进行了研究，通过分析某行政区的资源生产率等指标，结合对比其他经济区域的情况，给该行政区以后的可持续发展提出了意见。其分析评价结果为：该行政区 2004 年的资源生产率为 2772 元/吨，即单位物质投入量所创造的 GDP 为 2772 元，依据 2003 年，陈效述等对我国国家层面经济系统进行物质流分析的结果，1997 年我国经济系统内 DMI/GDP 的值为 20.5 吨/万元，按年均递减率 4% 计算，2004 年我国的 DMI/GDP 为 15.4 吨/万元，资源生产率为 649.4 元/吨，远高于全国平均水平。但与发达国家相比，该行政区区的资源生产率仍很低，仅相当于 1996 年英国的 27.7%，日本的 15.4%，荷兰的 36.5%，德国的 26.4%，奥地利的 25.4%。根据物质流分析结果提出，该行政区今后应通过推行中小企业清洁生产，调整产业结构、适当改变消费投资结构，提高废物资源化率，以最大限度地提高资源的利用率，逐渐建成资源节约型和环境友好型城区。

三、物质流分析的意义

物质流分析是研究经济系统与生态系统间物质流动规律的方法，其反映了物质的输入、输出和存量，通过物质流分析可以直观看出，一个系统中资源、能源消耗量和污染物排放情况，可以为进一步采取"减量化、再利用、资源化"提供依据。总的来说，开展物质流分析的目的是：

（1）通过物质流分析可调控经济系统与生态环境间的物质流动方向和流量，从而达到减少资源投入，提高资源利用效率和循环利用率，减少污染物排放的目的。如：在循环经济规划编制时，通过指标 DMI 和 TMR，可以及时把握维持区域经济发展所需的物质总量以及经济发展对国内外生态环境造成的危害大小，当指标超出正常范围时，能及时采取应对措施。

（2）物质流分析是发展循环经济的重要辅助手段。通过物质流分析可以对评价区域生产和消费领域的物质流动进行定量和定性分析，了解和掌握整个区域经济体系中物质的流向和流量，评价和量化经济社会活动的资源投入、产出和资源利用率，最终找出降低资源的投入量、提高资源利用率和减少废物的排放量的方法。因此，物质流分析的目的是遵守循环经济中的 3R 原则，最终目标是实现资源利用的最大化、环境污染的最小化。

（3）物质流分析核算出的各项指标可为建立循环经济指标体系提供依据。如日本便是依据物质流分析结果，建立了循环型社会的指标体系。

第二节 环境影响分析评价方法

循环经济规划以 3R 原则为指导，通过优化产业的结构和布局，提高各种资源的利用率及最终排放废物的合理安全处置率，使人类的各种活动对环境的影响降到最低，达到可持续发展的目标。对循环经济规划后的环境影响分析的主要方法有 IPAT 方程法、产品生命周期法、环境价值量及绿色核算、清洁生产审核和环境影响评价等，脱钩分析可以从分析环境压力与经济增长推动力之间的关系来评价实施循环经济规划对经济发展的影响。

一、IPAT 方程

（一）IPAT 方程的发展历程

经过工业革命后的西方工业化国家的环境问题越发严重，环境质量不断恶化，吸引了众多学者关注并提出了对环境污染的看法。显而易见的是环境问题与人类的活动密切相关，这其中包括了人口的数量，生活方式和科技水平等因素。为了分析人口（Population，P）、人均富裕程度（Affluence，A）和技术（Technology，T）对环境的影响（Impact，I），John Holdre、Paul 和 Anne Ehrlich 等人在二十世纪 70 年代提出了著名的 IPAT 方程，见式（3-1）：

$$I = P \times A \times T \tag{3-1}$$

其中，I 代表环境影响；P 代表人口数量；A 代表人均富裕程度，通常以人均 GDP 表示；T 代表技术，通常用单位 GDP 值的资源消耗量或污染排放量表达，因此 IPAT 方程可变形为式（3-2）的形式：

$$I = P \times \frac{GDP}{P} \times \frac{1}{GDP} \tag{3-2}$$

1994 年 Dietz 和 Rosa 考虑各影响因素对环境的影响效果不同，将 IPAT 方程的各因素引入了调节因子，其目的是通过对人口、财富、技术的回归，来随机把握其影响因素，将方程扩展为"STIRPAT"模型，见式（3-3）：

$$I = aP^b A^c T^d e \tag{3-3}$$

其中 a 为模型的系数；b、c、d 分别为 P、A、T 的驱动力指数，其值为保持其他影响因素不变的情况下，影响因素 P（A、T）变化 1％时引起的 I 的变化的百分比数；e 为误差修正系数。可以看出 IPAT 方程是"STIRPAT"模型中 a＝b＝c＝d＝e＝1 的特殊情况。"STIRPAT"模型是一个非线性的方程，将其对数化后可得到式（3-4）：

$$\ln I = \ln a + b \ln P + c \ln A + d \ln T + \ln e \tag{3-4}$$

Dietz 和 Rosa 运用"STIRPAT"模型主要对全球气候变化进行了分析和研究，实践表明，运用式（3-4）更易于量化各影响因素或方程式中各变量对生态环境的影响。

（二）应用举例

IPAT 方程的变种很多，通过增加不同的影响因素，可实现不同对象的分析和预测，得到各种具体应用的等式。如果用 GDP 来表达财富，用单位 GDP 对环境的影响代表技术 T，当把环境影响视为能源的消耗或环境负荷时，则式（3-2）可转化为分别计算资源消耗量和环境负荷的计算式。

进行环境负荷核算时，其计算式为式（3-5）：

$$污染物排放量 = P \times \left(\frac{GDP}{P}\right) \times \left(\frac{环境污染物排放量}{GDP}\right) \tag{3-5}$$

进行资源消耗核算时，其计算式为式（3-6）：

$$资源的消耗量 = P \times \left(\frac{GDP}{P}\right) \times \left(\frac{资源消耗量}{GDP}\right) \tag{3-6}$$

综合分析式（3-1）、式（3-2）、式（3-4）、式（3-5）和式（3-6）可知，环境负荷（主要包括资源消耗和环境污染两个方面）不仅与人口的数量有关，还与社会贫富差距及科技发展水平有关。经分析可得，人口越多对环境影响越大；人类越富裕即人均消费水平越高，对环境的影响越大；科技越发展，单位经济产出的物质消耗量和污染排放量也会随之降低，对环境的影响也就越小。因此，发展程度不同的国家可以通过不同的方式来降低环境负荷。如对于人口众多的富裕国家，可以通过降低消费水平来控制对环境的影响程度；对于人口众多、经济不发达的贫穷国家，可以通过适当控制人口数量来减少对环境的影响。总之，通过运用 IPAT 方程可以对环境影响的驱动力一目了然，为改善人类生存环境及生态环境，降低经济发展对环境负荷的影响提供了理论参考，有助于人类实现经济与环境的协调发展。

下面举例说明 IPAT 方程在区域循环经济规划中的一些应用。

前一节所叙述的某行政区 2003 年人口为 44.67 万人，人均 GDP 为 44236 元；2020 年，若计划人口增长为 116 万人，人均 GDP 增长至 178491 元，此期间如果不允许环境负荷上升，即 $I_{2004} = I_{2020}$，则万元 GDP 单位环境负荷应降低 10.48 倍。

其计算法为：

$I_{2004} = P_0 \times A_0 \times T_0 = 44.67 \times 44236 \times T_0$

$I_{2020} = P_1 \times A_1 \times T_1 = 116 \times 178491 \times T_1$

由 $I_{2004} = I_{2020}$ 得：$T_1/T_0 = 1/10.48$

再如，已知国内某副省级城市 2000 年污水产生量为 22568 万吨，GDP 为 1150.07 亿元；如果 2020 年的 GDP 预计增长为 23285.22 亿元。如污水产生量可以增加 30%，则 2020 年万元 GDP 污水排放量应为 1.26 吨/万元，与 2000 年相比降低了 93.6%。

计算方法为：

2000 年万元 GDP 污水产生量为 T_0、污水产生总量为 I_0，则：

$T_0 = I_0 / （人口 \times 人均 GDP） = I_0/GDP = 22568/1150.07 = 19.62$ 吨/万元

2020 年万元 GDP 污水产生量为 T_1，污水产生总量为 I_1，则：

$I_1 = （1+0.3） \times 22568 = 29338$ 万吨

$T_1 = I_1/GDP = 29338/23285.22 = 1.26$ 吨/万元

以上两个实例表明，环境负荷与人口数量、GDP、人均 GDP、技术水平密切相关，并且各因素间的关系是非线性的，据此，可得出 IPAT 方程中各变量间的关系见表 3-1。

表 3-1　IPAT 方程中各变量间的关系

函数	变　量	变化方式（增加、减少或不变）			
因变量	环境负荷（I）	保持不变 （已知）	降低 （已知）	保持不变 （已知）	允许增加 30%（已知）
自变量	人口（P）	增加（已知）	减少或增加	增 1.5 倍（已知）	
	人均 GDP（A）	增加（已知）	增加（已知）	增 3 倍（已知）	
	国内生产总值 GDP（P×A）	增加			增加 19 倍
	单位环境负荷（T）	减少	增或减	减少 10.48 倍	减少 93.6%

也有学者利用 IPAT 基础方程，结合建立能源效率模型，对云南省的能源消耗情况进行分析和预测，其令能源生产率为式（3-7）：

$$E = \frac{GDP}{I} \tag{3-7}$$

把原方程转化为式（3-8）：

$$I = \frac{GDP}{E} \tag{3-8}$$

令初始年的 GDP 为 G_0，初始年的能源生产率为 E_0，GDP 增长率为 g，能源生产率增长率为 e，则第 i 年的能源消耗量为式（3-9）：

$$I_i = \frac{G_1}{E_1} = \frac{G_0 \; (1+g)^i}{E_0 \; (1+e)^i} \quad (i=1, \ 2, \ 3, \ \cdots, \ n) \tag{3-9}$$

依据 GDP 增长数据和现有能源消耗的数据，即可预测出未来的能源消耗量和能源生产率，从而为云南省的经济可持续发展提出指导性建议。

综上所述，IPAT 方程可量化经济、社会发展对生态环境造成的影响（如环境污染、资源能源消耗等），并通过推算可为今后经济、社会和环境的发展制定发展目标。可以根据现有的资料，分析出循环经济规划要解决的瓶颈及重点问题，为循环经济规划提供指导。通过方程分析，也可以让决策者准确把握资源环境现状，对未来可能出现的资源环境问题提早做好应对措施和政策。

二、生命周期评价法

生命周期评价法（Life Cycle Assessment，LCA）是一种用于评价产品从原材料的获取、生产、使用直至最终处置过程中对环境影响的技术和方法，其通过识别、量化和评估一个产品从资源的获取，到产品最终的处置（即从"摇篮"到"坟墓"）过程中各个环节可能产生的环境影响，最终达到优化产业结构，减小对环境危害的目的。

（一）LCA 的发展历程

LCA 最早出现在 20 世纪 60 年代末，最初的应用主要集中在资源和能源的消耗方面，随着 LCA 的发展和环境问题的逐渐突出，LCA 在环境问题上的应用逐渐得以确立。1969 年美国中西部资源研究所针对可口可乐公司不同材料的饮料包装的环境影响进行分析，试图从原材料的获取到最终的废物处置的全过程，进行识别和定量分析环境影响因素，以期降低对资源使用的压力，这项研究使可口可乐公司放弃了过去长期使用的玻璃瓶，转而采用塑料瓶包装。对可口可乐公司的这项研究被普遍认为是 LCA 的应用开始。20 世纪 70 年代以来，美国、欧洲和日本的一些研究机构也相继开展了一系列类似包装废物问题的研究。这一时期的行为主要是由制造商主导，研究结果供企业管理者对产品的开发和管理的决策依据。1975 年以后，美国国家环保局逐步放弃了对某个单一产品的分析评价，开始将研究方向转为能源问题和固体废物方面，探索了有关废物管理的方法，研究污染物的排放、资源的消耗等，推动了 LCA 的发展。

1989 年，荷兰国家居住、规划与环境部针对传统的"末端控制"环境管理政策方法，首次提出了面向产品的环境政策。这种面向产品的环境政策从产品的生产、消费和最终处置的所有环节（即产品的全生命周期）进行了环境影响分析。1990 年由国际环境毒理学与化学学会在其主办的有关生命周期评价的研讨会上首次提出了 LCA 的概念。随后几年，环境毒理学与化学学会又召开了多次有关生命周期评价方面的研讨会，使该方法在全球范围内得到广泛的重视和研究，其出台的 LCA 的基本方法框架，被列为 ISO 14000 的生命周期分析标准草案。1997 年国际化标准组织正式将 LCA 的基本原则和框架以国际标准 ISO 14040 的形式颁布，这有效地推动了 LCA 在各国的应用和发展。国际标准化组织（ISO）在 2006 年发布 LCA 标准新的修订版，以 ISO 14040：2006 和 ISO 14044：2006 代替先前的标准（ISO 14040：1997，ISO 14041：1999，ISO 14042：2000 和 ISO 14043：2000）。目前全国环境管理标准化委员会将两项新国际标准等同转化，并由国家标准委正式颁布：《环境管理生命周期评价原则与框架》《环境管理生命周期评价要求与指南》两项新的国家标准。

（二）LCA 的基本框架

在环境管理体系 ISO 14040 标准中，将 LCA 的实施步骤分为目的和范围界定、清单分析、影响评价和结果解析四个部分。LCA 采用反复技术，即随着数据或者相关讯息的完善，需要对研究范围内的各个方面进行修改调整，其基本框架的相互关系如图 3-3 所示。

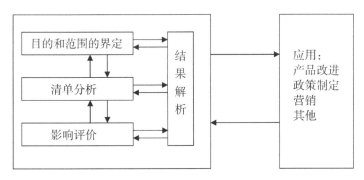

图 3-3　产品生命周期评价的四个阶段关系图

1. 目标和范围的界定

对产品分析评价研究的目标和范围的确定是 LCA 研究的第一步。一般只有确定了生命周期评价的目标后，才能进一步确定评价产品系统的范围大小与详尽程度。生命周期评价的目的是多元化的，其与决策者想要实现的目标有关。例如，利用 LCA 可以评价出产品生产过程中对环境影响最严重的环节，利用 LCA 对产品进行环境标志的认证。生命周期评价的目的体现了其研究结果意义，回答了评价研究能够解决的问题。研究范围的界定通常需要考虑产品系统的功能、功能单位、系统边界、数据分配程序、环境影响类型和影响评价方法、数据要求、基本假设、限制因素、原始数据质要求、对结果的评议类型、最终报告的类型和格式等多种因素。另外，根据数据和信息的完善程度可以修改最初设定的范围，以满足研究目的的要求。

2. 清单分析

生命周期清单分析（Life Cycle Inventory，LCI）是 LCA 的基础，它为其后的影响评价工作提供数据的支持。清单分析的主要工作是对产品、工艺或活动等研究系统边界内的全生命周期中，资源和能源的输入和输出以及各环节污染物的排放进行统计和计算。在统计数据时，可以将"大系统"分解为多个单元过程，每个单元过程符合物质守恒和能量守恒定律。清单分析包括数据收集和计算两个部分，清单分析的数据收集涉及的环节多且烦琐，需要掌握产品生命周期内（包括原材料开采、加工制造、运输、使用、最终处置等过程）可能出现的资源消耗情况和可能出现的环境污染，而且在产品的生命周期内常常需要跨行业、跨地域，其工作难度很大。为方便统计，数据收集工作可以按照一定条件进行划分，例如输入考虑能源输入、资源输入及其他物质输入，输出部分考虑产品、副产品、气体污染物排放、液体污染物排放和固体污染物排放等。图 3-4 为清单分析的简化过程。

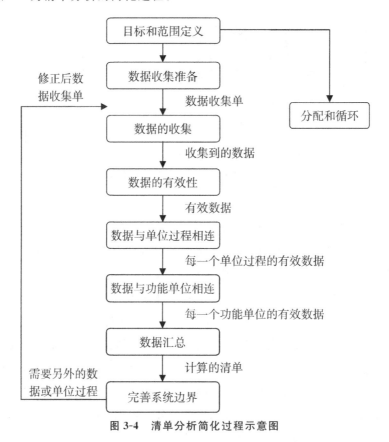

图 3-4　清单分析简化过程示意图

3. 影响评价

生命周期影响评价是依据清单分析所得出各个环节的能源、资源消耗情况和污染物排放情况的数据，对各环节的环境影响程度进行定量或定性的评价。影响评价是 LCA 的核心内容，其结果为数据解析提供依据。影响评价一般分为三个处理步骤，即影响分类、特征化和量化。生命周期影响评价阶段的要素，如图 3-5 所示。

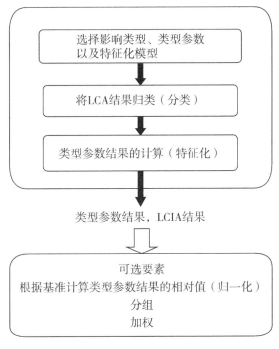

图 3-5　影响评价阶段的要素

（1）影响分类：是将 LCA 过程得出的数据，按照对环境有相似影响的分成一类，用以探明各类环境影响因子对环境的影响类型和强度。根据分类的数据，可以确定某一环节中，产生了什么类型的环境影响和产生了多大的环境影响，从而确定分析评价的目标即重点分析评价对象。通常环境影响分为三大类，包括资源耗竭、生态影响和人类健康，在实际工作中可以具体细化分析。

（2）特征化：是指将统计分析得出的环境影响因子对环境影响的强度或程度定量化，将清单分析中的数据转变为统一的指标，以方便描述环境的影响。如特征化中的当量因子法，是指将对环境影响最大的因子作为标准，定量描述其他环境影响因子的量。如评价全球变暖的问题时，一般将二氧化碳作为标准，其他环境影响因子都转变为以二氧化碳的当量表示（即多少这种环境影响因子对环境影响，相当于一单位的二氧化碳对全球变暖的影响），同理，了解酸雨形成时，可以将其他污染物转化为以二氧化硫为标准的量。目前国际上使用的特征化模型主要有：负荷模型、当量模型、固有的化学特性模型、总体暴露—效应模型、点源暴露—效应模型。

（3）量化：是确定不同环境影响因素对环境影响的相对贡献大小或权重，以期得到总体的环境影响水平。将不同类型的环境影响按重要性排序，并将其统一成单一指标，以方便对各种产品生命周期对比评价。目前量化主要方法有灰色系统法、模糊综合评判、专家评分法等。

4. 结果解析

LCA 的结果解析阶段包含三个要素：识别、评估和报告，主要是对前面清单分析和影响评价阶段所得出的结果进行综合分析，得出对整个生命周期评价的结论，并对存在的问题提出改进意见。

生命周期评价是环境管理者对环境问题定量分析和评价的工具，也是产品生产者进行生产的决策依据。产品生命周期评价，可以帮助企业在产品开发和技术升级中识别落后的生产工艺，从而选用更环保的技术和设备；产品生命周期评价可以帮助企业查找出对环境影响大的环节，以减小对环境影响；还可以查找和识别出各环节能源和资源消耗情况，从而帮助企业提高能源的利用率。通过对产品从"摇篮"到"坟墓"的分析，可以识别出可能出现的环境污染问题，从而为建立污染预防措施、优化产业结构做出贡献。LCA 如果仅从环境保护的角度对产品生命周期内的资源投入、污染物排放等方面进行分析和提出改进措施是行不通的，应当综合考虑社会、企业的经济因素，对提出的意见措施进行可行性分析，以保证改进措施的顺利实施。

三、脱钩分析法

在传统的经济发展模式下，经济的增长往往伴随着资源、能源的消耗，且经济增长速率和资源能源消耗量大小相耦合，这种以大量资源、能源消耗和环境破坏为代价的经济增长方式是不可持续的，而编制循环经济规划的目的就是打破这种耦合关系，使其脱钩，即经济的增长不再和能源资源的消耗同步，而是让能源资源的消耗速率低于经济增长的速率，甚至保持负增长。

（一）脱钩分析法的概念

在 20 世纪末，经济合作与发展组织将"脱钩"概念引入到农业政策的研究中，并逐步拓展到环境领域。目前"脱钩"概念多是指环境压力与经济效益的脱钩，即打破传统的经济增长与能源消耗或环境破坏之间的耦合关系。通过对发达国家的经济发展历程分析可以发现，经济发展初期伴随着大量的能源、资源的消耗和环境的破坏，但随着社会经济的发展，经济的发展对能源资源的消耗和环境的影响逐渐减少，出现"脱钩现象"。这种具有"脱钩现象"的经济发展是可持续的，也是现在发展循环经济的追求。随着社会的发展，较低能耗的经济发展可能又会发生大量能源伴随消耗的情况，即出现"复钩现象"。

目前脱钩现象可以分为多种，如绝对脱钩、相对脱钩、未脱钩等。对于评价能源消耗与经济增长之间的关系时，绝对脱钩是指随着经济的增长，能源的消耗量不再增加，甚至出现减少的现象。而相对脱钩是指能源消耗量的增长率低于经济的增长率。而未脱钩是指经济的增长与能源消耗关联，甚至能源消耗的增长要比经济的增长要快。这种概念的界定是建立在经济增长的情况下，有学者考虑到经济衰退的情况，提出了衰退性的脱钩概念。在经济衰退时，能源消耗量的下降速率大于经济衰退的速率时，称为绝对脱钩，能源消耗量的下降速率比经济的衰退速率低时，称为相对脱钩，而未脱钩情况和经济增长时一样，能源消耗量不变或者增加，即为未脱钩。

（二）脱钩分析的主要方法

目前脱钩分析被广泛应用到各个方面，如用来评价经济增长与能源消耗、污染物排放、耕地面积等之间的关系。脱钩分析的评价模型有很多种，其各自的评价指标也不同。目前较多应用的是脱钩因子法、弹性分析法、IPAT 方程脱钩指数、完全分解技术、计量分析法等。

1. 脱钩因子法

目前脱钩因子法得到了很广泛的应用。经济合作与发展组织在报告《Indicators to measure decoupling of environmental pressures from economic growth》中介绍了脱钩指数分析方法，用以考察经济发展与环境压力之间的关系。脱钩分析法反映了一定时期内经济增长驱动力和环境压力增长变化的关系。其计算方法见式（3-10）：

$$Df = 1 - \frac{(EP/DF)_t}{(EP/DF)_0} \tag{3-10}$$

其中，EP 为环境压力（Environmental Pressure），DF 为驱动力（Driving Force），Df 为脱钩因子（Decoupling factor），t 为末端期，0 为初始期。

脱钩因子的取值范围为（$-\infty$，1]，当脱钩因子取值范围为（$-\infty$，0]时，则认为研究时间段内环境压力与经济驱动力处于非脱钩状态，当脱钩因子属于（0，1] 时，则处于脱钩状态。经济合作与发展组织将脱钩概念分为绝对脱钩和相对脱钩。处于绝对脱钩状态时，经济发展驱动力的增长率为正，环境压力的增长率为负或零。处于相对脱钩状态时，是指经济驱动力的增长率要大于环境驱动力增长率且都为正，也就是说经济在发展，带来的环境压力也在增加，但经济增长的速度要大于带来环境压力的增长率。

目前国内对脱钩理论的研究很多，王崇梅（2010）在研究我国经济增长与能源消耗时，对脱钩指数概念（Decoupling Index，DI）进行了定义。脱钩指数是指一段时期内某种资源的消耗量变化或某种污染物排放量变化的速率与经济规模变化的速率之比。其计算公式见式（3-11）：

$$DIn = \frac{EIn}{GIn} \qquad (3-11)$$

其中，DIn 为第 n 年的脱钩指数，EIn 为第 n 年的能源消耗指数，GIn 为第 n 年的经济增长指数，一般为 GDP。可以看出脱钩指数的取值范围为 [0，+∞)，与脱钩因子的概念一样，当取值为 [0，1) 时，为脱钩状态，当值为 [1，+∞) 时，为非脱钩状态。

2. 弹性分析法

学者 Tapio 对脱钩模型引入弹性概念，并对脱钩状态加以完善细化，分为弱脱钩、弱负脱钩、强脱钩、强负脱钩、增长负脱钩、增长连结、衰退脱钩与衰退连结等 8 类，推动了脱钩理论的发展。Tapio 脱钩模型最初是在分析欧洲交通量与 GDP 脱钩问题而提出的一种弹性分析方法，见式（3-12）：

$$E = \frac{\%\Delta VOL}{\%\Delta GDP} \qquad (3-12)$$

其中，E 为弹性系数（Coefficient of Elasticity）；%△VOL 为交通容量变化率；%△GDP 为 GDP 的变化率。在利用弹性分析法对其他环境问题进行脱钩分析时，%△VOL 则可用与环境压力有关的指标代替。Tapio 模型实际是以弹性系数 E、经济增长、环境压力三个指标变量对环境压力与经济增长之间的脱钩分析，通过将弹性界定值±20%，即 0.8 到 1.2 的区间，单独划出来，防止了弹性值轻微变化带来过度解释的现象发生。Tapio 对脱钩弹性分析结果的判定准则见表 3-2。

3. IPAT 方程脱钩指数法

陆钟武等从 IPAT 方程开始推演，建立关于环境负荷与经济增长之间的定量关系——资源脱钩指数和排放脱钩指数。通过对资源脱钩和排放脱钩的推导，得出两者的计算式相同，以资源脱钩指数为例，计算方法见式（3-13）：

表 3-2　Tapio 脱钩类型判别表

脱钩弹性值	环境压力	经济增长	脱钩类型判断	含　义
$e<0$	>0	<0	强负脱钩	最消极的愿景，经济衰退，环境恶化
$0\leq e<0.8$	>0	>0	弱脱钩	比较理想的愿景，经济增长，能够比较充分的利用资源，不过物质的消耗以及污染物排放总量增加
$0.8\leq e\leq1.2$	>0	>0	增长连接	一般愿景，经济和环境影响、资源消耗同时增长，没有提高资源的使用效率
$e>1.2$	>0	>0	扩张负脱钩	较消极愿景，资源消耗量和环境影响速率超过了经济增长的速率
$e<0$	<0	>0	强脱钩	最好愿景，经济增长但物质资料消耗与污染物排放减少
$0\leq e<0.8$	<0	<0	弱负脱钩	比较消极的愿景，经济衰退，环境状况转好
$0.8\leq e\leq1.2$	<0	<0	衰退连结	比较消极愿景，经济衰退，环境状况转好
$e>1.2$	<0	<0	衰退脱钩	消极的愿景，经济衰退，对环境的影响降低

$$Dr=\frac{t}{g}\times(1+g) \tag{3-13}$$

其中，Dr 为资源脱钩指数，g 为从基准年到其后第 n 年 GDP 的年均增长率（经济增长时，g 为正值；下降时，g 为负值）；t 为同期内单位 GDP 环境负荷的年均下降率（下降时，t 为正值；升高时，t 为负值）。根据脱钩指数 Dr 值的大小将脱钩程度分为 3 个等级：绝对脱钩、相对脱钩和未脱钩，并区分了经济增长和衰退两种不同的情况，判断准则见表 3-3。

表 3-3　不同脱钩状态下的 Dr 值

脱钩状态	经济增长	经济衰退
绝对脱钩	$Dr\geq1$	$Dr\leq0$
相对脱钩	$0<Dr<1$	$0<Dr<1$
未脱钩	$Dr\leq0$	$Dr\geq1$

第三节 循环经济规划综合评价方法

传统的经济和环境评价指标考虑的因素较为单一，比如经济性的指标（如GDP）只考虑经济增长方面的因素，而没有考虑经济增长所带来的环境问题，而环境方面的评价指标也没有考虑经济发展的要求。循环经济指标体系综合考虑了经济、环境、社会等多方面的因素，是一个综合性的指标体系，而利用循环经济指标体系评价法评价社会的发展状况，可有效避免单一性指标的不足，反映出社会经济发展、生态环境保护、污染治理措施等多方面的真实情况。循环经济指标体系可以为政府制定规划目标和计划方案提供理论依据，也可以作为评价循环经济整体运行效果的工具。循环经济发展的目标就是追求以最小的投入，获取最大的收益，减小经济发展对环境的危害，实现环境保护与经济发展的共赢。循环经济指标体系评价方法的一般步骤包括：指标体系的构建和指标体系的综合评价，综合评价又分为计算指标的权重和指标综合评判两部分。

一、指标体系的构建

（一）指标体系构建的原则

任何指标都是从数量方面说明一定社会总体现象的某种属性或特征的，它的语言是数字。通过一个具体的统计指标，可以说明一个简单事实，反映总体现象的一个侧面或某一侧面的某一特征。要反映被研究总体的全貌，就必须将一系列相互联系的数量指标和质量指标结合在一起，建立评价指标体系。因此，评价指标体系就是由一系列相互联系、相互制约的指标组成的科学的、完整的总体。指标体系构建应当遵从以下原则：

（1）3R原则。循环经济规划以减量化、再利用、资源化为规划建设的根本原则。规划的根本目的在于使"资源—产品—再生资源"这一反馈式流程得以实现，达到资源能源的减量使用和循环利用，减少废物的最终处置量，因此循环经济指标体系的构建应当体现出3R情况。

（2）目的性原则。指标的选取要与评价的目的相结合，选取的指标应能为最终评价目的提供依据，并且要做到多方位、多角度、全面地反映循环经济的各个方面，以实现最终评价结果的准确性。

（3）科学性原则。标准的设计要有科学理论作指导，指标的取舍、公式的推导、数据的计算都要有科学依据，选取的指标应当能够客观地反映评价区域的真实情况。

（4）系统性与层次性原则。标准以系统优化为原则，尽可能用较少的指标全面系统地反映循环经济规划的各个方面。各指标之间应当相互关联、相互制约，避免指标的重叠。

（5）可操作性原则。标准的设计要具有可操作性，计算评价方法简便易行，使企业和审核人员易于理解和操作。评价所需数据易于获得，并且具有可靠性，尽可能有效利用统计资料和有关规范标准。

（二）指标体系的构架

循环经济指标体系构建要考虑的因素是多方面的，既要体现经济方面，又要考虑经济发展带来的环境问题、能源资源的消耗、社会问题等，同时对于不同的区域和研究对象构建的评价指标体系也不同。

PSR（Pressure-State-Response）构架，即压力、状态、响应，最初是由加拿大统计学家 David. J. Rapport 和 Tony. Friend（1979）提出，后由经济合作与发展组织和联合国环境规划署于 20 世纪 80—90 年代共同发展起来的、用于研究环境问题的框架体系。其中，压力指标反映人类经济、社会及其他活动给环境造成的负荷，如资源的消耗、污染物的排放等；状态指标描述了环境质量、自然资源与生态系统的状况；响应指标为人类面临环境问题所采取的对策和措施。

1996 年，联合国可持续发展委员会根据 PSR 构架和可持续系统的特性，将可持续发展指标区分为驱动力（Driving Force，D）、状态（State，S）和响应（Response，R）三种指标，完善了循环经济的指标体系，将模型引入了环境以外的内容，如社会、经济和制度等因素。我国的一些学者通过对 PSR 构架的研究，也提出了一些基于 PSR 的变种循环经济指标构架。例如，石磊等利用 DPSR（Driving Force-Pressure-State-Response）框架，将循环经济指标体系分为包含状态指标、压力指标、驱动力指标、响应指标以及分离指标共五类指标集合，其中，分离指标集合用来表征经济发展与资源投入和污染产出分离的效果和趋势。

循环经济的核心就是 3R 原则，因此循环经济的指标体系可以从这三个方面构建。国内许多学者将 3R 原则与循环经济 "PSR" 架构相结合，构建循环经济评价指标体系。这些指标体系既遵循 3R 原则，又涵盖环境、经济、社会等层面。例如，有学者以产业、城市基础设施、人居环境和社会消费四大体系为基础，融合了 3R 理念对城市循环经济评价指标体系进行了设计，提出了城市循环经济评价指标体系的结构框架，结果见表 3-4：

表 3-4　有学者建议的城市循环经济评价指标体系的结构框架

指标体系		具体指标
经济发展指标	经济实力指标	人均生产总值（人均 GDP）
		国内生产总值增长速率
	经济效率指标	居民消费价格指数（CPI）
		产业结构高度化指数
		固定资产投资占 GDP 比重
绿色发展指数	减量化指标	土地产出率
		万元产值物耗年降率
		万元产值能耗
		万元产值水耗
		万元产值三废排放
	再利用指标	工业用水重复利用率
		产品循环利用率
		能源重复利用率
		城市污水处理率
	资源化指标	工业废气综合利用率
		工业固废综合利用率
		城市生活垃圾资源化利用率
		可再生能源消费份额
人文发展指数	人均环境指标	城市空气污染指数
		人均绿地面积
		人均道路面积
	社会指标	失业率
		社会保障覆盖率
		恩格尔系数

（三）我国的循环经济评价指标体系

根据目前国家推进循环经济发展和开展循环经济试点工作的要求，国家发展改革委员会、国家环保部、国家统计局等部门主要从宏观层面和工业园区层面建立了不同的循环经济评价指标体系。在宏观层面建立一套科学的、具有可操作性的循环经济评价指标体系，用于对全社会和各地发展循环经济状况进行总体的定量判断，可以为循环经济管理及决策提供依据，主要包括资源产出指标、资源消耗指标、资源综合利用指标、再生资源回收利用指标和废物排放（含处置）降低指标，见表 3-5；工业园区指标主要用于描述和定量评价园区内循环经济发展状况，可以为工业园区发展循环经济提供指导，主要包括资源产出指标、资源消耗指标、资源综合利用指标和废物排放（含处置）降低指标，见表 3-6。

表 3-5　循环经济评价指标体系（宏观）

类　别	指　标	类　别	指　标
资源综合利用指标	工业固体废物综合利用率 工业用水循环利用率 城市生活污水再生率 城市生活垃圾资源化率 农业秸秆综合利用率	再生资源回收利用指标	废钢铁回收利用率 废有色金属回收利用率 废纸回收利用率 废玻璃回收利用率 废塑料回收利用率 废橡胶回收利用率
资源消耗指标	万元国内生产总值能耗 万元工业增加值能耗 重点行业单位产品能耗 万元国内生产总值水耗 重点行业单位产品水耗 农业灌溉水有效利用系数	废物处置降低指标	工业固体废物排放 （含处置）降低率 工业废水排放降低率
资源产出指标	资源产出率		

表 3-6　循环经济评价指标体系（工业园区）

类　别	指　标	类　别	指　标
资源产出指标	主要矿产资源产出率 土地产出率 能源产出率 水资源产出率	资源综合利用指标	工业固体废物综合利用率 工业用水循环利用率 工业废水再生率

类　别	指　标	类　别	指　标
资源消耗指标	万元生产总值能耗 重点产品单位能耗 万元生产总值水耗 重点产品单位水耗	废物排放降低指标	工业固体废物排放（含处置） 降低率 工业废水排放降低率

二、指标体系综合评价方法

循环经济的指标体系评价是一种综合的评价方法，涉及经济、环境、社会等多个方面的指标。通过确定指标的权重，来衡量各项指标和各领域层对其目标层的贡献程度，从而为政府等决策机构的规划和政策制定提供依据。循环经济指标的综合评价包括权重的确定和综合评判两部分。

（一）指标权重的确定

指标的权重是指标体系评价方法的重要内容，它反映了各个指标对上层评价目标的重要程度。指标体系权重的确定可分为主观赋权法、客观赋权法和组合赋权法三大类。主观赋权法是指由专家根据经验判断各评价指标对评价目的而言的相对重要程度，然后经过综合处理获得指标权重的方法，如层次分析法和德尔菲法。客观赋权法是直接依据各被评对象属性值数列的离散程度确定各指标权重的方法，如熵值法等。组合赋权法集合了主观赋权法和客观赋权法的特点，其首先通过主、客观赋权法确定各自的权重系数，然后根据具体情况确定主、客观赋权法的权重系数所占的比例，来计算出综合后的权重系数。常用的计算指标权重的方法主要有层次分析法、德尔菲法、熵值法等。

1. 层次分析法

层次分析法是美国运筹学家 Saaty 教授于 20 世纪 70 年代提出的一种实用的多准则决策方法。它将一个复杂的问题按一定原则分解为若干个子问题，对每一个子问题作同样的处理，由此得到按支配关系形成的多层次结构，对同一层的各元素进行两两比较，并用矩阵运算确定出该元素对上一层支配元素的相对重要性，进而确定出每个子问题对总目标的重要性。该方法的主要特点是定性与定量相结合地处理各种决策因素，特别适用于那些难以完全用定量方法进行分析的复杂问题，所以得到广泛的应用。层次分析法的一般步骤包括建立层次结构、构造两两比较判断矩阵、求矩阵的归一化向量并做一致性检验，如图 3-6 所示。

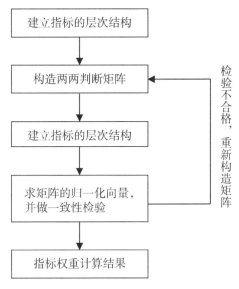

图 3-6　层次分析法步骤

（1）建立层次结构

在深入分析实际问题的基础上，将有关的各个因素按照不同属性自上而下地分解成若干层次，同一层的诸因素从属于上一层的因素或对上层因素有影响，同时又支配下一层的因素或受到下层因素的作用。结构模型一般分为三个层次：即目标层，为最终评价的目的，通常只有 1 个因素；准则层，一般表示采用某种措施和政策来实现预定目标所涉及的中间环节，当准则层过多时（例如多于 9 个）应进一步分解出子准则层；最下层通常为具体的措施、政策或指标，称为方案层或对象层。如果以 PSR 构架建立循环经济的指标体系，其一般层次结构如图 3-7 所示。

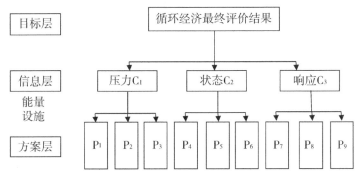

图 3-7　循环经济指标体系的层次结构

（2）构造两两比较判断矩阵

从层次结构模型的第 2 层开始，邀请对目标层研究经验丰富的专家，对于从属于（或影响）上一层的同层因素进行相对重要性的两两比较，并采用 Saaty 标度法，即 1～9 及其倒数标度法（表 3-7），将比较结果构造成判断矩阵 M，直至最后一层。

表 3-7　Saaty 标度法

M_{ij} 取值	含　义
1	因素 i 与因素 j 相比，具有相同的重要性
3	因素 i 与因素 j 相比，前者比后者稍重要
5	因素 i 与因素 j 相比，前者比后者明显重要
7	因素 i 与因素 j 相比，前者比后者强烈重要
9	因素 i 与因素 j 相比，前者比后者极端重要
2、4、6、8	因素 i 与因素 j 相比，处于上述判断的中间部位
倒数	若因素 i 比因素 j 相对不重要，则取值为上述取值方式的倒数

（3）求矩阵的归一化向量并做一致性检验

计算矩阵的最大特征值及对应特征向量，并通过一致性指标、随机一致性指标和一致性比率做一致性检验。若检验通过，则特征向量的归一化后向量即为权向量，其值代表着各指标的权重；若不通过，则需重新构造两两比较矩阵。其计算步骤如下：

首先通过计算出的矩阵特征值，计算矩阵的一致性指标 CI，计算公式为式（3-14）：

$$CI = \frac{\lambda_{max} - n}{n - 1} \tag{3-14}$$

CI 越小，说明一致性越大。但一致性的偏离有可能是由随机原因造成的，因此检验矩阵一致性时，还需要将 CI 和平均随机一致性指标 RI 进行比较，得出一致性比率 CR。判断矩阵的一致性比率 CR 可通过式（3-15）计算得出：

$$CR = \frac{CI}{RI} \tag{3-15}$$

其中，RI 是平均随机一致性指标，其值根据判断矩阵的阶数变化而变化，可通过查表 3-8 得出相应的 RI 值。

表 3-8　平均随机一致性指标 RI 值

矩阵阶数	1	2	3	4	5	6	7	8	9	10
RI	0	0	0.58	0.90	1.12	1.24	1.32	1.41	1.45	1.49

只有当计算的 CR<0.1 时，才认为通过一致性检验，否则需要重新构造两两比较矩阵。需要注意的是，一致性检验分为层次单排序一致性检验和层次总排序一致性检验，二者必须都通过一致性检验才算合格。

2. 德尔菲法

德尔菲法又称专家打分法，是指在对各个指标赋权时，邀请一批在本行业内有丰富经验的专家，对各指标应当赋予的权重发表看法。具体操作方法是：首先请每位专家为各项指标打分；然后将若干名专家的意见集中起来，求出每个指标权重的均值和方差。由于各位专家对同一指标重要程度的看法不尽相同，通过对方差的分析，可以了解到全部专家意见的分散程度。如果第一轮调查结束后，发现专家们的意见分散程度过大，则可以进行下一轮甚至多轮的调查，直至专家们意见接近一致。最后选择最终各个专家打分的均值作为指标的权重。在实际操作中，各专家的打分一般是匿名进行的，即专家之间并不知道对方也在接受该项目的咨询，从而避免因为专家之间相互沟通而降低结论的客观性。这一方法简单实用，便于推广，是目前多指标评价中使用较多的赋权方法。

3. 熵值法

熵值法是一种根据各项指标观测值所提供信息量的大小来确定指标权重的方法。熵可以用来度量信息量的大小，某项指标携带和传输的信息越多，表示该指标对决策的作用较之与其他携带和传输较少信息的指标要大。因此，熵权的大小可以反映不同指标在决策中所起作用的程度。

就一个多目标决策问题本身而言，它的每个目标之间的权重对整个决策系统来说应当有一个客观数值。但是作为分析者或决策者，面对问题，又不知道这些值，而获得这些值就要付出代价。根据 Shannon 的定义，这个代价是系统的负熵。根据各种方案的 n 个指标，应用层次熵分析方法决定方案的优先顺序。利用层次分析法得到的指标权重向量 W，进一步应用熵技术，可分析利用决策矩阵提供的信息来修正决策者经验决定的优先权重，有助于形成正确的决策。

（二）指标的综合评判

进行指标综合评判的常用方法有模糊综合评判和加权平均法。加权平均法具有操作简单的特点，其从低级指标到高级指标逐层计算，计算的结果具有很好的可靠性。模糊综合评判是我国学者汪培庄最早提出的一种模糊数学的具体应用方法，其具有数学模型简单，对多层次、多因素的复杂问题评价效果好的特点。加权平均法的计算公式见式（3-16）：

$$Y = \sum X_i W_i \tag{3-16}$$

其中，Y 为评价对象的评价值，X_i 是评价指标经过无量纲化处理后所占比重，W_i 是该指标所占的综合权重。通过式（3-16）对指标体系从低层到高层逐一计算，可得出最终目标层的评价结果。求出目标层的最终评价结果后，即可通过查阅相关文献等方式对目标层进行结果解释，最终给出评价和建议。

三、综合评价循环经济指标体系的意义

近年来我国的经济得到了快速的发展，与此同时也带来了严重的环境问题。以往的社会发展指标主要是经济方面的，没能真实地反映出经济的发展水平。循环经济的指标体系评价方法考虑了多方面的因素，可以对循环经济的发展水平做出合理、全面的评价。对循环经济指标体系进行综合评价的主要意义有：

（1）为环境管理者提供正确的决策依据。循环经济指标体系不仅考虑了经济的发展水平，还将经济发展所带来的环境问题、社会问题等方面也纳入了指标体系。指标体系综合评价法能识别出循环经济发展过程的主要问题，及问题的重要程度，因此，可使环境管理者充分认识到经济发展过程中存在的问题，并为采取积极有效的针对措施提供了依据。

（2）可作为编制区域循环经济规划的分析工具。编制循环经济规划的目的就是让循环经济各类指标达到一个合理值，实现经济的发展与环境保护的统一。运用循环经济指标体系综合评价法，可有力识别出循环经济规划存在的问题，进而指导循环经济规划者针对识别出的主要问题进行针对性的改进。

（3）可以评价循环经济的发展水平。目前国家正大力推进循环经济的发展，各地方政府积极响应，然而各地的循环经济发展水平参差不齐，因此需要一个客观、公正、准确的方法来对各地的循环经济发展水平进行考核。循环经

济指标体系综合评价法考虑的因素全面，可有效考核一个区域的循环经济发展水平。

（4）对企业而言，用循环经济指标体系评价企业的发展水平，有利于企业识别出发展过程中存在的主要问题（如能耗大、环境污染等），进而优化企业的发展结构。建立企业循环经济指标体系，有助于企业开发新的经济增长模式，实现企业的环境友好发展。

第四章　循环经济规划要解决的主要问题

第一节　循环经济规划的主要实践

改革开放以来，我国在推动清洁生产和资源循环利用、探索可持续发展模式等方面取得了显著成效，为循环经济的快速发展奠定了基础。早在 20 世纪 80 年代，国家就已经开始重视对工矿企业废物的回收利用，并提出了"末端治理"的思想，以达到节约资源、治理污染的目的。进入 90 年代后，国家又提出了"源头治理"的新思想。1993 年，第二次全国工业污染防治会议在上海召开，清洁生产正式在中国亮相。2002 年年底，《中华人民共和国清洁生产促进法》颁布，并于 2003 年 1 月 1 日开始实施。2003 年 6 月，国家中长期科技发展规划战略研究开始启动。规划内容涉及 20 个相关重点领域和专题，其中，生态建设、环境保护与循环经济被列为第十个专题。进入 2004 年，发展循环经济正式成为我国的一项国策。2004 年 9 月，国家发展和改革委员会召开了全国循环经济工作会议，提出用循环经济理念指导"十一五"规划的编制。2004 年 11 月 6 日，中国循环经济发展论坛 2004 年年会在上海举办，会上通过了《上海宣言》。

2005 年 7 月，国务院下发的《国务院关于加快发展循环经济的若干意见》（国发〔2005〕22 号）要求各级政府把发展循环经济作为发展经济的重要指导原则，在全国范围内形成有利于促进循环经济发展的政策体系和社会氛围，并明确要求制定循环经济发展规划。同年 10 月，为贯彻和落实科学发展观，加快推进循环经济发展，促进经济增长方式转变，国家发展和改革委员会同原国家环保总局等有关部门和省级人民政府根据《国务院关于做好建设节约型社会近期重点工作的通知》和《国务院关于加快发展循环经济的若干意见》的有关要求，在重点行业、重点领域、产业园区和省市组织开展循环经济试点工作，明确要求制定循环经济实施方案。选择确定了钢铁、有色、化工等 7 个重点行业的 42 家企业，再生资源回收利用等 4 个重点领域的 17 家单位，国家和省级开发区、重化工业集中地区和农业示范区等 13 个产业园区，北京市、辽宁省、上海市、江苏省、山东省、重庆市（三峡库区）、宁波市、铜陵市、贵阳市、鹤壁市等 10 个省市，成为第一批国家循环经济试点单位（详见表 4-1），从而表明我国循环经济已向着实践层次推进。

表 4-1　国家循环经济试点单位一览表（第一批）

一、重点行业	
（一）钢铁	鞍本钢铁集团、攀枝花钢铁集团有限公司、包头钢铁集团有限公司、济南钢铁集团有限公司、莱芜钢铁集团有限公司
（二）有色	金川集团有限公司、中国铝业公司中州分公司、江西铜业集团公司、株洲冶炼集团有限责任公司、包头铝业有限责任公司、河南省商电铝业集团公司、云南驰宏锌锗股份有限公司、安徽铜陵有色金属（集团）公司
（三）煤炭	淮南矿业集团有限责任公司、河南平顶山煤业集团有限公司、新汶矿业集团公司、抚顺矿业集团、山西焦煤集团西山煤矿总公司
（四）电力	天津北疆发电厂、河北西柏坡发电有限责任公司、重庆发电厂
（五）化工	山西焦化集团有限公司、山东鲁北企业集团有限公司、四川宜宾天原化工股份有限公司、河北冀衡集团公司、湖南智成化工有限公司、贵州宏福实业有限公司、贵阳开阳磷化工集团公司、山东海化集团有限公司、新疆天业（集团）有限公司、宁夏金昱元化工集团有限公司、福建三明市环科化工橡胶有限公司、烟台万华合成革集团有限公司
（六）建材	北京水泥厂有限责任公司、内蒙古乌兰水泥厂有限公司、吉林亚泰集团股份有限公司
（七）轻工	河南天冠企业集团公司、贵州赤天化纸业股份有限公司、山东泉林纸业有限公司、宜宾五粮液集团有限公司、广西贵糖（集团）股份有限公司、广东省江门甘蔗化工（集团）股份有限公司
二、重点领域	
（一）再生资源回收利用体系建设	北京市朝阳区中兴再生资源回收利用公司、石家庄市物资回收总公司、吉林省吉林市再生资源集散市场、湖南汨罗再生资源集散市场、广东清远再生资源集散市场、深圳报业集团
（二）废旧金属再生利用	天津大通铜业有限公司、上海新格有色金属有限公司、河南豫光金铅集团有限责任公司、江苏春兴合金集团有限公司、深圳东江环保公司、广东新会双水拆船钢铁有限公司
（三）废旧家电回收利用	浙江省、青岛市、广东贵屿镇
（四）再制造	济南复强动力有限公司、北京金运通大型轮胎翻修厂

三、产业园区	天津经济技术开发区、苏州高新技术产业开发区、大连经济技术开发区、烟台经济技术开发区、河北省曹妃店循环经济示范区、内蒙古蒙西高新技术工业园区、黑龙江省牡丹江经济技术开发区、上海化学工业区、江苏省张家港扬子江冶金工业园、湖北省武汉市东西湖工业园区、四川西部化工城、青海省柴达木循环经济试验区、陕西省杨凌农业高新技术产业示范区
四、省市	北京市、辽宁省、上海市、江苏省、山东省、重庆市（三峡库区）宁波市、铜陵市、贵阳市、鹤壁市

2008 年 8 月，十一届全国人大常委会第四次会议表决通过的《中华人民共和国循环经济促进法》明确规定"发展循环经济是国家经济社会发展的一项重大战略"，并要求国家制定产业政策时应当符合发展循环经济的要求；县级以上人民政府编制国民经济和社会发展规划及年度计划，县级以上人民政府有关部门编制环境保护、科学技术等规划时应当包括发展循环经济的内容。

截至 2009 年 6 月，全国已有钢铁、有色金属、电力等 84 个重点行业，天津经济技术开发区、苏州高新技术产业开发区等 33 个产业园区，再生资源利用、再生资源加工基地、废弃包装物回收利用等 34 个重点领域开展了循环经济的试点工作，有力推动了循环经济发展。

我国循环经济发展还处于初级阶段，推进循环经济发展还面临诸多问题和困难，必须通过规划加以引导规范、统筹安排、合理布局。在推行循环经济的进程中，循环经济规划作为一项核心任务始终扮演着重要的角色，并在循环经济实践中不断地探索和完善。尤其在经济、环境和能源矛盾日益尖锐的情况下，制定和实施循环经济发展规划，是理清循环经济发展方向、明确工作重点、尽快形成循环经济体系的基础保障和有效措施。

在循环经济理论体系尚未建立的情况下，国内的一些省市率先开展了循环经济建设的尝试。其中，2002 年，贵阳市经原国家环保总局批准成为我国第一个循环经济生态建设试点城市。2004 年年初，贵阳市又被联合国环境规划署确认为循环经济试点城市。贵阳市率先在全国编制了循环经济型生态城市建设总体规划，并在确定首批循环经济试点项目的基础上，出台了全国首部循环经济生态城市建设地方法规。在探索循环经济建设上，还先后制定了《贵阳市循环经济生态城市建设总体规划》《贵阳市建设循环经济生态城市条例》《贵阳市"十一五"规划》和《贵阳生态经济市建设总体规划》。《贵阳市循环经济型生态城市建设总体规划》由以钱易院士、金涌院士为顾问的清华大学课题组承担编制完成，通过了原国家环保总局解振华局长主持的专家论证，2004 年 10 月已报批人大初审通过。《贵阳市建设循环经济生态城市条例》于 2004 年 7 月 8 日经贵阳市第十一届人民代表大会常务委员会第十四次会议通过，2004 年 9 月 25 日贵州省第十届人民代表大会常务委员会第十次会议批准，自 2004 年 11 月 1 日起施行。2004 年 12 月初，原国家环保总局正式批准开阳磷煤化工（国家）示范基地的建设。总体来说，贵阳市合理利用资源，围绕产业、基础设施和生态环保三大体系开展的综合性循环经济型生态城市规划取得了较好的成绩。

辽宁省提出了循环经济工作的"3＋1"模式。"3＋1"即小循环、中循环、大循环和资源再生产业。小循环是指在企业层面，选择典型企业和大型企业，根据生态效率理念，通过产品生态设计、清洁生产等措施进行单个企业的生态工业试点，减少产品和服务中物料和能源的使用量，实现污染物排放的最小化。中循环是指在区域层面，按照工业生态学原理，通过企业间的物质集成、能量集成和信息集成，在企业间形成共生关系，建立工业生态园区。大循环是指在社会层面，重点进行循环型城市和省区的建立。废物处置和再生产业是指建立废物和废旧资源的处理、处置和再生的相关产业，以从根本上解决废物和废旧资源在全社会的循环利用问题。"3＋1"模式在实践中取得了一定成效，为辽宁省的经济发展带来了较大的经济效益和社会效益，并在一定范围内起到了示范作用。

江苏省是我国经济总量最大的省份之一，也是全国人口密度最大、人均环境容量最小的省份之一。2002 年以来，为推进经济增长方式和消费方式转变，江苏省积极引入循环经济理念，在全省 108 家单位率先进行循环经济试点，同时又专门投资 200 万元，面向全国公开招标，致力于循环经济建设规划课题的研究。在高起点完成了循环型农业、循环型工业、循环型服务业和循环型社会等四个专题规划的基础上，优化合成了《江苏省循环经济建设规划》，成为全国率先制定循环经济发展规划的省市之一。

山东省提出了发展循环经济的"点、线、面"模式，"点、线、面"分别指企业、行业、社会三个层次。山东省的循环经济从 21 世纪初起步，经过 10 多年的发展，相当一批企业、行业和地方已大获其利。在潍坊海化集团，生产氯碱树脂的电石泥废渣被用作了纯碱生产原料，不仅每年节约纯碱原材料费 1800 多万元，还为企业节省环保设施投资 1500 万元，废渣存放场地 1000 亩，以及排污费 1000 多万元。海化集团位居全国同行业首位的纯碱生产，通过发展循环经济已将成本降到国内平均成本的 60% 左右。山东造纸业由于污染物的资源化利用，近年来，虽然企业数量减少了 40%，但产量和利税却分别增加了近 200% 和 300%，COD 排放量削减率超过 70%。在社会层面上，作为国家级开发区，烟台经济技术开发区每年循环经济产值占到总量的一半，万元 GDP 能耗和水耗分别比开展循环经济前降低了 72% 和 69%。2005 年，山东省已有造纸、纺织印染、酿造、化工等 10 多个行业 310 多家企业推行了清洁生产，走上循环经济之路。同年，对 122 家企业发展循环经济的情况进行调查发现，发展循环经济前与发展循环经济后年总产值增长率超过 44%。青岛市在国内第一个开展了静脉产业园建设，创建了新天地静脉产业园。该园区于 2013 年 12 月通过了国家环保部组织的专家评审，成为国内第一个静脉产业类生态工业园区。日照市、烟台经济技术开发区、潍坊海化、青岛新天地、鲁北化工等一大批发展循环经济的先行者已从中取得巨大收益。

截至 2012 年 5 月，环保部引导并组织多个省市的工业园区开展了国家生态工业园区规划编制工作。尽管这种生态工业园建设在探索建立循环经济理论，完善新型环保制度方面有一定促进作用，但是还是属于初级阶段的产物，提高空间很大。其中的 15 个国家生态工业示范园区在规划指导下，完成了相关标准、规定的指标要求，通过了国家环保部组织的验收并获批准命名，49 个生态工业园规划通过环保部组织的专家评审，获批准建设，各类国家生态工业示范园区的名称及批准时间见表 4-2 和表 4-3。

表 4-2　通过环保部验收批准命名的国家生态工业示范园区一览表

序号	名　　称	批准文号	批准时间
1	苏州工业园区国家生态工业示范园区	环发 [2008] 9 号	2008 年 3 月 31 日
2	苏州高新技术产业开发区国家生态工业示范园区	环发 [2008] 9 号	2008 年 3 月 31 日
3	天津经济技术开发区国家生态工业示范园区	环发 [2008] 9 号	2008 年 3 月 31 日
4	无锡新区国家生态工业示范园区	环发 [2010] 46 号	2010 年 4 月 1 日
5	烟台经济技术开发区国家生态工业示范园区	环发 [2010] 46 号	2010 年 4 月 1 日

续　表

序号	名　称	批准文号	批准时间
6	山东潍坊滨海经济开发区国家生态工业示范园区	环发〔2010〕47 号	2010 年 4 月 1 日
7	上海市莘庄工业区国家生态工业示范园区	环发〔2010〕103 号	2010 年 8 月 26 日
8	日照经济技术开发区国家生态工业示范园区	环发〔2010〕103 号	2010 年 8 月 26 日
9	昆山经济技术开发区国家生态工业示范园区	环发〔2010〕135 号	2010 年 11 月 29 日
10	张家港保税区暨扬子江国际化学工业园国家生态工业示范园区	环发〔2010〕135 号	2010 年 11 月 29 日
11	扬州经济技术开发区国家生态工业示范园区	环发〔2010〕135 号	2010 年 11 月 29 日
12	上海金桥出口加工区国家生态工业示范园区	环发〔2011〕40 号	2011 年 4 月 2 日
13	北京经济技术开发区国家生态工业示范园区	环发〔2011〕50 号	2011 年 4 月 25 日
14	广州开发区国家生态工业示范园区	环发〔2011〕144 号	2011 年 12 月 5 日
15	南京经济技术开发区	环发〔2012〕35 号	2012 年 3 月 19 日

表 4-3　环保部批准开展建设的国家生态工业示范园区一览表

序号	名　称	批准文号	批准时间
1	贵港国家生态工业（制糖）建设示范园区	环函〔2001〕170 号	2001 年 8 月 14 日
2	南海国家生态工业建设示范园区暨华南环保科技产业园	环函〔2001〕293 号	2001 年 11 月 29 日
3	包头国家生态工业（铝业）建设示范园区	环函〔2003〕102 号	2003 年 4 月 18 日
4	长沙黄兴国家生态工业建设示范园区	环函〔2003〕115 号	2003 年 4 月 29 日
5	鲁北国家生态工业建设示范园区	环函〔2003〕324 号	2003 年 11 月 18 日
6	抚顺矿业集团国家生态工业建设示范园区	环函〔2004〕113 号	2004 年 4 月 26 日

续 表

序号	名 称	批准文号	批准时间
7	大连经济技术开发区国家生态工业建设示范园区	环函〔2004〕114 号	2004 年 4 月 26 日
8	贵阳市开阳磷煤化工国家生态工业示范基地	环函〔2004〕418 号	2004 年 11 月 29 日
9	郑州市上街区国家生态工业示范园区	环函〔2005〕144 号	2005 年 4 月 21 日
10	包头钢铁国家生态工业示范园区	环函〔2005〕536 号	2005 年 12 月 8 日
11	山西安泰国家生态工业示范园区	环函〔2006〕198 号	2006 年 5 月 18 日
12	青岛新天地工业园（静脉产业类）国家生态工业示范园区	环函〔2006〕347 号	2006 年 9 月 11 日
13	福州经济技术开发区国家生态工业示范园区	环函〔2006〕417 号	2006 年 10 月 24 日
14	绍兴袍江工业区国家生态工业示范园区	环函〔2006〕481 号	2006 年 12 月 4 日
15	青岛高新区市北新产业园国家生态工业示范园区	环函〔2007〕166 号	2007 年 5 月 16 日
16	天津新技术产业园区华苑产业区国家生态工业示范园区	环发〔2008〕75 号	2008 年 8 月 25 日
17	昆明高新技术产业开发区国家生态工业示范园区	环发〔2008〕75 号	2008 年 8 月 25 日
18	萧山经济技术开发区国家生态工业示范园区	环发〔2009〕3 号	2009 年 1 月 7 日
19	上海张江高新技术产业开发区国家生态工业示范园区	环发〔2010〕45 号	2010 年 4 月 1 日
20	南昌高新技术产业开发区国家生态工业示范园区	环发〔2010〕45 号	2010 年 4 月 1 日
21	宁波经济技术开发区国家生态工业示范园区	环发〔2010〕45 号	2010 年 4 月 1 日
22	温州经济技术开发区国家生态工业示范园区	环发〔2010〕104 号	2010 年 8 月 26 日
23	西安高新技术产业开发区国家生态工业示范园区	环发〔2010〕104 号	2010 年 8 月 26 日
24	上海化学工业区国家生态工业示范园区	环发〔2010〕104 号	2010 年 8 月 26 日
25	上海漕河泾新兴技术开发区	环发〔2010〕117 号	2010 年 9 月 20 日

序号	名　　称	批准文号	批准时间
26	江苏常州钟楼经济开发区	环发〔2010〕117 号	2010 年 9 月 20 日
27	合肥高新技术产业开发区	环发〔2010〕117 号	2010 年 9 月 20 日
28	重庆永川港桥工业园	环发〔2010〕129 号	2010 年 11 月 4 日
29	上海闵行经济技术开发区	环发〔2010〕129 号	2010 年 11 月 4 日
30	郑州经济技术开发区	环发〔2010〕129 号	2010 年 11 月 4 日
31	合肥经济技术开发区	环发〔2010〕129 号	2010 年 11 月 4 日
32	东营经济技术开发区	环发〔2010〕149 号	2010 年 12 月 25 日
33	南通经济技术开发区	环发〔2010〕149 号	2010 年 12 月 25 日
34	株洲高新技术产业开发区	环发〔2010〕149 号	2010 年 12 月 25 日
35	宁波国家高新技术产业开发区	环发〔2010〕149 号	2010 年 12 月 25 日
36	太原经济技术开发区	环发〔2011〕46 号	2011 年 4 月 2 日
37	南昌经济技术开发区	环发〔2011〕46 号	2011 年 4 月 2 日
38	江阴经济开发区	环发〔2011〕46 号	2011 年 4 月 2 日
39	长沙经济技术开发区	环发〔2011〕46 号	2011 年 4 月 2 日
40	山东阳谷祥光铜业工业园	环发〔2011〕77 号	2011 年 6 月 28 日
41	临沂经济技术开发区	环发〔2011〕77 号	2011 年 6 月 28 日
42	贵阳经济技术开发区	环发〔2011〕122 号	2011 年 10 月 10 日
43	武汉经济技术开发区	环发〔2011〕122 号	2011 年 10 月 10 日
44	杭州经济技术开发区	环发〔2011〕122 号	2011 年 10 月 10 日
45	南京高新技术产业开发区	环发〔2011〕122 号	2011 年 10 月 10 日
46	徐州经济技术开发区	环发〔2012〕64 号	2012 年 5 月 30 日
47	常熟经济技术开发区	环发〔2012〕64 号	2012 年 5 月 30 日
48	常州国家高新技术产业开发区	环发〔2012〕64 号	2012 年 5 月 30 日
49	广州南沙经济技术开发区	环发〔2012〕64 号	2012 年 5 月 30 日

第二节　循环经济规划要解决的主要问题

目前，我国的循环经济规划制度尚待进一步完善。循环经济规划主要以两种形式存在：第一种形式是制定专门的循环经济规划，设定循环经济的目标和指标，提出发展循环经济的任务、重点和措施等。在实践中，通过出台循环经济实施意见和目标分解等手段强化实施。第二种形式是在总体规划、区域规划和一些专项规划中融入循环经济的理念、原则，增设部分章节和内容以及循环经济实施方案。已经开展的循环经济规划工作表明，科学合理的规划对于循环经济的推进和实施具有非常重要的促进作用。但是，要结合经济社会发展的总体目标与要求，科学指导循环经济的发展与推进，推动环境友好型、资源节约型社会的建设。我国的循环经济规划编制工作还需要解决如下问题：

一、发展速度与资源保障

改革开放的 30 多年，我国经济以史无前例的速度迅猛发展，为中国赢得了"世界工厂"的称号。但这种快速发展主要依靠增加资金、人力、物力等生产要素的投入量来提高产量或产值，即粗放型经济增长方式，不能满足现阶段可持续发展战略的要求，弊端日益显现。

（一）能源资源的消耗速度超过了经济增长速度

2001 年到 2004 年的三年时间里，我国国内生产总值年均增长 8.7％，而能源消费年均增长 10.9％，能源消费弹性系数（能源消费增长速度与国内生产总值增长速度之比）达到 1.3，这是改革开放以来能源弹性系数最高的时期。20 世纪 80 年代到 2000 年，能源消费增速与 GDP 增速之比仅为 0.5：1，而到 2004 年能源消费增速与 GDP 增速之比增长到 1.6：1。

（二）能源资源利用率低，单位产品的能耗普遍偏高

2003 年，我国 GDP 总量达 1.4 万亿美元，占全球 GDP 的比重不到 3％，而同年消耗的钢材、水泥、煤炭和电则分别占到全球消耗量的 30％、40％、30％和 13％。对能源使用的效率之低更是让人触目惊心。据报道，我国每增加 1 美元的 GDP，所耗能源为世界平均量的 3 倍、美国的 4.7 倍、德国的 7.7 倍、日本的 11.5 倍。2005 年，我国综合能源利用效率约为 33％，比发达国家低 10 个百分点；单位产值能耗是世界平均水平的两倍多；主要产品单位能耗平均比国外先进水平高 40％。低产值、高污染的生产模式将造成国家未富而资源、环境先衰。这些数字从一个侧面说明，我国资源对于支撑"粗放型"经济社会发展已经到了难以承受的地步。2001 年到 2010 年的 10 年间我国能源消费年增长率高达 11.6％，世界同期平均值仅为 2.8％，与同为发展中国家印

度同期值 5.3％相比，我国也高出一倍多。而以欧盟和美国为代表的发达国家这 10 年的能源总量增长停滞、甚至有所下降。如 2010 年美国能源消费总量约为 2000 年的 99.93％。这 10 年间我国和印度能源总量的增加值分别占世界能源消费增量的 56.3％和 7.3％。而美国消费增量却为世界的 1.7％。由此，我国能源总量在世界的份额就由 2000 年的 9.0％提高到 2005 年的 15.0％以及 2010 年的 20.5％。2011 年，我国规模以上工业增加值增长 13.9％，一季度到四季度工业增加值增长分别是 14.4％、14.0％、13.8％和 12.8％，尽管工业增加值增速回落，但速度效益型依然明显。"一季度规模以上工业企业利润同比下降表明，中国经济还是速度效益型的，速度一下来，效益就下滑。"国务院发展研究中心产经部部长冯飞在 2012 年接受《中国经济时报》采访时表示，"我们的发展方式还是粗放的"。

（三）破解盲目投资及重复建设导致的趋同现象

钢铁、电解铝、铁合金、焦炭、电石、汽车、铜冶炼行业产能过剩问题突出，水泥、电力、煤炭、纺织行业也潜藏着产能过剩的问题。具体来看，截至 2007 年，钢铁产业生产能力已经大于市场需求 1.2 亿吨，可是还有在建能力 7000 万吨、拟建能力 8000 万吨。电解铝行业产能已经高达 1030 万吨，闲置能力 260 万吨。铁合金行业现有生产能力 2213 万吨，企业开工率仅有 40％左右。焦炭行业产能超出需求 1 亿吨，还有在建和拟建能力各 3000 万吨。电石行业现有生产能力 1600 万吨，有一半能力放空。铜冶炼行业建设总能力 205 万吨，是 2004 年年底的 1.3 倍。

"粗放发展"的背后是发展观、政绩观的偏差。一些地区、部门和行业在"政绩冲动"的主导下，片面追求 GDP 的增长，忽视由此带来的资源紧张和环境污染。虽然在经济高速发展的时代，能源消费增速亦应相应较高是普遍公认的，但我国能源消费总量过快已给可持续发展带来严重影响。通过依靠大量消耗能源推动经济高速增长的结果，只能使我国经济的增长越来越接近资源和环境条件的约束边界。特别是近十几年来，随着人们"资源危机"或"资源安全"意识的提高，以"高资本投入、高资源消耗、高污染排放"为代价的"低质量、低效率、低水平"的经济增长方式，已经不能满足人类生存的需求。很多业内人士纷纷表示："中国经济规模巨大，并在以惊人的速度增长，如果不改变目前高消耗、高污染的增长方式，中国将没有足够的资源和环境容量来支持今后的发展。""中国人均资源不多，生态环境先天脆弱，中国 20 多年来盛行的高消耗、高污染、低效益的粗放扩张型经济增长方式，使得能源浪费大、环境破坏严重等问题日益凸显。"

处理好经济增长与资源保护的关系可实现"双赢"，处理不好则两败俱伤。这一关系可以概括为以下几个方面：一是良好的生态环境和充足的自然资源是经济增长的基础和条件。经济增长的最终目的是富民强国，提高人民的生活水平，良好的环境是高质量生活的必要条件，而环境污染和生态破坏有悖于促进经济增长的初衷；严重的环境污染和资源短缺，反过来会制约经济的增长，甚至制约一些产业的发展，影响经济增长的质量和效益。二是经济增长不足或增长方式不当是造成资源枯竭的重要原因。贫困地区毁林开荒、草原过牧、陡坡种粮等，是造成水土流失、土地荒漠化的主要原因；粗放式的经济发展方式，把环境成本外部化，不考虑资源更新的速度及生态服务价值，低成本的工业扩张，是造成环境严重污染和资源浪费、短缺的根源所在。三是发展经济要有可持续性。经济发展不仅要考虑当代人发展的需要，也要考虑子孙后代发展的需要，给后代人留下良好的环境条件是当代人必须担负的历史责任。综上所述，保护资源和改善环境应该是经济发展的目的之一，解决今天的环境问题不是不要发展，而是发展的目的是什么及如何发展的问题。

总体来说，一切经济活动都离不开资源和能源的支撑。但是，人类可利用的资源和能源终究是有限的，不可能无限使用。要解决我国经济增长与资源环境的矛盾，就要转变发展观念，创新发展模式，提高发展质量，坚持资源节约、自主创新。可以开源、节流和保护环境三管齐下：开源就是努力寻找和开发更多的资源或者新的资源；节流就是节约资源的利用，并采取再利用和资源化的措施，有效延长资源的使用时间；保护环境就是在资源开发、资源利用、资源再利用和废物资源化的过程中采取生态保护和污染防治措施。因此，必须用宏观思维、长远眼光加以审视，必须从科学发展观和正确的政绩观来推动经济增长，必须重视节约资源和能源。党中央、国家高度重视节约型社会的建设，提出必须从战略和全局的高度，把建设节约型社会和发展循环经济摆在更加突出的位置，要坚持资源开发与节约并重，把节约放在首位，以尽可能少的资源消耗，创造尽可能大的经济社会效益。而循环经济正是这一理念的集中体现，其从资源环境是人类经济发展的物质基础这一根本认识出发，以资源的高效利用和循环利用为核心，以"减量化、再利用、资源化"为原则，以低消耗、低排放、高效率为基本特征，以最小的资源和环境成本，取得最大的经济社会效益。循环经济既把握了我国资源和环境问题的实质，体现了经济、社会和环境保护规律相统一的机制，也是落实科学发展观的重要载体。循环经济与资源的循环利用密切相关，并且遵循自然界的物质循环规律，即在生态系统中，任何资源都不会成为废物无限期地积累在环境中，而总是处于特定的和永久的循环中，不过它们的存在形式（包括有机的和无机的）却在不断地发生变化。资源的循环利用具体表现为循环经济活动过程，并通过闭环的资源流动来实现。

循环经济规划从传统的经济发展格局出发，调整协调好社会系统，并从中获得改革发展的主动力。循环经济规划不仅要设定节水、节能推进计划和制度建设，资源综合利用示范试点等方面的工作目标，还要根据区域情况设定资源节约、消耗、废物排放、循环利用和环境状况等量化约束性目标。明确规定污染物排放强度、资源循环利用率、资源生产率等特征指标。在充分考虑产业布局、资源条件、市场需求以及经济和环境成本的前提下，根据发展形势和区域特点在流通、生产和消费领域有侧重地选择重点企业和行业开展节水、节能、节地、节材和综合利用等活动，破解经济增长与资源能源短缺、环境污染之间的矛盾，全面实现发展速度与资源保障相协调，是全面建设小康社会、构建社会主义和谐社会的战略选择，也是我国实现生态文明的重要举措。

二、提高发展质量和效益，保障环境安全

经济活动作为生产物质产品和服务的整体活动，其质量问题属于工作范畴。因此，可以把经济增长质量归纳为：一定时期内同一国家或同一地区实现产品质量和服务总量增长活动的优劣程度。经济增长质量作为一个综合性的社会经济范畴的概念，具有丰富的内涵，涵盖了经济效益和经济结构等内容。

经济效益是一切经济工作的中心，也是经济增长质量诸多内涵的中心。从本质上来讲，经济增长的优劣本质上就是经济效益的优劣，经济增长的质量高低就集中体现在经济效益水平的高低上。从经济效益的角度来看，经济增长质量表现为一定的投入获取的最多产出，或者是保证达到一定的产品付出的最少投入。经济增长就是各种经济资源综合运用的结果，在经济资源保持恒定的情况下，对经济资源使用效率的高低决定了经济产品的多少及优劣，因而经济资源的使用效率即经济效益的高低便是决定经济增长质量的主导因素。如果经济增长的速度是用数量来衡量则经济效益就是用质量来衡量。2012 年，上海市松江区主动调整了过去靠工业、出口两轮驱动的经济结构，短期内受到了很大的冲击，主动"挤掉水分"后的工业产值出现负增长，房地产对经济

拉动进一步降低，但地方财政依然取得 8.5％ 的增长，反映出发展中效益优先的特征。

经济增长质量本身含有对经济结构优化升级的要求，经济结构问题反映经济增长质量的主要内容。世界各国经济增长的经验表明，在不同的经济增长阶段，一个国家的结构是不同的。如果说，经济增大的数量体现在经济总量的增长上，那么，一定的经济总量总是体现了一定结构下的总量，经济总量的变化总是与经济结构的变化结合在一起。因此，一个国家的经济结构在世界经济结构进化的等级系列中所处的阶段和地位及其调整升级的步伐是其经济增长质量高低的重要标志。要加大经济结构调整力度，提高经济发展质量和效益，就必须把保持经济平稳较快发展与结构调整结合起来，以扩大内需特别是增加国民消费需求为重点，优化产业结构，努力在发展中促转变，在转变中谋发展。具体而言：一是应当着力加大产业结构、区域经济结构的调整力度。一方面要进一步发展战略性新兴产业，推进产业结构调整，加快研究提出培育我国战略性新兴产业的总体思路，强化政策支持，加大财政投入，培育新的经济增长点；落实重点产业调整振兴规划，大力推进技术改造，加快传统产业优化升级。另一方面要着力推进节能减排，抑制过剩产能。要强化节能减排目标责任制，加强节能减排重点工程建设，坚决管住产能过剩行业新上项目，开展低碳经济试点，努力控制温室气体排放，加强生态保护和环境治理，加快建设资源节约型、环境友好型社会。二是应当进一步深化经济体制改革，增强经济发展动力和活力。应抓住经济持续增长，环境持续改善，人民群众对提升环境安全生活质量愿景的大好时机，不失时机地推进重要领域和关键环节的改革。应进一步推动政府职能转变；不仅深化行政审批制度改革，减少和规范行政审批，建设服务型社会；还要深化资源价格和财税体制改革，完善财政转移支付制度，扎实推进综合配套改革试验；应进一步优化所有制结构，完善市场竞争机制；应推进国有经济战略性调整，深化国有企业改革；要增强非公有制经济和中小科技型企业参与市场竞争、发展经济的活力和竞争力，放宽市场准入，保护民间投资合法权益。

传统经济采取掠夺方式开采资源，单纯地追求表观经济利益的最大化，而忽视发展的质量和对生态环境所产生的不利影响。随着人们环保意识的不断提升，绿色消费理念正在不断深入人心，正在形成一种新的价值观和绿色消费理念，就是当代人越来越看重产品的质量和环境安全。近年来，我国因环境问题或是对环境污染的担心已经引发了诸多的群体性事件，如 2011 年的大连市民反对福佳对二甲苯化学工程项目（PX 项目游行事件），2012 年 4 月因反对在大港拟建的 26 万吨聚碳酸酯（PC）项目，部分市民开展的"邻避运动"，尽管其中的一些项目污染影响很小，但是仍招致临近居民反对，从一个侧面反映出国民对环境问题的重视程度在提升，2012 年 7 月江苏省南通下辖启东市政府批准日本王子制纸的污水排海工程导致一起大规模的群体事件，同月发生在四川省什邡市的宏达钼铜项目群体事件等。这些事件表明，中国社会发展正进入一个特殊的环保敏感期。拼资源、拼环境的发展模式，不仅带来包括环境问题在内的各种社会矛盾，而且不利于经济的持续增长。因此，有效利用资源能源、减少环境污染、降低安全生产事故频次，防止突发环境事件，确保生命安全的重要性日益凸显。制定并执行严格的环保政策和措施，在保护环境的同时改善人民的生活质量，已经成为我国民生工程的关注点。

发展理念决定发展方式，发展方式决定发展质量。深入贯彻落实科学发展观，把加快转变经济发展方式贯穿于经济社会发展的全过程和各领域，全面提高经济发展的质量、效益和水平，是我国现阶段经济社会发展的必然要求。因此，要摒弃"先发展经济，后治理环境"的思维，积极探索中国环保新道路，以环境保护优化经济发展是当前经济发展进程中必须面对的课题。一是要坚持"在发展中保护、在保护中发展"的可持续发展战略思想。要把优化产业结构与推进节能减排结合起来，把企业增效与节约环保结合起来，把扩大内需与发展环保产业结合起来，把生产力空间布局与生态环保要求结合起来，坚持速度服从效益，以效益求速度，构建资源节约、环境友好的国民经济体系，努力实现经济效益、社会效益、环境效益的多赢。二是要不断探索符合中国国情的环保新道路。要牢固树立绝不靠牺牲生态环境和人民健康来换取经济增长的环保管理目标，一定要走出一条生产发展、生活富裕、生态良好的文明发展道路。三是要大力发展循环经济，推进节能减排，推进工业经济增长方式转变。强化重点耗能企业的节能管理和自循环体系建设，对钢铁、有色金属、煤炭、电力、石油、化工、建材七大行业和重点耗能企业实施智慧化管理。依法加快淘汰浪费资源、污染环境的落后生产方式的步伐，引导企业转产，对自愿关闭落后生产工艺的企业给予适当奖励。扩大低能耗产业在工业中的比重，推进清洁生产，鼓励企业采用先进技术和装备提高资源利用和节能降耗水平，推进资源循环利用，推进工业废物综合利用，加强再生资源回收利用。循环经济作为一种合理利用资源和有效改善生态环境质量的新发展模式，注重人与自然的和谐发展，注重人口质量的全面提高，注重经济增长与环境保护的协调发展。发展循环经济，有利于降低资源消耗，克服"绿色壁垒"，提高产品国际竞争力，更有利于经济增长的可持续性。因此，经济发展方式向循环化方向转化是大势所趋。总而言之，发展循环经济有利于促进人口、资源、环境、经济、社会的全面、协调、可持续发展和保障国家的环境安全。

三、发展后续能力与科技创新

传统粗放型经济发展方式，造成了资源的极大浪费和环境的严重污染，导致经济发展后续能力不足，不利于经济社会的可持续发展。改革开放三十多年来，中国的经济取得了巨大的发展，2012 年的 GDP 达到 519322 亿人民币，位居世界第二，人均 GDP 达到 38852 人民币，人民生活水平得到很大的提高，经济实力日益提高。虽然我国经济发展在纵向比较上有了很大的进步，但依然存在着经济总量不大、实力不强、内生动力不足等问题。特别是经济结构性矛盾较为突出，传统产业多、新兴产业少，中间产品多、终端产品少，企业数量多、国际化企业少，自主创新能力亟待增强。

21 世纪是信息经济、科技先导型经济和可持续发展经济的时代。新技术革命正在改变着传统的生产方式，并且已成为现代经济增长的主要推动力量。电子计算机的应用、信息技术的开发，新材料、新能源、基因工程和航天技术等高新技术的运用，特别是互联网与物联网的应用，使社会生产方式和人们的生活方式发生了重大变化，有力地促进了经济的快速增长。在高科技飞速发展的时代，技术上的领先者，就是经济的优势股，就会在市场经济中占有较大的资源优势；不重视科技创新，就终将遭到市场经济的无情淘汰。英特尔、微软等世界著名公司，长期坚持科技创新，计算机产业的霸主地位才得以维持。科学技术的发展与创新，科技知识的快速传播和转化应用，极大地推动了经济和社会的快速发展。中国科学院院长路甬祥认为，世界科学技术正在酝酿着新的突破，一场新的科技革命和产业革命正在孕育之中，在未来 30~50 年里，世界科学技术会继续出现重大创新性突破。这必将引发人类社会新的变革，也将对全球的经济、社会发展带来深远的影响。为此，抓住未来科技发展所带来的新机遇，充分发挥科技先导作用，按照资源与生态环境承载力相协调，统筹发展的原则，提升对发展前沿技术的创新能力的把握是当务之急，特别是针对以下前沿技术的发展：

（一）支撑循环化、智慧化发展的信息技术

信息产业已经成为全球经济的主导产业，信息化发展水平正在成为各国综

合国力重要的衡量标准。信息技术的蓬勃发展不仅为经济全球化提供了强大的物质基础和手段，而且造就了全球经济最具活力的新增长点。信息技术在推动产业循环的改造方面发挥了无可比拟的推动作用。因此，应抓住机遇，大力发展微电子技术、计算机技术、光纤通信技术、感测技术、网络技术和软件开发技术，研发基于新概念的 CPU、网络计算机和网络软件核心平台以及安全电子金融平台，提高我国循环经济发展的智慧化支撑能力，缩小与发达国家的差距。

（二）生命科学与生物技术

生命科学与生物技术的发展对于促进人类健康、农业高新技术和化学工业等领域的发展具有重大作用。同样，对固体废物和污水的资源化利用也离不开生物技术的支持，应进一步加强生命科学的研究力度，尽快开发出一批新型生物医药产品；利用现代生物技术解决农业新产品接替、食品安全和生态环境等问题；应用最新的生物科技成果，培育和发展一批相关的技术产业，推动循环经济发展。

（三）环境科学与绿色技术

21 世纪环境与经济的关系将更加密切，环境科学与绿色技术受到世界各国的广泛重视，绿色技术、绿色产业、绿色生产和绿色消费已成为新世纪的主流。为此，应加大对环境研究和环境保护的资金投入，在继续重视末端治理以减少污染物最终排放量的同时，更要研究清洁的生产工艺、产品结构、资源循环、原料替代和生产运营全过程的环境保护，大力开发清洁能源和新的替代能源，提高污染物处理深度，进一步降低生产成本，增强可持续发展能力。

（四）新材料技术

材料科学与技术的每一次重大突破，都会引起生产技术的革命，给社会发展和人类生活带来巨大变化。21 世纪材料科学技术的发展趋势是功能化、复合化、智能化。为此，要大力研发高性能、低成本、耐高温高压、耐腐蚀、无污染的新型材料，重点研发光导纤维材料、信息功能材料、纳米材料、生物降解材料、人工晶体材料等新型复合材料，提升新材料的产品品质，推动可循环原材料的研发及工业化应用，创造出新的循环经济增长点。

当今国家的竞争优势已由以资源和成本优势为主转向以技术优势为主,科技实力是各国经济乃至综合国力竞争的关键。自主创新能力使企业在激烈的竞争中永葆活力。然而,发展的后续能力和科技创新也是一对矛盾体。企业发展的后续能力不足,导致企业经济效益下降,无法支撑高科技产品的研发。缺少科学技术的支撑,企业的发展就失去了生命力,必定会在日益激烈的市场竞争中被淘汰。因此,协调好发展与创新的关系,可以使企业立于不败之地。

发展循环经济,能够改变传统的粗放式经济增长方式,提升发展的质量和效益。走新型工业化道路靠的是科技创新,特别是我国经济发展仍处于追赶时期,快速的工业化和城镇化,在短期内要实现生态文明和社会主义和谐社会建设目标,就注定要走不同于西方发达国家走过的道路,建设生态文明,科技创新是关键。如果没有先进技术的输入,循环经济所追求的经济和环境等目标将难以从根本上实现;从"减量化"到"再利用"再到"资源化",循环经济的每一个环节都需要成熟的生态设计技术、污染治理技术、废物利用技术、清洁生产技术、能源综合利用技术、回收和再循环技术、资源重复利用和替代技术、环境监测技术以及网络云技术和生态工业链接技术等作为支撑,这是循环经济由理论向实践转变的关键。而发展循环经济,就是要突破原有的技术范式,大力研发和应用环境友好技术,研究清洁生产管理、资源利用最大化和排污最小化技术,开展生态工业和产品生态设计的理论研究与示范,实现末端治理转向生产全过程控制,促进产业升级和经济增长方式的根本转变。开展园区的循环经济规划编制工作,可以促进企业建立以替代技术、再利用技术、废物无害化处理技术、资源化技术和系统化技术为重点的循环经济技术支撑体系,加快科技创新,开发降低能耗和物耗的新工艺,推广节能、节地、节水、节材新技术等。以高科技保障发展速度,以经济增长支撑科技创新。同时要注重引用技术和人才,强化科技攻关,优化产业结构,推行清洁生产,为循环经济的建立提供技术和智力支持。在编制循环经济规划之初,就要着眼国家和经济社会发展的科技需求,明确不同时期和不同阶段的目标、任务并推动实施,向自主创新要增长质量,向自主创新要发展空间,向自主创新要核心竞争力,以科学、合理、前瞻的布局为自主创新能力的稳步提升提供有力的指导。按照循环经济规划编制的基本思路,在借鉴和吸收国家其他专项规划编制的经验和成果的基础上,围绕国家总体战略及未来发展的需求,既注重前瞻性和先进性,又要充分结合地区自身特点和实际,考虑现时可行的项目设计,完成规划纲要的编制，凝练重大方向，聚焦重大专项，提出重大工程，推出重大举措。此外，依据规划和计划的编制，不断对工程进行修订和调整并强化落实。同时，努力培养地区优势领域，为自主创新能力的持续提升提供保障。

四、提升全民资源环境意识

建设资源节约型社会是党中央、国务院从我国社会主义初级阶段的基本国情出发，按照科学发展观的要求和全面建设小康社会的要求，审时度势做出的重大决策，是今后一个历史时期全社会共同的责任和任务。因此，在编制循环经济规划，要立足当前、着眼长远，紧扣生态文明建设的时代脉搏，紧跟生态文明建设的潮流趋势，前瞻性地思考生态文明建设，探索加快生态文明建设的有效途径，不断强化全民资源环境忧患意识和节约意识，大力宣传资源节约和有关的法规政策，营造资源节约的良好氛围，加快资源节约型社会的建设。

发展循环经济是建设资源节约型社会的核心组成部分，是对"大量生产、大量消费、大量废弃"的传统增长模式的根本变革。循环经济发展模式能够最大限度地减低资源消耗，最大限度地减少初次资源的开采，最大限度地利用不可再生资源。在此同时，要充分调动政府、部门、企业和广大市民的积极性，大力推广应用节能、节水、节地、节材、节约矿产资源等成熟技术和工艺，并且不断引进、吸收国外先进的技术和设备，不断提升资源节约水平。

建立资源节约型社会，每位公民都有义不容辞的责任。各级政府和有关部门要加大宣传教育力度，深入开展节约进企业、进学校、进社区、进家庭活动，以极大地调动公众踊跃参与的热情，从而达到广泛传播环境理念、发展循环经济的目的，并逐步引导国民改变透支资源的生活方式和消费方式，鼓励绿色消费、文明消费，逐渐把节约资源、循环利用资源、回收利用废物、保护环境等活动变成人民群众的自觉行为。

公众行为对现行社会结构是个良性的补充，是推动社会经济结构演变、完善的动力。通过绿色教育，引导公众积极参与到绿色消费之中，参与到政府的绿色决策之中，参与到对企业绿色发展的监督之中；通过公众抵制浪费资源、污染环境的行动和选择有利于环境的消费行为，间接地影响企业的生产行为；通过公众改变传统的消费模式，建立绿色的消费观念和消费方式，降低消费活动对环境的影响，推动循环经济社会体系的建立。

第三节　循环经济规划编制应注意的问题

目前，我国许多省市及工业园区已经开展了循环经济规划编制工作，取得了一定的成效，但是也不能忽视其中存在的一系列问题，这些问题如果在今后的工作中不注意、不加以妥善合理地解决，必将影响到城市及企业循环经济发展的质量与效益，造成资源的极大浪费，同时污染物排放居高不下的局面也难以改变。

一、循环经济规划的编制体制

循环经济规划与其他各类规划的相互关系、功能定位，特别是与市场作用的界限不是很明确，内容上有很多交叉重复点。循环经济规划编制体系的针对性不强，衔接协调能力较弱，编制程序不够规范，评估调整机制尚未形成，规划编制时期的界定比较机械等问题不仅制约了规划编制的指导性，而且直接影响到编制单位的循环经济发展。2012 年 12 月国务院通过了《"十二五"循环经济发展规划》，一些省市结合当地情况也相继出台了地方循环经济发展规划。但是在对循环经济规划具有指导作用的法律中，我国现在并没有一部法律将清洁生产、固体废物利用、资源循环利用等相关内容统一考虑，缺少从国家发展战略、规划角度上系统地规范循环经济发展的法律法规。现行的法律法规和政府规章规定缺乏系统性和综合性的解决机制。如工业废物、农业废物等废物的循环利用问题，既属于企业层次上的问题，又属于区域和全社会层次上的问题。

二、循环经济规划编制及其定位

目前循环经济规划主要存在两种极端情况：一是将循环经济规划等同于为各种废物寻找减量化、再利用和资源化的答案，从而在规划编制过程中忽视了废物循环对于产业发展乃至经济发展的反馈作用；二是将循环经济规划泛化为国民经济和社会发展规划，将人口发展、生态建设甚至社会公平等强加到循环经济规划编制中，试图赋予循环经济万能的表象。这两种做法都会不同程度地影响循环经济规划编制的制定和落实效果。例如，内蒙古阿拉善盟额济纳绿洲近年来不断萎缩和沙化，为了保住它，人们在绿洲生态系统内搞防治，但效果不明显，原因是政府把规划和建设的尺度放在生态系统上。实际上这种做法是不适宜的，因为绿洲萎缩与其相距几百里的中游地区过度开发密切相关，这种"头痛医头，脚痛医脚"的做法，不但没有达到预计的环境效果，还造成了大量的物力、财力和人力的损失。

三、循环经济规划编制趋同化现象

虽然国内不少城市已将发展循环经济列入规划纲要之中，但如何转化为地方政府工作的具体内容，建立可操作性的保障机制和切合实际的规划编制方案，各城市之间还存在很大差距，且难度迥异。事实上，如果各地要落实发展循环经济，也定然会出现多种样式的循环经济规划编制方案，盲目跟风、与实际脱节的规划可能导致实际与目标的背离，从而阻碍循环经济的实践，而非从中获益。所以当务之急是如何从体制、机制等一系列制度、措施上，把循环经济发展规划落实到具体工作中去，这就需要有更具体、更确切、更具可操作性的工作规划。例如南方某省的一个工业园区在进行规划编制过程中，未经充分调研和论证，也没有从当地资源禀赋和产业发展的实际出发，更没有重视园区内的企业间的产业分工和配套协作，以及产业的关联度、原辅材料配套及物流运输等问题，而是盲目上马，导致园区经营不善，效益极差。部分地方政府和企业仍然把直接经济利益放在首位，盲目引进污染严重的产业，使生态工业园建设流于形式，忽视了工业园从源头上发展循环经济的基本原则，表面文章做足而不注重内涵，难以实现预期效益。另外，园区企业产业关联度不高，人多数是在原来经济开发区的基础上改造而成的，缺少系统性的规划，而园区内的企业种类繁杂多样，一个企业的副产品和废物很难成为另一家企业的生产原料，发展循环经济基本成了一个空想。

四、循环经济规划编制理念的创新性

在循环经济规划编制过程中，简单套用产业规划的设计理念，对企业发展循环经济的思路和举措等问题缺乏深入研究，缺乏最基本的物质流分析方法，对物质的循环再生缺乏理解，对整个社会的可持续发展需求认识不足。在规划编制过程中往往只是将当地园区及企业的意见文本化，而不注重对园区及企业的特色进行深入挖掘，使得各地的工业园及企业循环经济规划变得千篇一律，既无特色也无可操作性，循环经济规划真的成为"纸上画画，墙上挂挂"的一

纸空想。许多城市及园区的循环经济规划，基本上是根据其他城市及园区的循环经济规划模仿，毫无创新可言。全国都在热炒粉煤灰利用项目就是一个典型的例子，对建筑垃圾资源化，生活垃圾分类收集等工作的规划编制，往往忽视本该应有的地方特色，以及规划方法的创新。在各省市介绍的粉煤灰利用规划项目中，普遍采用的是将作为代替黏土生产水泥熟料的原料、制造烧结砖、空心砌砖或铺筑道路等成熟技术，而对从粉煤灰中分选漂珠、微珠、铁精粉、碳和铝等高附加值原料及产品的技术很少有报道，而其中的漂珠和微珠可分别用作保温材料、耐火材料、塑料和橡胶填料。

五、循环经济规划编制的质量

在全社会提倡节能减排的背景下，一些城市和园区为了完成上级布置的任务，改变形象，早出成绩或单纯为了自身利益，片面追求循环经济规划编制的高速度，忽视了园区实际情况和基本的工作方法，盲目蛮干，既造成了人力、物力、财力的损失，也使发展循环经济陷入维谷。南方某市本以热带滨海风情闻名于世，然而最初的规划一味追逐现代化，城市失却了传统的风韵和发展的基础。热带雨林被砍伐、海岸带被破坏、红树林被城市道路埋没、珊瑚礁被炸，城市中高楼耸立，街道两旁商家林立，单薄的行道植被物种单一，行人连遮蔽酷日的树荫也难以寻找。到了该城市，人们仿佛置身于北方传统城市，丝毫感受不到热带滨海风情。

六、循环经济规划编制中的公众参与

循环经济规划的编制主体是城市或园区，而规划的实施主体往往是城市各级行政管理部门及园区内各个企业，最终的受益者是市民及企业员工。实际上，作为最终受益者的市民及企业员工更多的是处于被动接受地位。在规划编制过程中，园区对企业员工的意愿调查不重视，仅仅是走过场，导致很多规划无法得到企业员工的认同，实施过程难度加大。例如某钢铁企业的产业园区在进行规划编制过程中，忽视了员工的作用，开展清洁生产的方案制定工作，虽然取得了一定成效，但是使员工对清洁生产的节能、降耗、减污、增效的实施主体及作用等存在各种误区：一是一些企业的管理人员，对清洁生产的重要作用和对增强企业综合竞争力的作用还缺乏足够的认识，清洁生产审核工作流于形式；二是生产与环保分离，结合的紧密度不够，一些管理人员甚至把环保看成是一种负担；三是一些管理人员担心清洁生产工作程序复杂，会影响正常生

产程序。

　　管理人员及一般员工对循环经济缺乏足够的认识，严重影响了园区循环经济规划的推进与发展。因此，应该建立公开协调机制让更多的人了解循环经济规划的编制过程及主要项目，帮助他们尽可能多地了解自己所关注的企业发展可能带来的机遇和挑战，了解他们在发展循环经济全过程中的角色，这将有助于提升公众的判断力和参与兴趣。同时，要利用各种机会开展宣传教育工作。如结合"节能宣传周""人口日""世界环境日""地球日"等专题活动，举办各种群众性生态科普教育活动，向公众宣传"可持续发展观""绿色消费观""循环经济"等新理念、新思想。此外，还可以采用召开现场说明讲解会、座谈会、现场走访、问卷调查等形式，让公众更多地参与其中，献计献策，集思广益，实现互动。只有征求各层面的意见，在编制循环经济规划时才能有的放矢，同时也有利于今后规划落实和实施。

第五章 循环经济规划的典型案例

规划先行是各项事业发展的成功经验之一，也是循环经济科学发展的重要前提。自 2005 年以来，我国在不同行业和地区已经形成了一系列成功的循环经济经典案例和发展模式。截至 2009 年，全国 192 家循环经济试点单位全部编制了循环经济发展规划，制定了具体的实施方案。循环经济规划在指导企业、园区、地区经济发展，规范园区合理进行资源配置和基础设施建设，构建和延伸循环经济产业链条等方面发挥了重要的指导作用，同时，循环经济规划的编制工作也在实践中得到了不断丰富和完善，积累了大量的经验。

第一节 宏观层面的循环经济规划案例

宏观层面的大循环即循环型社会建设，要统筹考虑三大产业，统一规划三大产业内部及三大产业之间的物质循环和能量循环，并建立起完善的基础设施系统和信息系统，实现废物的再利用和再循环，形成人与自然和谐发展的协调局面。本节选取东部沿海 A 省与西部 B 省编制循环经济规划的典型案例进行分析，总结并提炼地区大循环模式的循环经济规划的重点问题与核心内容，希望可以使地区循环经济规划编制工作更加有序和更加高效，为我国循环经济事业的发展提供指导和借鉴。

一、A 省循环经济发展规划

A 省是我国最早开展循环经济研究和实践的省份之一，也是国家发展改革委员会等六部委确定的第一批国家循环经济试点省，在市、园区、企业 3 个层面实施了循环经济"123"工程，重点培育了 10 个循环型城市、20 个循环型园区、300 家循环型企业，循环经济试点工作取得了积极的进展。为进一步提高资源、能源利用效率，加快经济发展方式转变和产业结构调整，促进资源节约型、环境友好型社会的建设，依照相关法律法规等的要求，制定了循环经济发展规划，简述如下：

（一）编制框架

A省循环经济发展规划开篇即对A省在2010年的循环经济发展成果进行了回顾，总结了在政策引导，机制推进，试点示范，加强实施力度，科技推动等方面所做的工作，并对相关指标的完成情况进行了量化分析，分析结果见表5-1。在此基础上，分析了这期间所面临的形势，按照指导思想的要求，针对地区特色，制定了循环经济规划的基本原则，明确了发展目标与指标，并对循环经济发展模式、示范园区、重点工程建设项目进行了详细规划。

表 5-1 A省 2010 年循环经济主要能源、资源指标完成情况

序号	指 标	单 位	2010 年目标	2010 年实际完成
1	万元 GDP 综合能耗	吨标煤	1.03	1.02
2	万元 GDP 取水量	m³	79	65.50
3	规模以上工业用水重复利用率	%	75	89.54
4	农业灌溉水有效利用系数		0.6	0.61
5	每公顷建设用地产出 GDP	万元	130	140
6	主要工业固体废物综合利用率	%	95	95.1
7	主要再生资源回收利用率	%	65	65.2
8	农业秸秆综合利用率	%	75	75.1
9	城市再生水利用率	%	10	10.6
10	生活垃圾无害化处理率	%	65	80
11	适宜农村沼气用户普及率	%	23	23.6

（二）发展目标与指标

在分析循环经济发展现状，准确评估未来发展形势的基础上，借鉴环境经济学、生态经济学以及可持续发展体系中有关评价指标的研究成果，针对不同层面的不同实践，以重点项目为支撑，A省从资源产出、资源消耗、资源综合利用三方面构建了科学的指标体系，见表5-2。同时制定了发展目标，即"全

省形成较为完善的循环经济运行机制和框架，建立起循环经济政策法规体系、科技支撑体系、技术标准体系以及激励和约束机制。形成以循环经济发展模式为核心的新型工业、农业、服务业产业体系，产业生态化水平显著提升。资源能源利用方式不断优化，利用效率明显提高，经济发展对资源的依赖程度明显降低。公众的循环经济意识、绿色消费意识和环境保护意识进一步提高。循环经济各项工作均位于全国前列，成为循环经济发展的典范，有60家企业（园区）成为全国循环经济示范单位。"

表 5-2　A省循环经济发展目标指标

类　别	指　标	单　位	2010 年	2015 年
资源产出 指标	能源产出率	亿元/万吨标煤	0.98	1.18
	水资源产出率	元/t	152.7	154.6
	每公顷建设用地产出率	万元	140	165
资源消耗 指标	万元 GDP 能耗（按 2005 年价格计算）	吨标煤	1.02	0.85
	万元 GDP 取水量	m³	65.5	64.7
资源综合 利用指标	规模以上工业用水重复利用率	%	89.54	95
	农业灌溉水有效利用系数		0.61	0.63
	工业固体废物综合利用率	%	82	85
	主要再生资源回收利用率	%	65.2	68
	城市建筑废物综合利用率	%	60	80
	城市再生水利用率	%	10.6	20
	生活垃圾无害化处理率	%	80	96
	农业秸秆综合利用率	%	75.1	85
	适宜农村沼气用户普及率	%	23.6	28

（三）发展重点

结合重点区域建设，积极探索循环经济标准化模式，建设循环经济链网体系，突出发展"工业、农业、服务业、园区、社会"五大重点领域，形成循环型工业、农业、服务业产业体系，培育 500 家循环经济示范单位、20 种循环经济发展模式，详见表 5-3；实施五大重点工程，提高循环经济创新能力和科技支撑能力，推进减量化、再利用、资源化项目，加强循环经济能力建设。

表 5-3　A 省循环经济示范单位、发展模式

项　目	示范单位（家）	发展模式（种）
循环型工业	400	12
循环型农业	20	6
循环型服务业	10	2
示范园区	20	—
循环型社会（学校、社区等）	50	—

1. 形成循环型工业产业体系，促进工业高端高质高效发展

围绕钢铁、有色、煤炭、电力、石油加工、化工、建材、造纸、纺织、装备制造业、新能源和新医药等 12 个重点行业，大力推进循环经济示范技术、示范项目、示范企业和示范模式建设，建立循环经济工业体系，推动工业经济向低投入、低排放、低消耗和高效益转型。

（1）钢铁工业循环经济发展模式

建立余热—发电；钢铁—废渣—建材，采矿—尾矿（矿渣）—建材两条静脉产业链。以推进钢铁产业结构调整试点，构建以钢铁生产为中心，与交通运输、外贸、石化、建材、能源等相关行业有机协调以及与社会生活共享资源的链网体系，着力培育钢铁工业循环经济发展模式。

（2）有色金属工业循环经济发展模式

建立赤泥—硅—氧化铝—碱—贵金属，赤泥—硅—氧化铝—碱—建材产业链；建立铜冶炼渣—铁合金—微晶材料及矿渣水泥等环保建材，阳极泥　稀贵金属和多金属提取—深加工等产品产业链；建立氰化尾矿—贵金属，黄金矿渣—贵金属等产业链；建立烟气回收—硫酸—硫酸钾联产 PVC，烟气—热电等产业链，培育完善的有色金属工业循环经济发展模式。

（3）煤炭工业循环经济发展模式

建立煤炭设备制造（服务业）—煤炭开采—电力，煤炭设备制造（服务业）—煤炭开采—煤化工，煤炭设备制造（服务业）—煤炭开采—冶金等产业链；建立煤矸石—热电，煤矸石—土地修复，煤矸石—建材等产业链；建立矿井水—热泵（太阳能）—水热资源利用产业链；建立煤层气—燃料，煤层气—化工，煤层气—电力等产业链。以矿区地表塌陷的生态修复为重点，把固体废物的利用和矿区生态建设相结合，形成煤炭生产与生态修复同步发展的良好运作机制，培育煤炭工业循环经济发展模式。

（4）电力工业循环经济发展模式

建立清洁能源—电力工业产业链；建立电力工业能源梯级利用产业链；建立水资源高效利用产业链；建立脱硫石膏—硫酸，脱硫石膏—建材产业链；建立灰渣—建材，灰渣—肥料等产业链，进一步发展电力工业循环经济发展模式。

（5）石油加工工业循环经济发展模式

建立石油—烯烃—化工新材料特色产业链；重点培育石油—三苯—深度化工产品（医药、农药、染料中间体、涂料），石油—对二甲苯—对苯二甲酸聚酯切片（PET）—化纤产品，石油—邻二甲苯—苯酐及其下游增塑剂产品链；建立催裂化烟气—余热回收，催裂化烟气—煤气生产—合成氨以及废水的深度处理与高效回用等产业链，丰富和拓展石油加工工业循环经济发展模式。

（6）化学工业循环经济发展模式

延伸产品产业链，强化化学工业与有色金属、建材、冶金、纺织印染、造纸等产业的横向链接，构建化学工业循环经济发展模式。

（7）建材工业循环经济发展模式

建立工业废渣—水泥产业链；建立农业废物—建材产业链；拓展建材—环保、电子信息、物流等相关产业链。提升新型干法水泥生产线纯低温余热发电技术，推广玻璃、陶瓷工业余热利用技术，丰富和发展建材工业循环经济发展模式。

（8）造纸工业循环经济发展模式

延伸产品产业链，建立废物资源化与再利用原料产业链与以废水农灌、白泥脱硫、污泥堆肥、固体废物做建材、沼气发电为代表的特色再利用产业链，丰富和完善造纸工业循环经济发展模式。

（9）纺织工业循环经济发展模式

完善静脉产业链，构建水的梯级利用产业链，建立能源梯级高效利用产业链。利用企业链、资源链、产品链加强产业间的系统耦合，通过产业的"产需链接"，带动化纤、农业、环保、医疗、广告、物流等相关产业的发展，培育纺织工业循环经济发展模式。

（10）装备制造业循环经济发展模式

建立设计—装备制造—服务；机电产品—修复再生—再利用等产业链，支持企业由生产型向服务型转变，培育装备制造业循环经济发展模式。

（11）新能源工业循环经济发展模式

建立太阳能—建筑，太阳能—社会生活，太阳能—工农业生产等产业链；

建立风能—电力产业链；建立生物质能—供热，生物质能—发电等产业链。以太阳能、风能、生物质能、地热能、核能和海洋能的高效利用为契机，强化与材料制造业、能源产业、技术服务业之间的联系，带动相关产业的发展，建立新能源工业循环经济发展模式。

（12）新医药工业循环经济发展模式

建立废水—饲料蛋白—养殖业废水梯级利用产业链；建立药渣（污泥）—肥料等产业链。加强医药行业与农业、设备制造业、物流和医疗卫生业之间的联系，带动相关产业的发展，建立新医药工业循环经济发展模式。

2. 形成循环型农业产业体系，提高农业可持续发展能力

（1）"上农下渔"循环经济发展模式

根据区位、资源和环境特点，围绕种植业，林业，畜牧业，草业，渔业等的发展，重点培育"上粮下渔""上林下渔""上菜下渔""上草下渔"的高效利用土地资源的种养模式。

（2）"四位一体"循环经济发展模式

针对 A 省东部土地负荷重、复种指数高、农业投入强度大等特点，鼓励引导种养殖农户之间加强联合，以太阳能为动力，以沼气为纽带，种养业结合，通过生物转换技术，在农户庭院土地上、全封闭状态下，将沼气池、畜（禽）舍、厕所、日光温室连接在一起，建设"四位一体"循环经济发展模式，构建能源、生态综合利用体系。

（3）"农林牧渔复合型"循环经济发展模式

针对 A 省西南地区中低产田分布广、农业结构单一的特点，适度退耕还林还草，以草绿地、以草改土、以草养畜、以草养林，深度挖掘农林、农牧、林牧等不同产业之间相互促进、协调发展的能力，形成农、林、牧、渔协同发展的循环经济模式。

（4）"秸秆综合利用型"循环经济发展模式

积极推广秸秆—食用菌—有机肥—种植，秸秆—沼气—有机肥—果菜，"秸秆饲料化（青贮、氨化、微贮）—食草畜禽—有机肥—种植业等循环经济产业链"，提高秸秆综合利用率，丰富和发展"秸秆综合利用型"循环经济发展模式。

（5）"畜—沼—菜（渔）"循环经济发展模式

针对 A 省中部地区家禽、生猪饲养数量大的优势，大力推广"畜—沼—菜（渔）"循环经济发展模式，实现养殖、种植和沼气利用等方面的良性循环

和增生利用。

（6）"城郊型"循环经济发展模式

以大中型城市需求为导向，在其郊区和外围有计划地培育城郊农业，加快蔬菜、畜牧、花卉、林果、优质粮食等支柱产业和龙头企业发展的步伐，以生产经营鲜活、优质、安全的农产品及其加工产品为主，实现农产品及其加工制品在城乡间、城市间的高效配置和循环再生，减少生活物资的运输距离，培育不同类型的"城郊型"循环经济发展模式。

3. 形成循环型服务业体系，创新特色服务业发展模式

（1）旅游业循环经济发展模式

倡导旅游消费过程减量化、资源化，积极开展"绿色饭店"创建活动；培育旅游业—工业，农业—旅游业—会展业，文化旅游—加工业以及滨海生态旅游特色产业链。以生态旅游业为核心，加快开发旅游产品及特色农产品，带动特色农业、工业、餐饮娱乐服务业、农产品及花卉会展业的协同发展，促进生态文化建设和基础设施建设，培育各具特色的旅游业循环经济发展模式。

（2）物流业循环经济发展模式

采用先进的物流管理和装备技术，强化绿色生产管理，实施工艺流程再造，减少资源消耗和污染排放，建立节能环保型绿色物流服务体系；依托现有的正向物流供应链，强化废物产生、回收、资源化利用信息网络建设，构建逆向物流产业链，提高废物回收能力；利用港口、资源、产业基础等优势，对现有的物流企业进行有效整合，培育壮大一批物流核心企业，优化物流产业布局，形成生产—流通—回收产业链，培育物流业循环经济发展模式。

4. 培育一批循环经济示范园区，全面提升循环经济聚集度

依托已有园区建设 8 个各具特色的综合类循环经济示范园区、7 个各具特色的行业类循环经济示范园区和 5 个各具特色的静脉产业类循环经济示范园区。

5. 同步推进循环型社会建设，改善人民生活质量

（1）倡导绿色消费理念和消费方式

积极倡导绿色消费理念，提高公众的绿色消费意识；实施绿色采购与绿色消费计划，强化政府绿色采购；积极实施公交优先发展战略，大力发展绿色交通。

（2）强化循环型社会区域的基础设施建设

加强城镇污水处理厂建设，完善污水处理的管网配套，加快中水回用设施

建设，提高中水回用率；建造雨水收集、下渗等基础设施，推行雨污分流；新建和改造建筑物要建立非饮用水循环利用系统，加强水资源循环利用。鼓励家庭实施生活垃圾源头分类，建立生活垃圾—焚烧发电以及生活垃圾—有机肥生产产业链；严格医疗垃圾管理，规范餐厨垃圾的回收和利用，加强对建筑垃圾的综合利用，建立区域性再生资源交易市场和废旧物资回收中心，建立再生资源信息系统，提高废物资源化水平。

（3）大力发展绿色建筑

继续抓好建筑节能，建立并完善政府主导和市场推动相结合的推广机制，促进绿色建筑发展。

（4）积极推进循环经济型示范单位建设

创建绿色学校，发展低碳社区，建设新型农村社区，构建循环经济型城市（县、区）。

6. 实施五大工程

为保障循环经济发展工作的顺利推进，A 省规划着眼于构建循环经济发展模式的共性关键技术、产业链延伸及耦合技术和产业间的系统复合技术，研发、转化、推广适应社会需求的减量化、再利用和资源化关键技术。

（四）保障措施

1. 完善法规标准体系

认真贯彻执行《中华人民共和国循环经济促进法》，进一步梳理现行的法规、规章、标准和规范，制定循环经济促进条例，形成具有地方特色的循环经济法规制度体系。研究并建立循环经济评价考核指标体系、统计和核算制度，制定发展循环经济的导向目录和产业结构调整目录，健全循环经济型城市、园区、企业以及循环经济示范工程等一系列地方性标准和技术规范，积极推动开展低碳相关标准研究和制定，使低碳标准化与循环经济发展相结合，逐步形成完善的循环经济标准体系。

2. 加大政策支持力度

建立健全促进全省循环经济发展的政策措施，指导全省循环经济发展。完善促进循环经济发展的价格和收费政策，鼓励企业使用循环再生资源。完善循环经济投资促进体系，将发展循环经济由政府投资拉动为主变为以市场选择为主。加大发展循环经济的投资力度，每年筛选公布循环经济重点项目，向金融机构及社会各界推介。积极推进政府绿色采购制度，建立绿色绩效考核与监督管理机制。设立并不断增加省、市发展循环经济专项资金,支持循环经济的科技研究开发、循环经济技术和产品的示范与推广、重大循环经济项目的实施、循环经济典型的表彰奖励等。

3. 加快科技进步

加大对循环经济技术研发和推广的支持力度,鼓励政产学研合作,组建战略技术联盟,加强基础性研究和共性技术研发,研发减量化、再利用、资源化、资源替代、共生链接和系统集成等方面的实用技术,加快科技成果的产业化和推广应用。加大用循环经济关键链接技术改造重点工业的力度。发挥好高等院校及行业协会、学会、中介机构和其他社会组织的作用,大力开展循环经济技术研发攻关和推广以及信息咨询、技术推广、宣传培训等公共服务。

4. 大力推进人才队伍建设

建立由省内外循环经济研究和技术专家组成的专家库,充分发挥 A 省发展循环经济专家顾问委员会的作用,参与制定循环经济中长期规划和专项政策,开展循环经济项目评估,提供循环经济决策咨询建议等。鼓励企事业单位引进循环经济高端管理人才、复合型研究人才。支持我省高等院校和科研院所开设循环经济相关专业课程,培养大批精通循环经济的管理和技术人才。把对企事业单位负责人、相关管理人员和技术人员的培训经常化。各级党校和行政学院要在干部培训中,不断提高发展循环经济相关课程的培训水平。

5. 搞好信息保障

完善循环经济技术研发、信息共享、交流等信息平台建设,建立"三废"综合利用管控系统等循环经济信息系统和技术咨询服务体系,增加循环经济特征指标的数据统计,建立有效的信息公开和共享制度,向社会发布有关政策、技术等方面的信息,加强信息交流,让社会各方面能够更及时地了解相关情况。丰富和完善公共物流信息平台内容,拓展物流服务功能,形成全省统一的物流信息化服务门户,打造全省跨部门、跨行业、跨地域的物流信息共享和交换体系,促进产业、企业间高效对接。

6. 深化国际交流与合作

加强与国际组织和外国政府、金融、科研机构及社会团体的技术交流与合作,充分利用多种方式,学习、借鉴发达国家发展循环经济的成功经验。鼓励科研单位和高等学校加强对国外循环经济发展模式、关键技术的研究。利用产业导向和优惠政策,积极争取国外智力、技术和资金支持,鼓励外商设立循环经济咨询服务机构,积极开展有关项目的合资合作。加强与日韩在节能环保等领域的合作与交流，争取建立中日韩循环经济示范基地。

7. 强化宣传教育

充分利用各种形式，大力宣传发展循环经济、建设资源节约型、环境友好型社会的重大意义、方针政策、法律法规、科普知识和先进典型，营造循环经济发展的浓厚氛围，引导全民树立绿色消费理念和低碳生活方式，不断增强全社会资源节约意识，扩大公民有序参与。重视循环经济的基础教育和专业培训，将循环经济知识纳入国民教育计划，建立省级循环经济教育示范基地。

8. 加强组织领导

完善发展循环经济的组织机构体系，成立由省政府分管领导任组长，省直有关部门主要负责人为成员的发展循环经济领导小组，建立健全有关部门共同参与、分工负责的协调议事制度。各市（县、市、区）人民政府要建立健全发展循环经济的组织协调机构，扎实推动本地循环经济发展。同时，抓紧制定本地《循环经济发展规划》，明确期间循环经济发展的目标任务和工作重点。建立并实行各级政府及领导干部循环经济目标责任制，将循环经济指标任务分解落实到全省各级各部门和重点企业。加大监督考核力度，增强各级各部门发展循环经济的积极性和主动性。依法落实循环经济表彰奖励制度和违法追究制度，完善循环经济激励约束体系。

二、B省循环经济发展规划

B省位于中国西北地区东部的黄河中游，根据自然地理特征分为北部、中部、南部三大区域。其中，北部区域是传统工业区，循环经济处于空白状态；中部是政治、经济、文化中心和农业主产区，循环经济发展相对较快；南部是生物资源集中地，适宜发展绿色种植、绿色加工、清洁生产技术开发等循环经济产业，但起步较晚。为摆脱传统的发展模式，顺应低碳发展趋势，促进全省经济可持续发展，B省依照相关法律法规的要求，制定了循环经济发展"十二五"规划。

（一）编制框架

B省循环经济发展"十二五"规划在对"十一五"期间全省意识提高、法律法规完善、试点示范、技术创新以及规划编制情况等循环经济工作进行回顾的同时，也对"十一五"期间资源产出指标、资源消耗指标、资源利用指标以及废物排放指标等的完成情况进行了评估。在"十一五"期间发展取得成效的基础上,针对当地特点,分析了"十二五"期间发展循环经济的环境,提出了发展的目标、指标和重点任务,确定了循环经济发展"一带三区一基地"的总体格局。为保障循环经济规划目标、指标的实现,详细规划了发展循环经济的重点领域、重点工程及关键技术与装备,并配套了六大保障措施。

(二)发展目标与指标

B省从资源产出、资源消耗、资源综合利用以及废物处置降低等四方面构建了符合当地发展的指标体系,见表5-4,并制定了发展目标,即"到2015年,基本建立起较为完善的循坏经济型产业体系、资源综合利用体系、资源再生利用体系、科技创新和示范推广体系;建立健全循环经济发展的政策法规体系和有效的激励约束机制;融合发展工业循环经济、农业循环经济、服务业循环经济和社会循环经济,从企业、园区、区域和社会等多个层面,形成全省布局合理、互动发展、协调推进的循环经济发展格局;区域经济社会可持续发展能力进一步增强,资源节约型和环境友好型社会建设初见成效"。

表 5-4 B省"十二五"循环经济发展主要指标

项　目	指标名称	单　位	2010 年	2015 年	年均增长（%）
资源产出指标	能源产出率	万元/吨标煤	0.886	1.053	3.5
	主要矿产资源产出率提高比例	%		5	0.98
资源消耗指标	单位 GDP 能耗	吨标煤/万元	1.129	0.95	−3.42
	单位 GDP 电耗	kW·h/万元	1093.94	823.3	−5.53
	单位工业增加值能耗	吨标煤/万元	1.77	1.418	−4.34
	单位工业增加值用水量	m³/万元	176.74	132.56	−5.6
	一次能源消费总量	亿吨标煤	0.89	1.9	16.38
资源综合利用指标	农业灌溉水有效利用系数		0.53	0.55	1.9
	工业固体废物综合利用率	%	54.66	65	3.53
	城市生活垃圾无害化处理率	%	79.84	90	2.42
废物处置降低指标	单位 GDP 二氧化碳排放降低	%		17	/
	COD 静态削减	%	11.9	7.6	−8.6
	二氧化硫静态削减	%	15.4	7.9	−12.5

（三）发展循环经济的重点任务

1. 循环型农业体系建设

（1）发展特色鲜明的农业循环经济

在风沙滩地区、黄土丘陵沟壑区、平原区、旱塬区、山区以及盆地构建不同的发展模式。其中，平原区形成秸秆多层次循环利用模式（如图 5-1 所示），山区形成"桑—蚕—茧加工"循环发展模式（如图 5-2 所示），盆地形成"猪—沼—渔—草"循环利用模式（如图 5-3 所示）。

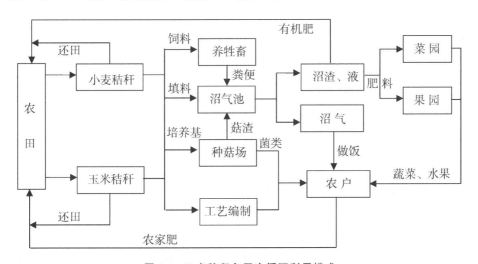

图 5-1 B 省秸秆多层次循环利用模式

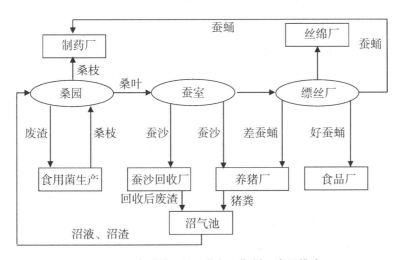

图 5-2 B 省"桑—蚕—茧加工"循环发展模式

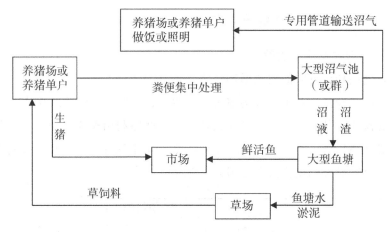

图 5-3 B 省"猪—沼—渔—草"循环利用模式

（2）农业循环经济基地建设

依托"两高一优"生态种植业基地，强化产业耦合力度，注重生产高附加值产品，着力打造农产品生产加工基地、现代农业循环经济基地和名优生态农业基地。

2. 循环型工业和建筑业体系建设

（1）全面推进企业生产循环化

全面实施节能技改和推进淘汰落后产能；通过技术创新和技术改造实现原材料使用减量化；依法加大企业清洁生产实施力度，着力降低工业生产过程中资源、能源消耗和污染物产生；最大限度地利用各种废物和再生资源，减少废物的最终处置量；加强推进环境管理体系认证，引导企业开展 ISO 14001 环境管理体系认证、环境标志产品和其他绿色认证，增强企业竞争实力；主要行业的重点企业、重点出口生产企业全部通过 ISO 14001 环境管理体系认证。

（2）逐步推进园区建设循环化

以工业园区的生态化为发展工业循环经济的有效途径，充分发挥工业园区的产业集聚和生态效应，新建园区必须符合循环经济发展模式，按照循环经济理念进行产业布局；对现有园区进行循环化改造，重点对园内高能耗、高污染企业进行强制性循环化改造。加强园内企业、园区之间上下游产品的关联程度，实现园内废物零排放。逐步完成园区基础设施循环化改造，配置物资回收、物流配送和废物利用等循环型产业。

（3）形成工业循环型发展模式

① 能源、化工行业。在煤炭、煤化工方面，提高煤炭工业产品的层次，煤炭资源就地转化效率达 50％以上；系统开发和推广煤气化、煤液化、煤焦化技术，实现煤炭向油品、化工产品深加工方向转化，形成煤化工产业循环链。在石油、天然气及化工方面，形成原油—炼制—少量化学品（聚丙烯及MTBE）和高分子合成材料为代表的石油化工产业链，天然气—化肥及甲醇的天然气化工产业链，发展二次、三次深加工技术。在原盐及盐化工方面，依托北部地区丰富的岩盐资源，建设原盐生产基地和盐化工区，重点发展工业制盐和氯碱、纯碱产业，形成原盐外输和烧碱、聚氯乙烯、纯碱及下游精细化工产业链。

② 钢铁、有色行业。重点开展有色矿藏采选、冶炼新技术开发，新型复合材料研制以及废物循环利用，挖掘低品位矿、共伴生矿和难选冶矿潜力，提高尾矿、冶炼渣和余热、余压、余气综合利用水平，构建有色循环经济产业链。尾矿综合利用模式（如图 5-4 所示）。

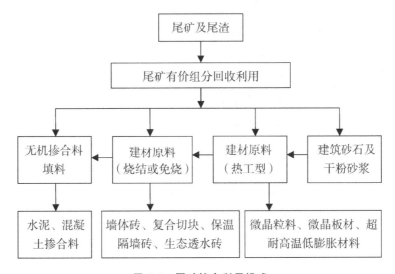

图 5-4　尾矿综合利用模式

③ 建材行业。加快淘汰落后产能；推广高固气比水泥悬浮预热、预分解技术；提升新型干法水泥比重；在北部、南部适度布局消纳煤矸石、电石渣等工业废物水泥项目；支持新上水泥窑协同处理生活垃圾和污泥生产线；推进钾长石、石英石、重晶石和石墨等非金属资源的深加工，构建非金属新材料的循环经济产业链；搞好粉煤灰综合利用（如图 5-5 所示）；建设铜川建材基地和

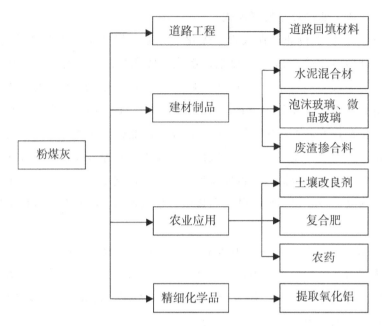

图 5-5　粉煤灰综合利用模式

多个工业园区，实现新型建筑陶瓷、卫生陶瓷、在线镀膜玻璃、玻璃深加工产品和复合环保装饰材料规模化生产。

④ 装备制造行业。依托重点装备产业集群，实施循环经济再制造产业化工程，推广国家级循环经济试点企业的经验，推动汽车、电工、矿山、机床等机械制造行业的零部件再制造产业发展。

⑤ 农产品加工行业。把培育农产品加工龙头企业与发展"五节"（节水、节地、节材、节药、节膜）型特色农业和农产品基地相结合，积极扶持特色优势产业基地建设和农产品加工；鼓励关联企业或配套企业联合重组和向工业园区集中，形成以龙头企业为核心，中小企业分工协作的产业集群和加工基地。

⑥ 中药材加工行业。围绕杜仲、丹参、天麻、葛根、绞股蓝等中药材资源，重点发展提取、饮片、保健品和生物制药技术，制药废渣堆肥和制药废水回收利用技术，构建中药材加工循环经济产业链。

⑦ 培育战略性新兴产业。瞄准世界科技前沿，把握产业发展方向，研判市场需求，强化政策支持，重点发展航空、航天、新一代信息技术、新能源、新材料、生物、节能环保和新能源汽车等战略性新兴产业；着力突破激光、信息通讯、创新药物、风机制造、核电设备、太阳能光伏和半导体照明等一批关键技术；重点培育若干污染小、耗能低的战略性新兴产业。

（4）循环型建筑业体系建设

积极推进墙体材料革新，新型节能墙体材料应用比例达96％；加大节能技术和产品的推广力度，提升建筑节能技术水平和能源利用率；推广集中供热，实施既有建筑供热分户计量改造；城镇新建建筑设计和施工阶段执行节能标准比例达100％；完成既有建筑节能改造；全面落实"禁实"任务；加快太阳能等可再生能源建筑的发展；推进太阳能光伏发电项目；妥善处理建筑垃圾，注重建筑垃圾的回收利用；逐步建立建筑垃圾分类回收系统，最大限度地提高废物资源化利用率。

3. 循环型社会建设

重点围绕构建可持续消费、绿色物流、生态旅游、区域文化、再生资源回收利用体系、节约型政府六个方面开展循环型社会体系建设。

（1）倡导可持续消费模式

增强节约资源和能源意识，倡导理性消费和清洁消费理念；鼓励使用节电器具和产品，倡导消费绿色标志产品。

（2）建设绿色物流体系

整合现有物流资源，优化物流资源配置；合理布局，提高效率；建立绿色物流评价制度。

（3）发展循环型旅游产业

加强环境保护，增强循环利用意识；实现区内旅游，区外服务。

（4）建设循环经济文化体系

加大循环经济相关信息宣传力度，加快发展信息服务业，将循环经济理念融汇于文化产业及其他循环产业中。

（5）完善再生资源回收利用体系

建立大型跨地区的再生资源专业集散市场（基地），提高再生资源回收利用率，争取"十二五"末期达到70％。

（6）构建节约型政府

突出抓好节约用电，节约用水；加强政府建筑节能管理；大力推行集约使用土地；做好绿色办公场所示范工作。

（四）循环经济产业空间布局

在全省范围内，根据区域产业特色，建设中部循环经济产业带，南部循环经济产业核心聚集区和北部能源化工循环经济基地的"一带三区一基地"格局，优化各地区资源配置，实现资源高效利用，到 2015 年力争达到 50 个循环经济示范园区。

（五）发展循环经济的重点领域、重点工程及关键技术与装备

1. 重点领域和工程

在原材料利用的减量化、"废物"的再利用和资源化等领域建成一批循环经济典型企业，实现循环经济规模化、减量化发展。至 2015 年，实现循环经济项目 200 个，示范企业 100 个的规划目标。

在煤油气转化、钢铁有色冶炼、再生资源回收利用、清洁生产等领域加快实施节能、零排放、固体废物综合利用、"城市矿产"再生资源以及再制造产业化、清洁生产、循环经济关键技术、产业园区循环化改造、绿色交通工程八大工程，构建循环经济产业链。

2. 关键技术与装备

重点在能源化工、冶金、轻纺行业及现代农业示范区中推广和采用一批成熟适用的关键技术和装备；建设一批循环经济技术开发培训基地和重点实验室，完成一批循环经济关键技术与装备的工业化示范，积极推进一批需要产业化的关键技术和装备；研发一批战略性关键支撑技术与装备，重点加强工业尾气中的二氧化碳捕集和利用技术、资源高效清洁梯级综合利用系统技术等方面的攻关和研发，为全省的循环经济持续发展奠定基础。

（六）保障措施

1. 加强宣传教育

开展宣传教育活动、建设教育宣传基地。

2. 完善地方法规

加快建立和完善相关的地方性法规规章，依法推动循环经济发展。

3. 健全管理制度

建立排污总量控制和排污权交易制度，资源有偿使用和生态补偿制度，节能节水产品审计监督管理制度，指标评价、统计核算、考核奖励制度。

4. 完善政策体系

加大财政支持、落实税收优惠、完善价格政策、拓宽融资渠道。

5. 强化技术支撑

搭建技术平台、实施人才工程。

6. 严格组织实施

加强组织领导、落实责任主体、强化监督管理。

第二节　城市和园区层面的循环经济规划案例

循环经济园区和生态工业园区以及生态市建设是中循环的几种不同科学实践形式，也是发展循环经济的最佳模式组合，循环经济园区是将循环经济的理念贯穿到园区的发展过程当中，形成的一种包括生态工业园、生态农业园、生态旅游区等多种发展形态的新型组织关系。生态工业园区的基础是改革开放之初的以出口加工为主的劳动密集型经济技术开发区和 20 世纪 90 年代的技术密集型高新技术产业区。生态市是新型城市化发展过程中最受关注的领域。三者的建设均要有科学、合理的规划，以充分发挥产业的集聚效应，促进特色循环经济产业链的形成，推动企业间废物交换利用、能量梯级利用、水资源循环利用以及基础设施的集成共享。

一、C 城区的循环经济规划

C 城区的定位是以商务、旅游功能为主导，以时尚休闲商业功能为支撑，以完善优质的公共服务、舒适和谐的生活功能为保障的消费型城区。自创建生态市以来，C 城区以循环经济理论为指导，从生态工业、循环型第三产业和循环型社会发展规划三个层面发展了具有地区特色的循环经济，实现了城市经济持续稳定发展、资源能源高效利用、生态环境良性循环和社会文明高度发达。

（一）规划目标和指标

1. 总体目标

循环经济发展的目标是将 C 城区建设成为健康可持续发展的循环型市区、高竞争力的循环型第三产业区、辐射作用显著的消费型城区、自然条件优越的宜居环境城区、海洋旅游特色突出的国际化城区；建设成为充满绿色（绿地）、蓝色（蓝天）、红色（红瓦建筑）、蔚蓝（海洋）、白色（帆船）的五彩城区和城市的政治文化中心。

2. 具体指标

依据经济发展过程中存在的主要资源、环境问题及对未来经济、社会和环境协调发展的可行性分析和统计计算，提出 C 城区发展循环经济的指标体系，见表 5-5。

表 5-5　C 城区发展循环经济指标体系

	项　　目	2007	2010	2015	2020	指标
经济发展指标	人均 GDP（元）	61623	85920	143392	228893	≥33000
	GDP 年平均增长率（%）	28.5	15.0	13.0	12.0	—
	人均可支配收入（元）	19765	26307	44328	78121	≥24000
	科技投入占 GDP 比例（%）	2.5	2.8	3.4	4	—
	第三产业对 GDP 的贡献率（%）	86.1	88.4	91	95	—
资源与循环利用指标	资源生产率（元/t）	6895	9500	12033	15000	—
	万元 GDP 能耗（吨标煤）	0.57	0.485	0.44	0.40	≤1.4
	万元 GDP 水耗（t）	16.5	14.42	11.5	9.8	≤150
	工业固体废物利用率（%）	58.1	96	100	100	≥85
	城市生活垃圾分类回收率（%）	25	50	75	90	—
	城市生活垃圾资源化率（%）	10	40	50	60	—
	工业用水循环利用率（%）	78.6	85	90	95	≥50
	城市再生水回用率（%）	2	25	40	80	≥40
	废塑料回收利用率（%）	50	80	85	90	—
	废金属包装物回收利用率（%）	20	70	75	80	—
	城市生活垃圾和工业废物安全处置率（%）	100	100	100	100	100
生态环境保护指标	水、大气环境质量	达到功能区标准	达到功能区标准	达到功能区标准	达到功能区标准	达到功能区标准
	主要污染物排放达标情况	达标	达标	达标	达标	达标
	万元 GDP 工业固体废物产生量（kg）	35	20.36	13.74	9.27	≤100
	万元 GDP 工业危险废物产生量（kg）	14.6	8.49	5.73	3.87	—
	万元 GDP 工业废水排放量（t）	0.026	0.015	0.010	0.007	≤8

续　表

项　目		2007	2010	2015	2020	指标
生态环境保护指标	化学需氧量排放强度（kg/万元）	1.24	0.72	0.65	0.58	≤1
	危险废物安全处置率（%）	100	100	100	100	100
	可再生能源所占比例（%）	7.1	9.5	12	15	—
	绿化覆盖率（%）	34.6	42	47	53	—
	人均公共绿地面积（m²）	7.4	12.0	15	18	≥11
	环保投资占 GDP 的比重（万元/万元）	12.4	13	13.2	13.5	—
社会进步指标	人口自然增长率（‰）	符合国家和当地政策	符合国家和当地政策	符合国家和当地政策	符合国家和当地政策	符合国家和当地政策
	恩格尔系数（%）	38.1	35.6	32.4	30	<40
	城市化水平（%）	100	100	100	100	≥55
	公众对环境的满意率（%）	88	95	97	99	>95
绿色管理指标	累计开展清洁生产企业（个）	6	36	80	150	—
	累计通过 ISO 14001 认证企业（个）	12	64	142	266	—
	循环经济知识培训（人次）	4000	25000	72000	120000	—
	循环经济的社会认知率（%）	85	100	100	100	—
	促进循环经济发展的地方政策的制定与实施	建成	完善	完善	完善	—
	资源循环利用信息系统建设情况	未建	建成	完善	完善	—
消费型社会指标	初级国际化城市综合指数（%）	58	70	85	100	—
	CCI（消费者信心指数）（%）	94	95	95	95	—
	CPI（消费者物价指数）（%）	4.5	4.0	3.0	3.0	—
	城镇居民人均消费性支出（元）	13821	21020	38727	68250	—
	消费品零售总额年均增长率（%）	20.1	15	13	12	—
	第三产业从业人员比重（%）	52.5	58	68	80	—
	每年接待旅游的人数（万人）	1600	2130	3770	6670	—
	人均逗留天数（天）	2	3.5	5	7	

续　表

	项　目	2007	2010	2015	2020	指标
消费型社会指标	月平均节庆活动数量（次）	1.7	4	5	6	—
	三星级以上酒店数量（家）	43	55	70	90	—
	宾馆总数（家）	1019	1350	1800	2400	—
	商业街数量（条）	5	7	10	14	—
	大型商场数量（家）	20	25	40	55	—
	出租车数量（辆）	7926	10000	11000	12000	—
	万人拥有公交车辆（标辆）	19	21	24	27	—
	银行总数包括分行及营业点数量（处）	269	358	602	1060	—
	银行信用服务通用率（%）	95	100	100	100	—
	服务行业基础英语普及率（%）	20	60	75	95	—
	商品质量综合达标率（%）	90	100	100	100	—
	各类经营、服务行业规范率（%）	80	85	92	95	—

（二）总体框架

1. 框架构建

C城区发展循环经济的整体框架如图5-6所示。

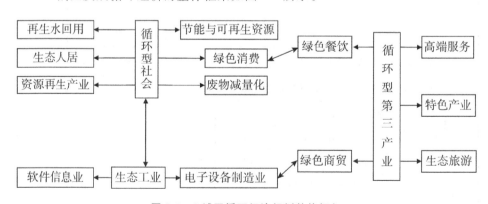

图5-6　C城区循环经济规划整体框架

2. 物质循环与代谢

2007年C城区的物质投入总量为490.47万吨，物质流分析结果如图5-7所示。在总物质投入中，区内资源和区外资源分别为40.91和442.06万吨，分别占物质投入总量的 8.34% 和 90.13%。区外资源主要为煤炭、石油、建筑石材和钢铁等，区内资源主要是水产品等生物资源。区外资源在总物质投入中所占比例最大，说明 C 城区是典型的资源输入型区域。2007 年 C 城区资源循环利用率为 1.53%，最终填埋的固体废物量为 7.90 万吨，主要由城市生活垃圾和餐饮垃圾构成。

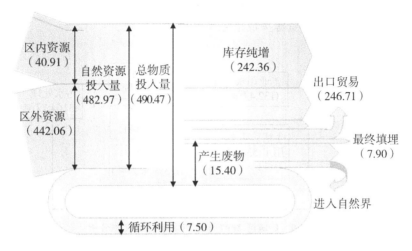

图 5-7 C 城区 2007 年物质流全景图（单位：万吨）

C 城区物质集成的重点是统一规划旅游业、商贸业、餐饮业和现代服务业等产业内部和产业之间的物质循环和能量流动，提高建筑垃圾、生活垃圾、餐饮垃圾、废旧包装等固体废物的回收利用率，最大限度地降低第三产业对物质资源的消耗，保护生态环境，促进人与自然和谐发展，物质集成如图 5-8 所示。

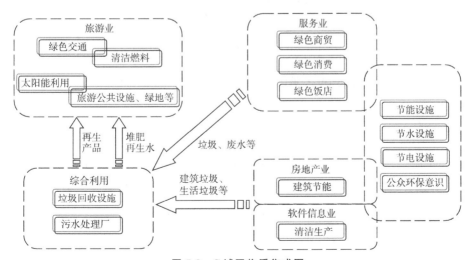

图 5-8 C 城区物质集成图

3. 水资源代谢与集成

2007 年 C 城区用水总量为 5494.66 万吨。水资源消耗及代谢分析结果如图 5-9 所示。2020 年水资源的代谢情况预测如图 5-10 所示。经预测，2020 年 C 城区用水总量将超过 1.6 亿吨，以 C 城区水资源供给现状很难满足这一需求，因此需要通过污水处理再利用、雨水利用和海水利用，构建水资源信息平台，提高节水意识等水资源集成措施来解决这一问题。

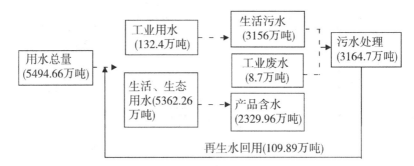

图 5-9　C 城区 2007 年水资源消耗及代谢分析

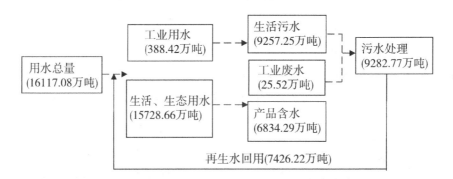

图 5-10　C 城区 2020 年水资源消耗及代谢分析

4. 能量流动与集成

2007 年 C 城区能源消耗总量为 189.82 万吨标准煤，全区能量流动分析如图 5-11 所示。2020 年能源消耗预测如图 5-12 所示。C 城区的一次能源全部依靠区外输入，区域内资源制约问题突出，可采取开发可再生能源、实行节能方案、建设能源网络等能源集成措施以缓解能源短缺问题。

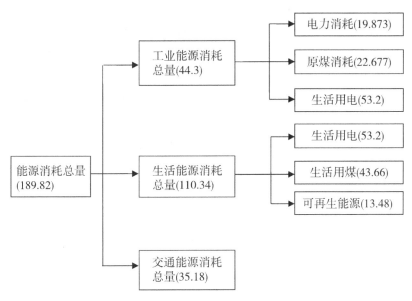

图 5-11 C 城区 2007 年能源流动分析（单位：万吨标准煤）

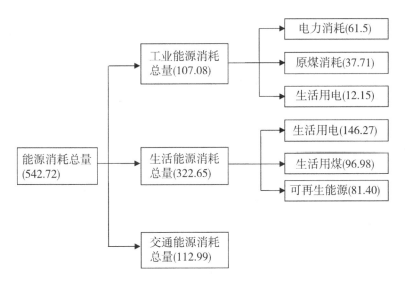

图 5-12 C 城区 2020 年能源流动分析（单位：万吨标准煤）

（三）产业发展规划

1. 循环型第三产业发展规划

（1）生态旅游

构筑"城、海、山、岛"生态旅游体系。保留现存自然岸线；在老城区重点保护历史风貌、历史街区和街道；在新城区突出现代化城市的文化特色，保证足够的公众活动和旅游空间。推进旅游增长方式向质量效益型转变，开发旅游商品和旅游纪念品以延伸产业链条，将C城区发展成为中国最佳生态旅游城区。

海上旅游区。完善海上旅游设施，加快海上游船升级换代，发展近海海上旅游，充分利用沿岸渔业资源，开展新鲜打捞海货的功能，发展高档的海鲜酒楼等配套旅游服务项目；形成广场、绿地为一体的休闲活动场所。

建筑商娱旅游区。注重风貌保护，修复社区的建筑和各教堂等旅游景点，形成欧陆建筑群博览区；开发欧陆风情旅游文化休闲街区，建设配套的旅游服务休闲区，继续发展商业和娱乐项目；发展民俗文化。

风情文化旅游区。完善几个重点旅游景点及配套服务设施建设，增强名人故居地的旅游文化内涵与休闲功能，形成以欧陆风情建筑群和中国新文化运动名人故居为特色的旅游街区。

公园旅游区。依托几个各具特色的公园，进一步加大对重点旅游资源的开发力度。

休闲旅游区。建设海水浴场，开设咖啡室、酒吧、小旅馆，增强度假休闲功能；将部分别墅庭院改造为蜜月别墅，发展新婚蜜月旅游和婚纱摄影楼，开办海滨露天婚礼举办场所等，突出新婚和蜜月主题。

帆船旅游区。形成帆船、邮轮、水上运动和休闲观光中心；开展固定的旅游节会，继续举行大型国际海上运动竞赛项目，将C城区发展成为扬帆胜地、海滨度假天堂。

（2）绿色商贸

在C城区规划建设多个市级商业中心，到2010年，规划建设符合标准的市级商业街7条。到2020年原有建筑节能标准达65%或更高标准，使游客人均逗留天数增加至7天。

（3）绿色餐饮与宾馆服务业

率先在星级酒店引入循环经济理念，积极创建"绿色饭店"。规划至2010年，80%的三星级以上宾馆饭店通过ISO 14001环境管理体系认证，50%开展清洁生产审核，70%开展餐饮垃圾的"单元式零排放"处理设施建设；规划至2020年，全部星级以上宾馆饭店通过ISO 14001环境管理体系认证。

（4）特色产业

① 软件信息业：完成软件园一期、二期建设，启动三期建设。重点吸引服务外包、动漫设计、集成电路研发设计等信息软件企业集聚，建成具有百万

平米规模的国内软硬件条件最为完善的信息软件产业园区。同时，以建设国家软件出口创新基地、软件外包基地、软件人才培训基地为目标，发展嵌入式、数字动漫、软件外包、集成电路设计制造以及通信、网络服务等产业链。

② 创意产业：以建设国家文化产业基地为目标，建设若干创意产业园区和数字动漫产业基地，突出发展以高智力要素为支撑的工业设计、动漫游戏研发设计、软件设计、建筑规划设计等领域，构建与完善创意设计产业发展链条。

（5）高端服务业

规划发展国际金融、高端中介、金融中介、知名总部、物流服务等高端服务业。

（6）循环产业链的构建及延伸

C 城区第三产业以旅游业、商贸业、现代服务业为重点，发展绿色旅游、绿色商贸和绿色餐饮等，突出 C 城区特色产业和特色文化，构建具有 C 城区特色的循环产业链条。在滨海一带开展海洋之旅、休闲度假、渔家风情、游船垂钓等多种旅游项目。在城区商贸文化区开展购物旅游、特色文化和商旅游客接待。以旅游业的发展拉动交通运输、旅游餐饮、旅行社业、金融通信和房地产等行业的发展，而这些行业的发展又能为 C 城区旅游业的进一步繁荣提供坚实的基础。第三产业循环产业链构建及延伸如图 5-13 所示。

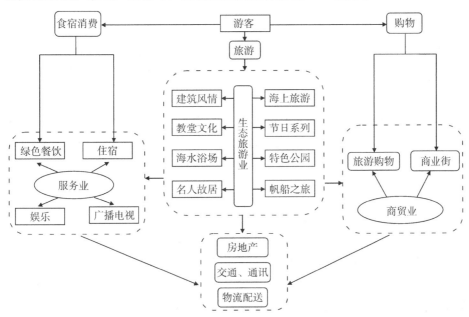

图 5-13 C 城区第三产业循环产业链的构建及延伸

2. 生态工业发展规划

近年来，C城区积极发展以软件信息业和电子器件设备生产为主体的新型工业体系。在未来一段时期内，全区仍将处于经济和社会加速发展阶段，面临的资源和环境形势更加严峻。为实现C城区的环境、经济、社会的协调和可持续发展，必须大力发展循环经济，按照"减量化、再利用、资源化"原则，采取各种有效措施，以尽可能少的资源消耗和尽可能小的环境代价，取得最大的经济产出。

3. 循环型社会规划

（1）生态文化建设

确定鲜明的城区生态文化建设主题，结合生态文化建设主题开展文化活动，开展广泛的生态教育。

（2）绿色消费

倡导选择低污染低消耗的绿色产品，以扶植绿色市场，支持发展绿色技术，拒绝食用发菜、野生动物和海洋动物幼体。对居室进行装修布置时，选择无毒害的建筑装潢材料，实行绿色生态住宅建设。选择绿色冰箱、绿色空调等新概念绿色家电。创建绿色饭店，广泛宣传绿色消费，形成绿色消费氛围。加强政府的绿色采购力度，提高绿色采购清单中环境友好型产品的比例。

（3）生态人居

C城区初步建成了具有"红瓦绿树、碧海蓝天"海滨城市特色的生态人居体系。目前已有国家级绿色社区3个，省级绿色社区8个。规划到2015年将两个街道办事处建成省级绿色社区，三个街道办事处建设成为国家绿色社区，到2020年将辖区内十个街道办事处全部建设为国家绿色社区。争创亚洲环境友好型示范市区、自然条件优越的宜居环境城区以及海洋特色的世界环境优美市区，使C城区成为人们干事创业、自我发展、生养休憩的乐园。

（四）循环型社会基础设施建设

针对C城区目前垃圾与污水处理、供热供气、能源交通等方面基础设施建设尚不完全的现状，大力加强垃圾分类回收、污水处理工程及再生水回用、集中供热及集中供气、电力及可再生能源建设、交通道路及通信建设等基础设施建设，为建设生态文化和促进绿色消费提供基础，将C城区建设成为适宜人居的文明、生态、康乐、和谐的美丽家园。

二、D 市循环经济园区建设规划

D 市是一个紧靠大城市主城区的县级市，是主城区都市圈核心区的北翼，也是一个典型的农业市，农民占全市总人口的 80% 左右。为进一步推动全市经济、社会和环境的全面、健康、循环、可持续发展，园区在种植养殖、食品加工、纺织服装等行业领域培养发展了数个循环经济示范试点单位，并编制了循环经济园区建设规划。

（一）规划目标与指标

1. 总体目标

全面建成各具特色的循环经济工业园（区），园区内六大产业之间形成关系密切的循环经济产业链网；资源能源利用、生态环境和绿色管理水平等得到全面提升，从根本上解决经济增长与环境保护之间的矛盾，推动园区生态系统良性循环；营造公众积极参与循环经济发展的社会氛围，构筑循环经济的发展框架；最终实现经济、社会与生态环境的可持续发展，将 D 园区建成布局优化、结构合理、发达高效的循环型经济、社会与生态环境体系；发展成六大产业集群特色突出、环境清洁优美、社会和谐发展的主城区北部陆上物流、制造业和旅游度假的中心以及主城区的次中心新城区。

2. 具体指标

D 市循环经济园区建设指标体系见表 5-6。

表 5-6　D 市循环经济园区建设指标体系

	项　　目	2006	2010	2015	2020	指标
经济发展指标	人均 GDP（元）	32565	67800	127722	202564	≥33000
	GDP 年平均增长率（%）	18.0	20.7	14.0	10.0	—
	城镇居民人均可支配收入（元）	13331	20000	35246	62116	≥24000
	农民人均纯收入（元）	6478	9200	14816	23862	≥6000
	科技投入占 GDP 比例（%）	0.23	1.0	2.0	2.5	—
	科技进步对 GDP 的贡献率（%）	58.5	60	65	70	—

续　表

项　目	2006	2010	2015	2020	指标
资源生产率（元/t）	3146	4287	6556	12004	—
万元 GDP 能耗（吨标煤）	0.69	0.55	0.44	0.37	≤1.4
万元 GDP 水耗（t）	47.21	33.52	23.12	15.02	≤150
农业灌溉水有效利用系数	0.5	0.6	0.7	0.75	—
工业固体废物利用率（%）	99.31	100	100	100	≥85
城市生活垃圾资源化率（%）	4	40	50	60	—
工业用水循环利用率（%）	77.54	90	92	95	≥50
农业秸秆综合利用率（%）	40	60	85	90	—
城市再生水回用率（%）	5	20	30	40	≥40
废电器回收利用率（%）	0	60	70	80	—
废塑料回收利用率（%）	50	80	85	90	—
废金属包装物回收利用率（%）	20	70	75	80	—
城市生活垃圾分类回收率（%）	15	50	65	80	—
城市生活垃圾和工业废物安全处置率（%）	100	100	100	100	100
农用塑料薄膜回收率（%）	77	82	91	95	≥90
清洁能源占农村生活用能的比例（%）	62	75	90	100	≥30
畜禽养殖粪便资源化率（%）	65	70	80	90	≥90
水、大气环境质量	达到功能区标准	达到功能区标准	达到功能区标准	达到功能区标准	达到功能区标准
主要污染物排放达标情况	达标	达标	达标	达标	达标
万元 GDP 工业固体废物产生量（kg）	23	19.1	17	15.2	≤100
万元 GDP 工业危险废物产生量（kg）	0.16	0.14	0.12	0.10	—
万元 GDP 工业 SO_2 产生量（kg）	0.79	0.71	0.64	0.53	≤1
化学需氧量排放强度（kg/万元）	0.33	0.29	0.28	0.25	≤1
万元 GDP 工业废水排放量（t）	2.41	1.93	1.38	0.85	≤8
危险废物安全处置率（%）	100	100	100	100	100

资源与循环利用指标（上半部分）

生态环境保护指标（下半部分）

续 表

项 目		2006	2010	2015	2020	指标
生态环境保护指标	可再生能源所占比例（%）	5	7	11	15	—
	绿化覆盖率（%）	42.5	43.5	45.2	46.2	—
	人均公共绿地面积（m²）	13.9	15.0	16.0	17.0	≥11
	林木覆盖率（%）	30.2	31	31	31	≥18
	农林病虫害综合防治率（%）	100	100	100	100	≥80
	环保投资占 GDP 的比重（万元/万元）	2.12	3.0	3.5	4.0	—
社会进步指标	人口自然增长率（‰）	符合国家和当地政策	符合国家和当地政策	符合国家和当地政策	符合国家和当地政策	符合国家和当地政策
	城市化水平（%）	51.7	60	67.5	75	≥55
	恩格尔系数（%）	38.4	34.4	30.4	28	<40
	公众对环境的满意率（%）	83	85	90	95	>95
绿色管理指标	促进循环经济发展的地方政策的制定与实施	制定	完善	完善	完善	—
	累计开展清洁生产企业（个）	13	33	58	83	—
	累计通过 ISO 14001 认证企业（个）	36	56	81	106	—
	循环经济知识培训（人次）	1500	25000	72000	120000	—
	循环经济的社会认知率	5	60	75	80	—
	资源循环利用信息系统建设情况	未建	建成	完善	完善	—

（二）总体设计

1. 空间结构

承接主城区的辐射延伸，依托区位优势，构筑西部、西北部、中部、东部四条区域发展轴，其中，西部为制造业和物流发展轴，西北部为资源循环型农业发展轴，中部为高新技术产业发展轴，东部为生态旅游及海洋产业滨海发展轴；在区域发展轴的引导下，突出不同区域循环经济发展特色，形成市循环经济发展的空间结构。

2. 整体框架

从资源循环型农业、生态工业、循环型第三产业和循环型社会四个方面构建 D 市发展循环经济整体框架,如图 5-14 所示。通过各种方式的链接、交换、循环,逐步构建畅通的点、线、面、区域能流、物流、信息流系统,实现 D 市系统的生态化良性循环,建设循环经济示范园区。

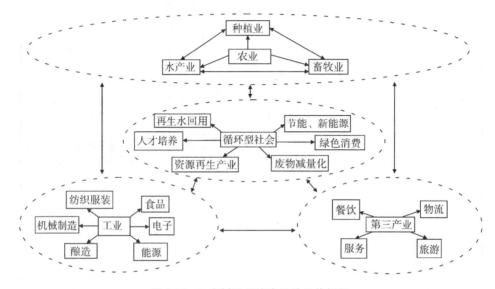

图 5-14   D 市循环经济发展的总体框架

3. 物质代谢与集成

D 市循环经济园区的物质流分析结果如图 5-15 所示。

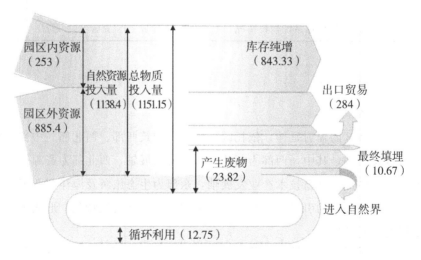

图 5-15   D 市物质流全景图(单位:万吨)

由图 5-15 可见，园区外资源所占物质投入总量的比例较高，今后应合理加大对本地资源的开发利用，增加资源输入的安全性保障。资源循环利用量为 12.75 万吨，资源循环利用率为 1.11%，其中工业固体废物利用量为 8.18 万吨，城市生活垃圾资源化量为 0.57 万吨，厨余垃圾资源化量为 4 万吨。最终填埋的固体废物量为 10.67 万吨，主要为城市生活垃圾。

D 市物质集成可从三个层次来体现循环经济的思想：在企业内部，按照 3R 原则，实施清洁生产；在企业之间，将废物作为潜在的原料或副产品相互利用。通过物质、能量和信息的交换，优化所有物质的使用，减少有毒有害原材料的使用；在园区外，充分利用物质需求信息，形成辐射区域，拓展物质循环空间。D 市物质集成如图 5-16 所示。

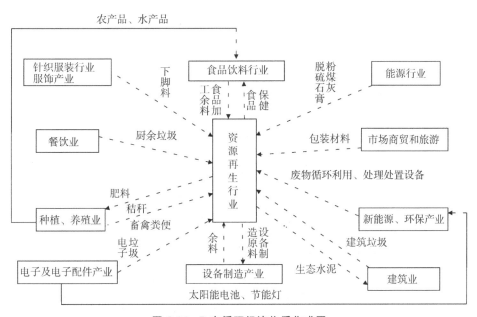

图 5-16 D 市循环经济物质集成图

4. 水资源代谢与集成

通过水资源代谢分析与预测可知，D 市水资源不能充分满足生产、生活及生态用水的需求。为解决水资源缺口问题，D 市必须开发非常规水资源，引用客水，并从减少新鲜用水量、减少废水的产生量、开发海水资源、已用水的回收再利用和有效的废水处理等方面进行水资源集成，以实现"一水多用"，解决缺水问题。

5. 能量流动与集成

对于高能耗的企业，应以改进生产工艺、引入降低能耗的生产设备为主要整改措施，对不具备整改潜力的企业要实行淘汰制，要淘汰掉一批能耗高、利用率低、对环境污染严重的工艺与企业。能源集成不仅要求 D 市各企业内部的工艺环节寻求各自的能源使用效率实现最大化，而且要实现总能源的优化利用，尽可能利用太阳能、风能、生物能等可再生资源。鼓励低能耗企业的发展，增加其在国民经济中的比重。

6. 固废废物综合利用分析

进行固体废物资源化技术的研发，普及成熟的固体废物资源化技术；促进废旧物资回收业的发展，形成政府推进、市场运作的模式，通过易货交易和废物交换等方式使可直接回收利用的固体废物成为二次资源，重新进入"生产—消费"循环系统；建设具有一定规模和水平的再生资源加工基地，形成再生资源回收、加工、利用的产业链条，以现有的回收利用网络格局为基础，加强规划和整合，推动资源再生产业发展。

（三）产业发展规划

D 市主要产业生态链网如图 5-17 所示。

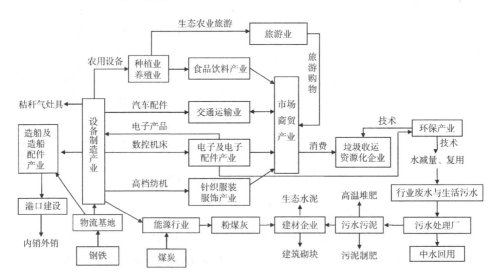

图 5-17　D 市循环经济主要产业生态链网（四）生态景观建设规划

1. 资源型农业发展规划

大力推行"四位一体"生态农业建设，在农区推行鸡猪主体联养，圈厕池上下联体，种养沼有机结合的模式，即以种植业为依托，畜牧业生产为中心，沼气生产为纽带，建立起物质和能量循环利用的复合农业生态循环系统。农作物副产品及秸秆资源丰富，为发展畜牧业循环经济提供了大量的饲料资源。

2. 生态工业发展规划

继续丰富针织服装服饰、食品饮料等传统产业内涵，狠抓结构优化升级，着力培育造船、高新技术等低耗能、高附加值产业，作为新的经济增长点。做强做大产业集群，进一步深化集群内企业的分工协作，细化产业内部分工，提高专业化程度，拉长产业链，占领产业链的高端，增强国际市场竞争力。

设备制造业向精密设备、仪器制造方向发展，配合造船及造船配件产业形成大造船产业链条，打造新兴临港产业区；研究和引进新型高档纺机生产技术，提高电机驱动系统运行效率，减少纺织服装行业电力消耗；以高端电子产业装备为其他产业的生产设备电子化和电气化提供技术支持，促进生产机械化、自动化水平的提高。

3. 循环型第三产业发展规划

D市第三产业以市场商贸、旅游业和物流业为重点。要充分发挥优势，发展实力雄厚的综合商社和大型内外贸企业集团，带动商贸经济发展。旅游发展要突出特色，开发多元化、差异化产品，在东部旅游带开展温泉康疗、休闲度假、海岛旅游、运动健身、渔家风情、民俗风情、历史文化和游船垂钓等多种旅游产品，在西部乡村旅游区开展观光农业、运动健身、农家风情、民俗风情和参与性、体验性旅游项目，在城区商贸文化片开展购物旅游、特色文化和商旅游客接待等。

4. 循环型社会规划

（1）资源再生产业规划

生活垃圾分类收集，推进生活垃圾产业化；工业废渣、建筑垃圾和污水污泥资源化利用；实行废旧家电回收处理，有效控制电子废物对环境的污染。

（2）绿色消费规划

制定倡导生态消费的地方细则，推广使用环保产品；有条件的地区，推行太阳能、生物能、风能等新型能源的利用，采用节能技术和节能产品；鼓励节约用水和水资源的多次使用；提倡适度消费并注重所购商品最终处置所产生的环境影响；通过媒体、学校教育、绿色产品展销等方式，形成绿色消费氛围。

（3）生态文化建设

在历史文化和现代城市文化的基础上，确定生态建设的主题，结合生态文化建设主题开展文化活动；引导企业勇于承担社会责任，建立企业发展的生态文化，建立清洁生产和科学的环境管理机制；加大宣传，让更多的市民认识生态现状，增加公众参与机会，建立公众监督机制，增强城市凝聚力。

（4）社会主义新农村建设

坚持统筹城乡经济社会发展的基本方略，在积极稳妥地推进城镇化的同时，扎实稳步推进新农村建设。通过推进社会主义新农村建设，初步建立起具有市场竞争力的现代农业，具有完善基础设施的宜居村庄，具有较高综合素质的新型农民队伍。规划期满达到"十有"目标，即有主导产业、有水泥道路、有舒适住房、有安全饮水、有可靠电力、有沼气入户、有电视电话、有方便就医、有社会保障、有整洁环境。

1. 城市景观建设

增加公共绿地板块的数量和面积，提高城市绿地景观的异质性；规划街区功能，建设城市景观轴线；注重城市景观节点的建设。

2. 荒山改造及自然保护区建设

要遵守因地制宜、因时制宜、注重经济效益的原则，大力发展生态林业、观赏林业、农业观光果林示范园，与绿色旅游、果林体验游相结合，利用五到十年的时间将 D 市东部地区建设成为一个含环境生态林、风景观赏林、启迪知识林、经济效益林在内的森林公园。

3. 旅游景区生态景观建设

进一步推进重点旅游项目的建设，依托科技蔬菜示范园开展农业观光游等项目；充分利用东部温泉地热优势，建设东部休闲疗养度假区，将东部地区建成著名的休闲疗养度假目的地；建立旅游资源保护区，推进旅游景区生态保护工作，适度开放国家自然保护区，以独特的地质环境作为基础推动旅游业的发展。

4. 乡村生态景观建设

营造城乡过渡景观缓冲带，发挥城郊景观的生态服务功能；有选择地保留部分城郊乡村；结合都市农业基地的开发建设，发展乡村生态游、体验游等项目；重视生态村、庭院生态系统的建设，提高乡村景观生态系统的物质和能量的良性循环，完善乡村排污治污体系和设施。

5. 沿路及沿河绿色廊道建设

建设绿色交通的景观廊道，强化铁路、国道和高速公路等主要交通干线两侧的生态防护林带建设，建设绿色交通的景观廊道。建设市内主要河道景观，形成沿河风景带和带状开放式公园；在河流与道路的重要交叉点建设景观绿地；河流两侧增加防护绿化带；完成市内主要河流的综合治理工作。

6. 海岸带生态景观保护与建设

沿风景旅游区海岸带划定 200 米范围作滨海观光带，完善必要的服务设施。增加生活区内以海洋为主题的建筑物，使生活区成为海边另一条亮丽的风景线；加强港口陆域服务区的生态景观保护，加强港口周围的绿化建设。

三、E 区循环经济园区建设规划

E 区位于东部沿海省份，是全省率先实践与探索循环经济发展模式，编制循环经济发展规划并开展试点工作的园区。按照 3R 原则，E 区不断优化提高资源利用方式和效率，形成了以国家、省、市三级循环经济试点单位为主要载体，以资源综合利用和新能源开发为重点的循环经济发展模式。

（一）规划目标与指标

1. 总体目标

通过实施《中华人民共和国清洁生产促进法》，建立"资源使用最小化、废物产生减量化和生产过程无害化"的资源节约型、环境友好型企业；通过建立企业间的废物交换和生态信息公告制度，强化企业间的资源共享和链接，形成以产业共生、物质循环为特征的新型生态工业园区；通过加强政策引导，提高全民生态环境保护意识，倡导生态文明，推动区域循环经济的发展；形成区域循环经济发展模式，使 E 区成为人与自然和谐发展、环境优美、适宜于创业人居的新区，最终实现全区经济持续发展，生态良性循环，人民生活富裕。

2. 具体指标

E 区的循环经济园区建设指标体系见表 5-7。

表 5-7　E 区的循环经济园区建设指标体系

	指　　标	2006	2010	2020	指标
经济发展指标	人均 GDP（元/人）	83414	108434	281249	≥33000
	人均 GDP 增长率（%）	21.1	18.1	10	—
	GDP 年平均增长率（%）	23.8	23.5	20	—
	城镇居民可支配收入（元/人）	16322	39848	140000	≥14000
	农民人均纯收入（元）	6806	11000	33000	≥6000
	科技投入占 GDP 比例（%）	2.3	2.8	4	—
	科技信息交换平台建设	未建	建成	完善	—

指　　标	2006	2010	2020	指标
资源生产率（元/t）	3491	5300	17000	—
万元 GDP 能耗（吨标煤）	0.61	0.48	0.24	≤1.2
万元 GDP 水耗（t）	16.4	12.7	9	≤150
工业水重复利用率（%）	63.9	90	95	≥45
工业固体废物资源化率（%）	92.8	98	100	≥85
城市再生水回用率（%）	0	30	50	≥40
废电器回收利用率（%）	0	60	80	—
废塑料回收利用率（%）	50	80	90	—
废金属包装物回收利用率（%）	20	70	80	—
城市生活垃圾分类回收率（%）	10	50	90	—
城市生活垃圾资源化率（%）	10	40	80	—
生活垃圾和工业废物安全处置率（%）	100	100	100	100
农用塑料薄膜回收率（%）	95	97	99	≥90
清洁能源占农村生活用能的比例（%）	98	99	100	≥30
畜禽养殖粪便资源化率（%）	94.4	97	99	≥90
水、大气环境质量	达到功能区标准	达到功能区标准	达到功能区标准	达到功能区标准
主要污染物排放达标情况	达标	达标	达标	—
化学需氧量排放强度（kg/万元）	0.53	0.47	0.36	<4.5
万元 GDP 工业废水排放量（t）	1.62	1.43	1.11	≤8
万元 GDP 工业固体废物排放量（kg）	20.4	17.95	13.9	≤100
万元 GDP 工业二氧化硫排放量（kg）	0.82	0.72	0.56	≤1
万元 GDP 危险废物产生量（kg）	0.18	0.16	0.12	—
危险废物安全处置率	100	100	100	100
可再生能源所占比例（%）	2.5	5	8	—
人均公共绿地面积（m²/人）	17.5	24.6	30	≥12
森林覆盖率（%）	34	36	40	≥18
农林病虫害综合防治率（%）	100	100	100	≥80
环保投资占 GDP 的比重（万元/万元）	2.82	3	4	—

注：表中第一列分区为"资源与循环利用指标"（对应前15行）与"生态环境保护指标"（对应后行）。

续　表

	指　　标	2006	2010	2020	指标
社会进步指标	人口自然增长率（‰）	2.73	符合国家和当地政策	符合国家和当地政策	符合国家和当地政策
	初中教育普及率（％）	100	100	100	≥99
	城市化水平（％）	60	70	85	≥50
	恩格尔系数（％）	34.1	30	22	≤40
绿色管理指标	促进循环经济建设的地方政策的制定与实施	制定	完善	完善	—
	开展清洁生产企业（个）	31	80	230	≥10 个/年
	通过 ISO 14001 认证企业（个）	70	170	420	
	循环经济知识培训（人次）	3000	50000	245000	—
	循环经济的社会认知率（％）	5	70	85	
	资源循环利用信息系统建设情况	未建	建成	完善	—

（二）规划总体框架

发展循环经济总体框架如图 5-18 所示。

大力推进节能减排，推行清洁生产，实施减量化方案，提高企业的资源利用效率，最大限度减少污染物排放；完善新材料、电子信息、石油化工、机械制造、纺织服装、生物医药食品产业内部及行业间的产业链和产品代谢链，强化企业间能源梯级利用，增加产业链的稳定性和柔度，实现物质循环和产业共生。

推进资源循环型农业建设，提高农业生态系统内部的资源利用率，优化农业结构，合理调整种植业和养殖业比例，强化农产品和水产品加工业及物流业的绿色化管理，提高农业废物的资源化水平，推动农村生活污染零排放运动，促进农业废物的减排，减轻农业面源污染。建立废物流信息动态管理系统，完善废旧物品回收利用网络，促进废旧物资循环利用；构筑完善的废物分类、回收、再用、热回收体系和循环链。

实施"节流减污"和再生水回用，提高水的利用效率，减少用水量和废水排放量。

以进口再生资源加工区为龙头，推动资源再生产业基地建设；发展绿色物

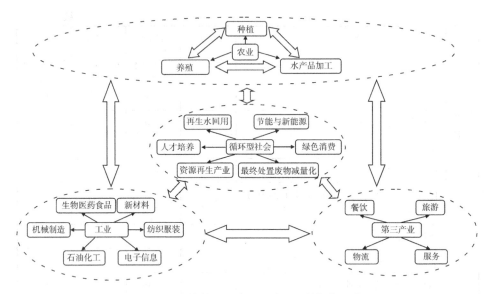

图 5-18　E 区的循环经济园区建设总体框架示意图

流，初步形成静脉产业体系。以政府绿色采购为突破口，促进全社会的可持续消费，营造绿色需求，拓展绿色产品的生存空间，培育绿色消费市场；加强基础设施建设，落实保障措施，为 E 区的循环型社会的建设提供强大支持。

在推进循环经济建设的过程中，强化自然资源的合理开发和有效利用，以改善生态环境为目标，强化水、土地、森林、海滩等自然资源的合理开发，确保自然资源的有效保护与可持续利用。加强水源地保护，提高水资源利用率，强化土地资源的集约化利用，优化用地结构，科学合理使用土地，适度开发东部山区、西部沿海等旅游资源。

（三）物质流、能流和水资源分析

1. 物质代谢分析

E 区物质流分析系统的物理边界按现行行政区域考虑，包括全区的生产和社会消费全领域。物质流分析结果表明，进口资源所占物质投入总量的比例很高，说明该区资源匮乏，主要依靠区外进口，区内开采的矿产资源主要为花岗岩、玄武岩和黏土，生物质资源主要为农产品和水产品；资源循环利用率仅为0.7%，主要为工业固体废物；生活垃圾的再利用和再资源化程度较低，直接影响到全区的资源循环利用水平；在污染物排放中，最终填埋的固体废物量为10.2 万吨，主要由城市生活垃圾组成。

2. 水资源代谢分析

E 区用水总量为 6385 万吨。全区工业用水总量为 3695 万吨，其中新鲜水量为 1334 万吨，工业用水重复利用量为 2361 万吨；农业用水量为 500 万吨，生活及其他用水约 2190 万吨，全区废水排放总量为 1565 万吨，其中工业废水排放量为 429 万吨，工业用水重复利用率为 63.9%。

3. 能量消耗分析

全区能源消耗量折合成标煤约为 244 万吨。原煤折合标煤消耗总量为 57 万吨，占能源消耗总量的 23%，其中工业生产用量约为 45 万吨，占煤炭消耗总量的 79%，生活用量约为 12 万吨，占 21%。全区用电折合标煤量约 167 万吨，占能源消耗总量的 68%，其中工业生产用电量折合标煤量为 140 万吨，占用电总量的 84%，生活用电量折合标煤量约为 27 万吨，占用电总量的 16%。全区天然气消耗折合标煤量约 12 万吨，占能源消耗总量的 5%。原油消耗折合标煤量约为 2 万吨，占能源消耗总量的 1.5%。可再生能源折合标煤量约为 6 万吨，占能源消耗总量的 2.5%。

4. 工业固体废物流分析

园区工业固体废物产生量为 8.15 万吨，其中炉渣产生量为 3.3 万吨，占固体废物产生总量的 40.5%，危险废物产生量为 710.6 吨。工业固体废物综合利用量为 7.56 万吨，综合利用率为 92.8%，固体废物最终处置量为 0.58 万吨，处置率为 7.2%。

（四）循环型工业规划

依据行业、企业、产品之间的关联度，通过资产重组、资源优化打造新材料产业群、电子信息产业群、石油化工产业群、机械制造产业群、纺织服装产业群、生物医药食品产业群六大产业群，培育新兴的环保产业集群。产业链构成以减量化为中心，在企业内部实现废物减量排放，以排污口排放模式对废物进行排放；对所排放废物采取高新技术处理处置；在生产领域，结合国家产业政策和高新技术引进发展政策，合理调整产业结构，重点发展高新技术产业，提高产业的高新技术含量。在园区现有六大主导产业的基础上，构建产品链和废物链，形成物质循环、产业共生的循环型生态工业体系。主导行业的循环经济产业链如图 5-19 所示。

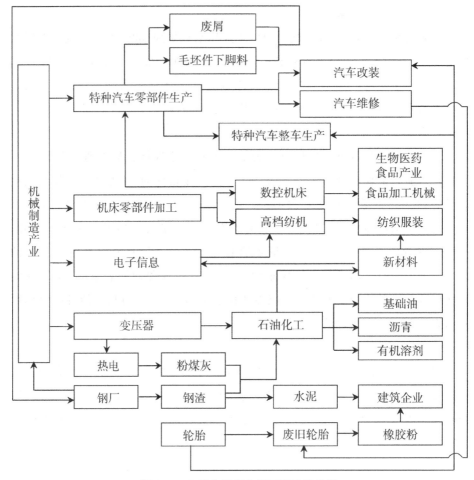

图 5-19 E 区主导行业循环经济产业链

1. 新材料产业

（1）产品代谢链

新材料是众多行业的基础产业，电器机械、化工橡胶、纺织服装等行业都可以成为新材料企业的上游企业为其提供原材料。同样，新材料企业也可以为多种下游企业提供新型原料。

（2）废物代谢链

重点研发各行业废物资源化技术，发掘废物转化为复合新材料的潜力，推进资源再生企业转向新材料行业。

2. 电子信息产业

（1）产品代谢链

引导电子信息产业链向多元化方向发展，发展电子元器件产品、智能化仪器仪表、软件产品、模具产品，形成以大企业为龙头，中小企业聚集发展的柔性工业网络。

（2）废物代谢链

金属下脚料返回给供应商；塑料下脚料部分提供给区内小型企业，其他由企业回用；危险废物由有资质的指定单位统一回收处理。加强电子产品回收管理，建立废旧电子产品回收中心，启动电子产品反向物流渠道建设，实现资源的循环利用。

3. 石油化工产业

（1）产品代谢链

① 炼油产业群：大力发展改性沥青、乳化沥青、高粘度指数润滑油、基础油等产品，与新材料产业联合生产新型建材；与世界 500 强企业合作，发展芳烃、苯酚丙酮、聚丙烯等产品，研究开发石油化工催化剂、环保型涂料、橡塑助剂等精细化工产品，延伸产业链条。

② 橡胶产业群：发展高性能子午胎、车载重车、摩托车轮胎等，为汽车机车行业提供配套产品。

（2）废物代谢链

利用粉煤灰制砖或生产新型建筑材料；发展废旧轮胎的资源再生产业，完善橡胶行业的产业链。

4. 机械制造产业

（1）产品代谢链

以变压器有限公司为中心，建设变电工业园，重点引进零配件（铜线、钢板、硅钢片、绝缘线板）生产企业，为变压器生产提供原料保障；重点培育机电产品拆解基地和废旧金属加工企业，解决报废变压器处理问题。

在汽车机车制造方面，发展中、小型汽车机车配件生产企业，加强与橡胶企业联合，构建完善的特种汽车产业链。

（2）废物代谢链

建立企业内部回收利用中心，回收生产过程产生的各种下脚料，返回生产过程或交给资源再生企业，变压器油全部回收后用于相关企业。

电器机械行业废水经过企业内部污水处理设施处理后部分回用于企业，部分排向污水处理厂进一步处理，再生水用于城区绿化和道路冲洗。

建立与整车分解、破碎、回收及处理企业间的共生合作关系，构建汽车回收的反向物流渠道，逐渐形成较为完善的特种汽车产业。

5. 纺织服装产业

（1）产品代谢链

机械制造企业作为纺织服装企业的上游企业，负责生产纺织服装行业所需纺织机械；纺织企业和化工企业分别为印染企业提供原料和染料；产品提供给加工企业用来生产各种床上用品、针织产品和服装鞋帽等。

（2）废物代谢链

服装纺织行业的布料、针织布、皮革、棉布、绒布、长毛绒、牛皮、人造皮、废腈纶纱、复合布、油棉纱、废海绵、废过滤棉等下脚料，可回收作为玩具加工企业的原料。通过与市政公司、园林绿化公司的共生合作，构建纺织服装废水代谢链条。

6. 生物医药食品产业

（1）产品代谢链

① 构建包装材料代谢链：通过开展包装材料绿色采购，把环境标准纳入对包装材料供应商的选择标准体系之中，促进包装材料的生态设计，将食品饮料用包装材料的循环利用延伸至包装材料生产企业，推动包装制造业原料投入减量化。

② 完善与农产品相关供应链：重点发展与农产品生产基地和企业间的稳定的供应关系；逐步建立与农作物种植及畜禽养殖等初级生产者之间的协作关系，通过品质管理，积极推动种植业和养殖业生产过程及产品的绿色化。

（2）废物代谢链

培育分解者企业，深度加工鱼类、贝类、甲壳类生产过程的有机废物，既可以制成保健食品、饲料和工艺品，也可以加工成为医药和化妆品原料，挖掘食品饮料行业废物的潜在经济价值。

（五）循环型农业规划

重点发展集观光、娱乐、休闲、体验、民俗、购物等于一体的复合型现代特色农业。进行万亩经济林开发，重点发展时令无公害水果和茶叶。加快花卉产业发展，建设都市农业"绿色工厂"。建设滩涂贝类养殖基地，发展海参、海蜇和工厂化养虾等养殖业，建设综合养殖基地。有步骤地淘汰近海捕捞渔船，发展大马力远洋捕捞渔船。完善渔港码头功能，建设水生动物疫病防治工作站和渔船修造厂，为渔业生产做好配套。完善农业服务体系。以农业基础技术、农业生物技术、农业信息技术、农业科技平台、农业科技推广等五项农业科技为战略重点，大力发展节水技术、食品安全技术等，加快农业和农村发展中关键技术的研发和推广应用。建立农业科技示范基地，为现代农业发展提供科技支撑，加强农产品质量安全体系和动物防疫体系建设，提高农产品质量。

（六）循环型第三产业规划

着力开发建设"东、中、西"三条旅游线，大力发展观光游、休闲游、节会游、商务游、度假游等，开发、整合旅游资源，构建多层次旅游产品体系；发挥空港物流园区和保税物流中心的辐射带动效应，开发并完善由公路、铁路、航空等组成的综合运输网络和各类物流信息网络，形成以航空快递为特色的空港物流基地，构建现代物流服务体系；以培育引进"名吃、名菜、名店"为主线，吸引国内外知名餐饮企业在园区设立分店，发展一批特色鲜明、风格各异的特色餐饮名店；严格规范"农家宴""渔家宴"，着力提高餐饮设施档次、卫生和服务水平。

（七）循环型社会规划

依据生态理念，坚持节能减排，积极推进循环经济建设。开展全区层面的 ISO 14001 环境管理体系认证、绿色产品的环境标志认证、清洁生产和风险预防应急体系建设等，对重点企业开展清洁生产审计、产品的环境标志认证和工业园区的 ISO 14001 环境管理体系认证；建立资源与废物交换信息平台，进一步提高资源能源交换和废物资源化利用水平；建成资源再生产业基地和再生资源交易市场，形成一套较为完整的废物回收、利用、无害化处置系统；完善生活垃圾分类收集、运送、处理体系；提升再生水回用能力，提高水质，改善区域水环境质量，实现水资源的可持续利用；实施政府绿色采购制度、资源回收奖励制度和其他经济激励机制，激发再生资源回收和再生产品采购的积极性；建立生态文化及公众参与机制，形成良好的绿色消费氛围，增强公众资源节约意识和绿色消费意识；初步建立区域性物质循环系统，构建循环型社会的基本框架。

四、F区循环经济园区建设规划

F区是东部某大型城市发展的新区，拥有国家 4A 级风景名胜区、国家旅游度假区和高效农业示范区等国家级功能区，具备循环经济发展的区位、产业和资本优势，是全市循环经济试点示范城区，较早地开展了城市循环经济发展模式的探索。

(一) 规划目标与指标

1. 总体目标

落实《中华人民共和国清洁生产促进法》，在小循环层面，建立"资源使用最小化、废物产生减量化和生产过程无害化"的资源节约型和环境友好型企业。

在中循环层面，通过建立企业间的废物交换和生态信息公告制度，强化企业间的资源共享和链接，形成以产业共生、物质循环为特征的生态化高新技术园区。

在区域大循环层面，通过《中华人民共和国清洁生产促进法》及国家和地方的相关法律法规的贯彻落实，强化政策引导，提高全民循环经济发展及生态环境保护意识，倡导生态文明，推动 F 区循环经济的发展。

以建设"五个中心"（高新技术产业发展中心、旅游度假中心、节庆会展中心、东部商贸中心、高等教育发展中心）和"四型城区"（经济高效型、人才集聚型、旅游度假型、环境生态型）为发展方向，初步构建起区域循环经济的基本框架。以环境友好型企业的创建为龙头，创建一批污染零排放企业，建设一个生态工业园区，建设区域资源再生产业化配套体系，完善相关的基础设施配套，初步建成具有区域循环型城区特点的全国一流高科技园区、一流旅游度假区和一流现代化新城区。

形成具有特色的区域循环经济发展模式，使园区成为人与自然和谐发展、环境优美、适宜于创业人居的城区，最终实现全区经济持续发展，生态良性循环，人民生活富裕。

2. 具体指标

F 区的循环经济园区建设指标体系见表 5-8。

表 5-8　F 园区循环经济园区建设指标体系

项目	具体指标	2005	2010	2015	指标
经济发展	人均国内生产总值（元/人）	91789	97600	103000	≥33000
	年人均财政收入（元/人）	6286	10300	17000	≥5000
	农民年人均纯收入（元/人）	6713	10600	21000	≥6000
	城镇居民年人均可支配收入（元/人）	13201	27000	40000	≥14000
	GDP 年平均增长率（%）	20.4	18	15	—
	人均 GDP 增长率（%）	6.85	3.6	3	—
	科技投入占 GDP 比例（%）	2	2.5	3.3	—

续　表

项目	具 体 指 标	2005	2010	2015	指标
资源循环与利用	资源生产率（元/t）	5305.1	7000	11000	—
	工业用水重复利用率（%）	81.74	83	85	≥75
	万元 GDP 水耗（m³/万元）	27	25	22	≤150
	万元 GDP 能耗（吨标煤/万元）	0.45	0.40	0.30	≤1.4
	城市再生水回用率（%）	0	30	50	≥40
	废电器回收利用率（%）	0	60	80	—
	废纸回收利用率（%）	90	80	85	—
	废塑料回收利用率（%）	40	80	90	—
	废金属包装物回收利用率（%）	10	70	80	—
	城市生活垃圾分类回收率（%）	0	60	85	—
	城市生活垃圾资源化率（%）	0	60	85	—
	农用塑料薄膜回收率（%）	93.5	95	97	≥90
	工业固体废物资源化率（%）	97	98	98.5	≥85
	可再生能源所占比例（%）	2	5	10	—
	农村生活用能中新能源所占比例（%）	20	30	45	≥30
生态环境保护	水、大气环境质量	达到功能区标准	达到功能区标准	达到功能区标准	达到功能区标准
	环保投资占 GDP 的比重（%）	2.72	2.8	3	—
	化学需氧量排放强度（kg/万元）	1.48	1.1	0.99	<4.5
	万元 GDP 工业废水产生量（m³/万元）	1.63	1.43	1.25	≤8
	万元 GDP 工业固体废物产生量（t/万元）	0.025	0.022	0.019	≤0.1
	万元 GDP 工业 SO_2 产生量（kg/万元）	0.58	0.51	0.45	≤1
	危险废物安全处置率（%）	100	100	100	100
	城镇人均公共绿地面积（m²）	18.87	20	25	≥12
	农林病虫害综合防治率（%）	75.6	85	90	≥80
	化肥施用强度（kg/公顷）	229	225	220	<250

项目	具 体 指 标	2005	2010	2015	指标
社会进步	人口自然增长率（‰）	2.98	5	5	符合国家和当地政策
	初中教育普及率（%）	100	100	100	≥99
	城市化水平（%）	56.98	75	80	≥50
	恩格尔系数（%）	34.8	32	30	≤40
绿色管理	循环经济知识培训（人次）	3000	10000	50000	
	制定实施促进循环经济建设的地方政策	—	建立	完善	
	重点污染和重点能耗企业实施清洁生产审核比例（%）	11	50	80	100
	重点污染和重点能耗企业通过 ISO 14001 认证比例（%）	7.6	30	50	≥20
	循环经济的社会认知率（%）	60	85	90	
	资源循环利用信息系统建设	未建成	建成	完善	—

（二）规划总体框架

根据 F 区循环经济园区建设的基本要求，结合 F 区所拥有的区位、产业和资本优势，通过积极推进企业清洁生产，实施减量化方案，提高企业的资源利用效率，最大限度地减少污染物的排放量。

完善电子信息、生物制药、新材料行业内部及行业间的产业链和产品代谢链，优化产业结构和产品结构，使产品生命周期的资源消耗最小、废物产生量最少、最终处置量最少。

通过构建循环产业产品链，增加工业链的稳定性和柔韧度，增强抵抗市场冲击的能力；通过实施资源循环型农业建设，提高农业系统的资源利用率，减少农业废物的产生量，减轻化肥、农药等化学物质造成的面源污染。

通过实施"节流减污"和再生水回用措施，提高水的利用效率，减少水的使用量和废水排放量；通过倡导绿色消费，推动生活垃圾的减量排放，构筑完善的废物分类、收集、再用、热回收和循环链；通过对生产和生活活动的合理链接以及产业间的共生耦合，实现物质和能量在区域层面的高效循环和利用；

通过加强基础设施建设和落实保障措施，为 F 区的循环经济园区建设提供强有力的支持。F 区的循环经济园区建设总体框架如图 5-20 所示。

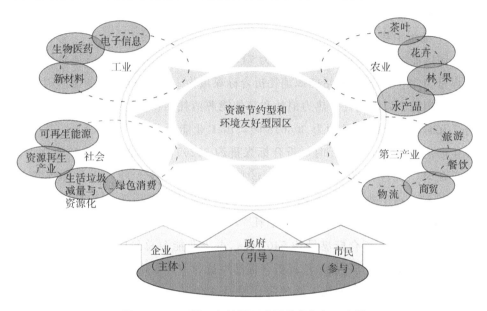

图 5-20　F 区循环经济园区建设总体框架示意图

（三）物质流、能流和水资源分析

1. 物质代谢分析

F 区的物质流分析系统的物理边界与现行的 F 区国家级高新技术产业区的区域边界一致，包括全区的生产和社会消费全领域。通过物质流分析发现，进口资源所占物质投入总量的比例很高，说明园区资源匮乏，主要依靠区外进口。区内开采的矿产资源主要为花岗岩、玄武岩和黏土，生物质资源主要为茶叶和水果。园区资源循环利用率仅为 2.2%，主要为工业固体废物。生活垃圾的再利用和再资源化程度较低，直接影响到全区的资源循环利用水平。出口部分的物质量占物质投入总量的 38.75%。在污染物排放中，进入环境的固体废物量仅为 300 吨。

2. 水资源代谢分析

园区用水总量为 3532.3 万吨，其中新鲜水用量 1397.7 万吨。工业用水量 2611.4 万吨。工业用水量中，工业重复用水量 2134.6 万吨，重复用水率达 81.7%，新鲜水用量为 476.8 万吨，占工业用水总量的 18.3%。废水排放总量为 1069.3 万吨，其中工业废水排放量 322 万吨，工业废水处理达标排放量为 318.1 万吨，达标排放率 98.8%。废水来源主要由四部分组成：城镇居民生活排污 525.6 万吨，工业企业排污 322 万吨，大学、机关事业单位排污 190 万吨，餐饮业排污 31.7 万吨。

3. 能量消耗分析

园区能源消耗总量折合标煤量为 717800 吨，其中工业能源消耗总量折合标煤量为 565020 吨，生活能源消耗折合标煤量为 152800 吨。工业能源消耗包括电力消耗、原煤消耗、热力消耗和其他能源消耗四部分：①电力消耗 92666 万千瓦时，折合标煤量约为 303018 吨，占工业能源总量的 53.63%，其中工业生产消耗 92566 万千瓦时，折合标煤量约 302691 吨；非工业生产消耗 100 万千瓦时，折合标煤量约 327 吨；②原煤消耗 3434156 吨，折合标煤量约 245830 吨，占工业能源总量的 43.51%，其中工业生产消耗 343441 吨，折合标煤量约 245320 吨；非工业生产消耗 715 吨，折合标煤量约 510 吨；③热力消耗 158384 吨，折合标煤量约 5404 吨，占工业能源总量的 0.86%，全部为工业生产消耗；④其他能源消耗折合标准煤量为 10768 吨，占工业能源总量的 1.9%，包括天然气、液化天然气等，原油、汽油、柴油、燃料油，型煤、焦炭及其他清洁燃料。

4. 工业固体废物流分析

根据园区环境统计结果，工业固体废物的年产生量为 4.84 万吨，其中产生量较大的是炉渣，占固体废物产生总量的 57.64%。重点企业固体废物产生量约 4.15 万吨，占固体废物产生总量的 85.7%。工业固体废物综合利用量为 4.81 万吨，综合利用率为 99.31%，固体废物最终处理处置量为 0.1 万吨，处置率仅占 0.55%。

（四）循环型生态工业规划

构建 F 区循环经济园区的主导产业的产业链，形成物质循环、产业共生的生态工业体系。各主导行业的生态产业链如图 5-21 所示。

1. 电子信息

引导电子信息产业链向多元化方向发展，形成以大的电子企业为龙头，中小企业聚集发展的柔性工业网络。建立并完善工业固体废物交换系统，将企业生产过程中产生的边角料和废物通过交换系统交换给下游企业进行资源化利用。危险废物由指定单位统一回收处理处置。加强电子产品回收管理，启动电子产品反向物流渠道建设，以实现资源的循环利用。

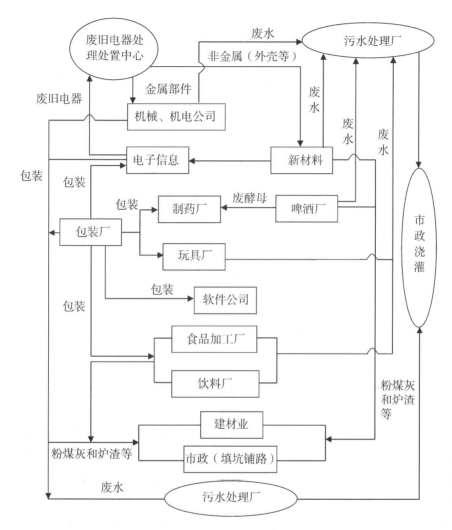

图 5-21 F区主导行业的生态工业链

2. 生物制药

发展海洋生物、高科技生物技术，促进科技成果产业化。在海洋生物制药、基因工程、生物芯片、海洋生物材料、生物安全评价等领域促进研发型企业的发展；利用当地产业优势，将水产品加工企业、啤酒行业及生物医药行业科学地联系起来，水产品加工行业中的鱼类、贝类等可作为生物医药的原料，用来生产海洋生物药品和保健品。

3. 新材料行业

以一批新材料优势企业为基础，以国家镁合金基地、18微米铜箔、碳纤维等项目为突破口，重点开发环保新材料产品，延长新材料产业链条。家电、通信产品和其他镁合金新材料产品可以用于生产汽车零部件等。区域内的大型塑料加工厂生产的产品可以用于制造家电、电子产品的外壳，塑料加工厂的其他产品还可提供给芯片制造厂和电缆厂，产生的废塑料可以回收用于建筑、装饰板材等产品。

（五）资源循环型农业规划

重点发展观光林、特色水果、茶、观光花卉等产业，逐步形成具有地方特色的高效绿色农业。在对农业发展现状进行系统分析的基础上，识别农业生产中的主要环境影响因子以及制约农业生产效益提高的主要因素，制定资源循环型农业的近期和远期发展目标，因地制宜建立各种资源循环型农业模式，提出水源地保护和可再生新能源开发利用方案，制定农业系统内部各产业之间的耦合、共生、循环方案，同时提出农业与工业、第三产业以及资源再生产业之间进行合理链接的技术和方法。

（六）循环型第三产业规划

以国家 5A 级山景和滨海观光、休闲度假为主，着力做好"山、海"文章，体现山海一体的特色，构筑大旅游格局，搞好旅游基础设施建设、旅游服务和风景名胜保护，积极搞好旅游项目建设，大力发展科技旅游，推出别致、新颖的科技旅游项目；引进 ISO 14001 环境管理体系认证、清洁生产咨询服务等专业化环境服务机构，引进国内外著名酒店管理集团，在一批星级度假酒店的建设中引入循环经济理念，促进资源的有效利用和减少污染物的排放量；在新型楼宇开发中，要采用生态设计，推行绿色建筑，使用节能、节水设施和再生利用产品，合理设置货运网点和配送中心，通过缩短路线和降低空载率，合理配货，实现节能和减排污染物的目标。

（七）循环型社会规划

建立资源与废物交换信息平台，进一步提高资源能源交换和废物资源化利用水平；建成再生资源交易市场，形成一套较为完善的废物分类回收利用系统；完善生活垃圾分类收集、运送、资源化利用及无害化处理处置体系；建设再生水回用设施，提高再生水回用率；改善区域水环境质量；实现水资源的可持续利用；实施政府绿色采购制度、资源回收奖励制度和经济激励机制，激发再生资源回收和再生产品购买的积极性；树立生态文明意识，建立循环经济文化、实施并不断完善公众参与机制，形成良好的绿色消费氛围，增强公众资源节约意识和绿色消费意识。

五、G园区生态工业园区建设规划

G园区是经国务院批准设立的经济技术开发区，于1985年3月动工建设，是享有沿海经济技术开发区优惠政策的特殊经济区。现已成为所在市的经济重心和开放重镇，被评为"辉煌十一五·中国最佳综合实力开发区（园区）"。

（一）规划目标与指标

1. 总体目标

按照"五大板块"的战略部署，在海洋经济、海洋技术、节能环保等领域与国际深入合作，将开发区建设成为国际化、高端、低碳、生态示范园区；实现由"交通运输港"向"贸易物流港"、由"世界大港"向"世界强港"的战略性转变，将开发区建设成为具备全面的航运服务功能、雄厚的国际航运资源配置能力、完善的输运体系和市场交易体系的东北亚国际航运中心；以海洋装备制造业、海洋高端石油化工产业、电子信息产业、航空产业、海洋新兴产业等临港先进制造业为特色，以海洋特色区域创新体系为支撑，将开发区建设成为海洋技术产业化示范基地；全面推进"智岛计划"，以"千万平方米孵化器、千万平方米总部、千万平方米高端商务区、千万平方米保障和人才住房"四个千万平方米为发展载体，广泛吸引高级人才、专门人才、顶尖人才，将开发区建设成为高端人才集聚区。

2. 具体指标

按照《综合类生态工业园区标准》，设定基本条件5项以及经济发展、物质减量与循环、污染控制、园区管理四类指标共26项；另外，根据开发区的区情增加指标11项。G园区国家生态工业示范园区建设指标体系见表5-9。

表 5-9　G 园区国家生态工业示范园区建设指标体系

项目	序号	指　标	单　位	指标值或要求	2011 年	2015 年	2020 年
基本条件	1	国家和地方有关法律、法规、制度及各项政策得到有效的贯彻执行，近三年内未发生重大污染事故或重大生态破坏事件	—	符合	符合	符合	符合
	2	环境质量达到国家或地方规定的环境功能区环境质量标准，园区内企业污染物达标排放，各类重点污染物排放总量均不超过国家或地方的总量控制要求	—	符合	符合	符合	符合
	3	设有环保机构并有专人负责，具备明确的环境管理职能，环境保护工作纳入园区行政管理机构领导班子实绩考核内容，并建立相应的考核机制	—	符合	符合	符合	符合
	4	管理机构通过 ISO 14001 环境管理体系认证	—	符合	符合	符合	符合
	5	主要产业形成集群并具备较为显著的工业生态链条	—	符合	符合	符合	符合
经济发展	6	人均工业增加值	万元/人	≥15	62.79	96.47	137.78
	7	工业增加值年均增长率	%	≥15	16	17	16
	8	高新技术产业产值占规模以上工业总产值的比重	%	—	69.58	72	75
物质减量与循环	9	单位工业用地工业增加值	亿元/km²	≥9	12.26	23.43	49.78
	10	单位工业增加值综合能耗	吨标煤/万元	≤0.5	0.711	0.497	0.317
	11	综合能耗弹性系数	—	<0.6	−1.354	0.412	0.375
	12	单位工业增加值新鲜水耗	m³/万元	≤9	3.84	2.42	1.40
	13	新鲜水耗弹性系数	—	<0.55	0.475	0.253	0.250
	14	单位工业增加值废水产生量	t/万元	≤8	1.651	1.030	0.591
	15	单位工业增加值固废产生量	t/万元	≤0.1	0.165	0.078	0.033

续　表

项目	序号	指　　标	单　位	指标值或要求	2011 年	2015 年	2020 年
物质减量与循环	16	工业用水重复利用率	％	≥75	96.89	97.5	98
	17	工业固体废物综合利用率	％	≥85	97.52	99	99.5
	18	中水回用率	％	≥40	12.68	40	50
污染控制	19	单位工业增加值 COD_{Cr} 排放量	kg/万元	≤1	0.084	0.040	0.017
	20	COD_{Cr} 排放弹性系数	—	<0.3	−0.994	−0.176	−0.163
	21	单位工业增加值氨氮排放量	kg/万元	—	0.011	0.005	0.002
	22	氨氮排放弹性系数	—	—	−0.28	−0.17	−0.13
	23	单位工业增加值 SO_2 排放量	kg/万元	≤1	1.714	0.838	0.363
	24	SO_2 排放弹性系数	—	<0.2	−0.115	−0.127	−0.119
	25	单位工业增加值 NO_X 排放量	kg/万元	—	1.714	0.812	0.327
	26	NO_X 排放弹性系数	—	—	−0.34	−0.17	−0.21
	27	细颗粒物（$PM_{2.5}$）年平均浓度	$\mu g/m^3$	—	—	32.5	30
	28	石化区挥发性有机物年平均浓度　苯	mg/m³	—	0.268	0.241	0.230
		间对二甲苯		—	0.36	0.31	0.22
		邻二甲苯		—	0.36	0.33	0.21
		非甲烷总烃		—	0.74	0.65	0.52
	29	危险废物处理处置率	％	100	100	100	100
	30	生活污水集中处理率	％	≥70	97.5	98	99
	31	生活垃圾无害化处理率	％	100	100	100	100
	32	污泥无害化处理率	％		100	100	100
	33	废物收集和集中处理处置能力	—	具备	具备	完善	完善
低碳控制	34	节能建筑占新建筑的比例	％	—	100	100	100
	35	碳排放强度削减率	％	—	12.5	17.3	15.4
	36	绿化覆盖率	％	—	45.88	46	47

项目	序号	指　　标	单　位	指标值或要求	2011 年	2015 年	2020 年
园区管理	37	环境管理制度与能力	—	完善	具备	完善	完善
	38	生态工业信息平台的完善度	%	100	100	100	100
	39	园区编写环境报告书情况	期/年	1	1	1	1
	40	重点企业清洁生产审核实施率	%	100	100	100	100
	41	公众对环境的满意度	%	≥90	≥90	≥90	≥90
	42	公众对生态工业的认知率	%	≥90	≥90	≥90	≥90

（二）生态工业建设规划

1. 总体框架

六大产业集群共生链网以产品流为主线，通过横向耦合和纵向闭合，实现企业间产品、副产品、废物等资源共享。在建立六大产业集群共生链网的基础上，根据物质代谢关系、能量梯级利用关系和基础设施共享关系，加快建立产业之间的共生模式，实现物质循环利用、能量梯级利用和基础设施集成共享，使资源得到最优化配置与使用，构建区域的生态工业园区发展模式。园区成员可分为核心成员、附属成员、补链成员三类，其中主要工业企业为核心成员；居民生活、商贸物流以及自来水厂、污水处理厂、热电厂、垃圾填埋场、其他企业和区外的静脉产业园等为附属成员；为使生态共生系统处于健康稳定的动态平衡状态，规划添加物资回收利用、雨水利用、中水回用等补链成员。生态工业总体链网设计如图 5-22 所示。

2. 家电电子行业

（1）生态产业链构建与完善

针对目前家电配件制造业发展不足、电子信息产业起步较晚等问题，发展集成电路、电子元器件、电子信息专用材料等上游原材料生产；依托某大型家电制造企业的液晶模组扩能项目、台表液晶显示器项目提高中游配件生产能力；以几个大型家电企业为龙头，发展智能、高效节能个性化家电和数字视听产品，以卫星通信光电科技园项目和某世界 500 强企业的精密电子制品项目为重点，优先引进低空卫星组装、高端电子产品生产、笔记本电脑装配等高端产

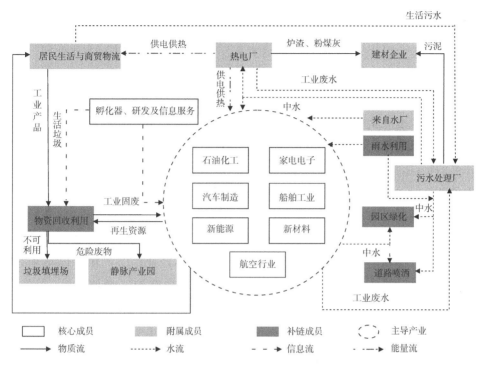

图 5-22　G 园区生态工业总体链网设计图

品生产群，拓展下游产业链，实现家电电子产业链的前向延伸和后向拓展，通过优化产业结构实现资源的合理配置。家电电子产业链如图 5-23 所示。

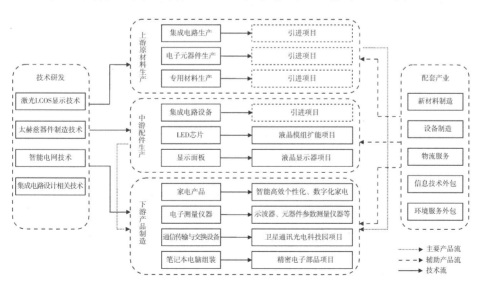

图 5-23　G 园区家电电子产业链规划图

（2）清洁生产

从降低线路板生产能耗、实现生产废水的循环使用、减少家电产品的生产和包装过程中固体废物的产生、对含有挥发性有机物的废气进行净化处理、减少生产过程中有毒有害物质的使用5方面进行清洁生产。

3. 石油化工行业

（1）生态产业链构建与完善

针对目前开发区石油化工产品以初级加工品为主，缺乏下游高级石油化工产品的特点，结合周边企业资源和产品市场状况，重点规划乙烯产业链、丙烯产业链、对二甲苯产业链等后向拓展产业。近期开展8.5万吨/年苯乙烯项目，充分利用炼油油气中有用物质苯乙烯。远期开展聚乙烯、环氧乙烷、EVA、环氧丙烷、苯酚、丙酮、聚丙烯、精对苯二甲酸等项目，将乙烯、丙烯等基础化工原料合理利用。同时发展前向延伸行业与静脉产业，以2万吨FCC项目为龙头，开发石油加工新工艺和设备研发新领域，建设FCC废催化剂、氢气、硫黄等废物和副产品回收利用项目，从而达到废物和副产品的产品化，实现减量化、再利用、再循环。石油化工行业产业链如图5-24所示。

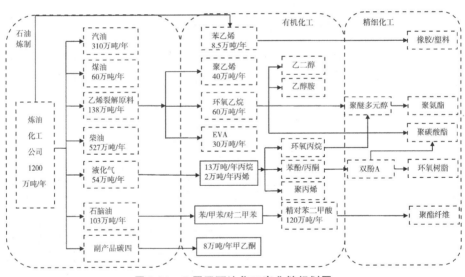

图5-24 G园区石油化工产业链规划图

（2）清洁生产

从废水串级使用，建立石油化工行业水资源集成系统；废气中有用物质回收，减少挥发性有机物排放；余热回收利用，实现节能降耗；技术创新，构筑石油炼制和石油化工技术平台等方面开展清洁生产。

4. 汽车制造业

（1）生态产业链构建与完善

一是针对目前开发区汽车制造业整车企业数量不多、汽车关键零部件发展滞后、新能源汽车发展处于空白等特点，重点推进电动汽车和新能源汽车建设，由汽车零部件、整车、专用车及新能源汽车制造构成产业内部循环的汽车制造产业链条；同时实现汽车的回收再生，构建物质再利用再循环的汽车产品回收循环产业链；二是针对汽车制造产业与相关行业关联度不高的问题，重点构建汽车制造业与石油化工业等行业间的物质、能源、信息共生网络。汽车制造产业链如图 5-25 所示。

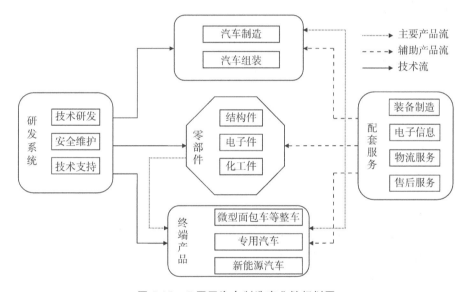

图 5-25　G 园区汽车制造产业链规划图

（2）清洁生产

根据汽车制造业的工艺流程特点及产污环节分析，规划从绿色设计、绿色制造、挥发性有机物控制三个方面促进汽车制造行业实施清洁生产。

5. 船舶工业

（1）生态产业链构建与完善

一是针对目前开发区船用配套设备制造企业较少、配套能力不强的特点，在现有产业基础上，进一步扩大船用配套产品生产，实现产业链由点到线扩张；二是通过建设造修船基地、船舶工业配套园、船舶配套物流业，形成配套产品—造修船—配套物流的产业集群，实现产业链由线到面转变；三是通过加强船舶工业高新技术及设计制造技术研发，实现产业链由面到网转变；四是实现造船业与临港产业的衔接，发展区域互补产业链；五是通过与其他造船基地分工协作生产，实现区域间产业链有机沟通。船舶工业产业链如图 5-26 所示。

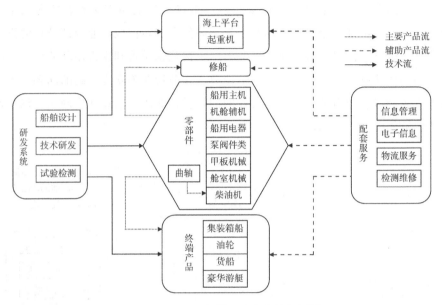

图 5-26　G 园区船舶工业产业链规划图

（2）清洁生产

根据船舶工业的工艺流程特点及产污环节分析，规划从绿色设计、绿色加工、绿色焊接、绿色涂装等方面实施清洁生产。

6. 新兴行业

（1）生态产业链构建与完善

一是完善新材料产业链，构建新材料产业与家电电子、汽车制造、航空行业、新能源等行业间的物质共生网络；二是以太阳能光伏产业链和风能设备制造产业链为主体，结合海洋能、地热能、生物质能开发和海水淡化项目，构建新能源和节能环保行业与其他行业间的能量流动网络；三是打造集航空制造、航空研发、航空服务、航材物流、航空培训于一体的航空产业集群。新材料行业与其他相关行业间物质共生网络规划如图 5-27 所示。

（2）清洁生产

通过对太阳能光伏产业链开展清洁生产审核，对海水淡化项目中的浓盐水进行综合利用等措施，进一步降低新兴产业的能耗、水耗和污染物产生量。

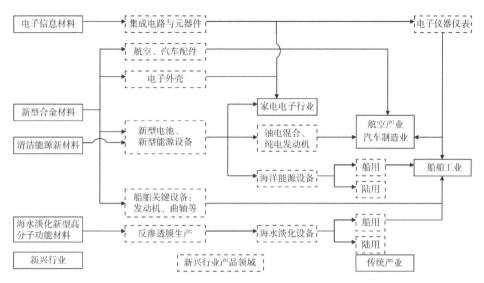

图 5-27　G 园区新材料行业与其他相关行业间物质共生网络规划图

7. 港口物流业

一是针对港口信息资源共享程度不高、配套服务体系不完善的问题，通过硬件基础设施建设、信息化建设和临港服务业的发展，提升港口物流运输、储存、包装、流通加工、配送、信息处理等专业化物流服务功能，完善港口物流内部产业链条；二是针对港口物流与港口腹地产业集群的耦合度较低的问题，通过物流网络建设，提升港口物流与港口腹地产业集群的耦合度，构建港口物流与家电电子、石油化工、汽车制造、船舶工业和新兴产业等产业间的物质、信息共生网络。

① 提升港口物流运输、储存、包装、流通加工、配送、信息处理等专业化物流服务功能，完善港口物流内部产业链条。

② 提升港口物流与港口腹地产业集群的耦合度，构建港口物流与家电电子、石油化工、汽车制造、船舶工业和新兴产业等产业间的物质、信息共生网络。

最终，通过第三方物流、第四方物流和物联网工程的发展，提升港口物流与港口腹地产业集群的耦合度，构建港口物流与家电电子、石油化工、汽车制造、船舶工业和新兴产业等产业间的物质、信息共生网络。港口物流产业链规划如图 5-28 所示。

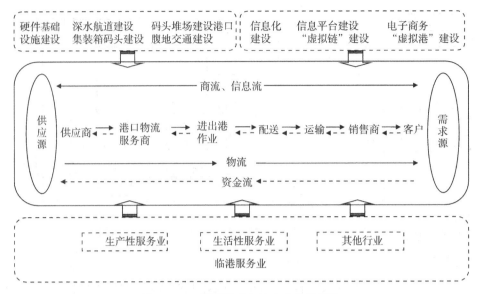

图 5-28 G 园区港口物流产业链规划图

（三）污染物控制方案

1. 大气污染控制

根据开发区经济社会发展特点，结合"十二五"期间总量控制指标要求，在对开发区环境空气质量及污染源分布进行调查分析的基础上，提出规划近期和远期大气污染控制和环境质量具体指标，见表 5-10。

表 5-10 G 园区大气污染控制与环境质量具体指标

项目	指标	指标值	2011 年	2015 年	2020 年
污染控制	大气治理设施的三同时完成率（%）	—	100	100	100
	锅炉烟气烟尘去除率（%）	—	99.57	99.75	99.80
	工业 SO_2 排放总量（万吨）	—	1.2	1.10	1.00
	SO_2 排放弹性系数	<0.2	−0.115	−0.127	−0.119
	单位工业增加值 SO_2 排放量（kg/万元）	≤1	1.714	0.838	0.363
	大气治理设施的有效运行率（%）	—	100	100	100
	工业废气各类污染物排放达标率（%）	—	100	100	100
	细颗粒物（$PM_{2.5}$）（$\mu g/m^3$）	35	—	32.5	30

续 表

项目	指 标		指标值	2011 年	2015 年	2020 年
污染控制	石化区挥发性有机物年平均浓度	苯（mg/m³）	—	0.268	0.241	0.230
		间对二甲苯（mg/m³）	—	0.36	0.31	0.22
		邻二甲苯（mg/m³）	—	0.36	0.33	0.21
		非甲烷总烃（mg/m³）	2	0.74	0.65	0.52
环境质量	全年空气质量优良率（%）		—	91.5	95	98
	绿化覆盖率（%）		—	45.88	46	47

（1）复合型空气污染治理方案

以扬尘控制为主要内容，对以煤炭、铁矿石运输为主的港区采取必要的污染防治措施，实施扬尘专项整治行动；加强石化区挥发性有机污染监管力度，严格执行建设项目环境保护"三同时"制度，对开发区 25 座加油站、8 辆油罐车、2 座储油库全部进行密封改造及油气治理等；加强机动车尾气污染控制，建立开发区机动车污染防治综合协调机制，实现氮氧化物排放总量达标；逐步建立 $PM_{2.5}$ 监测布控网络，开展 $PM_{2.5}$ 的监测工作。

（2）重点污染行业总量减排方案

规划加强电力、热力的生产和供应业及石油化工行业等重点污染行业的污染防治力度，将减排方式由工程减排向工程减排、结构减排和管理减排综合性减排方式转变，大幅度推进产业结构优化调整，严格执行行业准入制度，淘汰高污染行业中的落后产能方式，实现污染物总量控制目标。

（3）加强集中供热设施建设

按照供热分布的区域特点，将开发区划分为 5 个供热区，对现有供热锅炉进行扩容改造，依靠地热能、海水源、污水源热泵技术开发利用多种形式热源，建设以热电联产为主体，大型区域集中锅炉房、工业余热为辅助，洁净能源、再生能源为补充的城市供热体系。通过开发区集中供热体系的进一步建设完善，实现能源的高效利用，有效改善环境空气质量。

（4）加强开发区绿化，减缓城市热岛效应

充分发挥绿地在改善环境空气质量、减缓城市热岛效应方面的作用，以公园绿地、道路两侧绿化、防护绿地、滨海生态保护湿地、重点河流生态化整治为核心，协调推进城市绿肺、立体绿化、绿色廊道等项目建设，进一步扩大开发区绿化面积，提高绿化覆盖率，构建开发区绿地景观体系，实现绿化覆盖率

2015 年达到 46%、2020 年达到 47% 的规划目标。

2. 水污染控制

(1) 积极推进污水处理厂升级改造及配套设施建设

规划提高各污水处理厂的处理能力，建成相对完善的城市排水和防汛系统；积极推进中水回用建设工程，至 2020 年，中水回用率提升至 50%，加强中水管线铺设，为开发区部分企业、居民洗车、冲厕及绿化提供中水。

(2) 实施海水利用及雨水利用工程

规划以"电水联产"海水淡化厂项目建设为契机，采用反渗透法、低温多效两种方式进一步提高海水淡化能力至 10 万吨/日；在开发区南部新建规模为 2 万吨/日海水淡化厂一座，向区驻地及旅游度假区供水；率先以开发区内各类大型公园绿地为试点建设雨水收集工程，在全区树立雨水利用示范工程。

(3) 构建节水型社会，控制水资源需求量

依靠科技进步，重点加强石油化工行业、船舶工业等高水耗产业科技攻关，推进节水技术研究以及节水设备的研发与推广，提高工业用水重复利用率；采用水资源梯度水价体系，加强水资源宏观调控与节水目标落实到位，保障企业基本用水的同时，促进企业自主节水，限制过分用水，杜绝浪费；加强节水意识宣传，提高居民节水意识；推广使用节水型器具，减少供水漏失率，降低居民生活用水定额。

(4) 实施自来水改造工程，降低管网漏失率

加强水库引水工程二期建设，进一步保障开发区用水安全；对建设 10 年以上、DN100 以下管道进行改造，更换原有的镀锌钢管为新型管材；建设部分道路 DN800、DN1000 输配水管；建设 10000 立方米/日的加压泵站及配套管网系统；结合工业园建设，对部分道路 DN800 供水管线进行改造，保障供水安全。

3. 固体废物控制

(1) 多渠道推进固体废物减量化工程

以电力、热力的生产和供应业、汽车制造业及船舶工业为重点，多渠道推进开发区固体废物减量化工程，通过使用新的原材料、采用低废甚至无废的清洁工艺和重新设计产品实现以炉灰渣、废金属为主的固体废物减量化，预测至 2015 年开发区一般工业固废将减少至 102.01 万吨、至 2020 年开发区一般工业固废将减少至 91.21 万吨。

（2）实施固体废物减量化及综合利用工程

实施针对一般工业固体废物、危险废物、建筑垃圾、生活垃圾、餐饮垃圾等固体废物综合利用工程，对不同类型固体废物进行分类回收，对有利用价值的废物在行业内部再利用以进一步延伸产业链，或以原料形式向外输出至下游企业。

（3）构建再生资源回收体系

在对现存 185 个各类回收企业、站、点的整合、规范的基础上，统一规划、合理布局、规模建设，形成以社区标准化回收亭和规范的回收企业、站、点为基础，分拣中心为载体，综合利用为目标的"三位一体"的再生资源回收体系。逐步淘汰经营规模小、环境污染大的回收企业，并建设标准化回收亭140 个，建设包括一座占地 150 亩的废钢和有色金属分拣中心，一座占地 120亩的废塑料、废纸和废旧容器分拣中心及一座占地 80 亩的小型回收企业、站、点集中经营分拣中心在内的综合性再生资源分拣中心。

（4）加强危险废物监管力度

以《中华人民共和国固体废物污染环境防治法》《危险废物污染防治技术》及《危险废物贮存污染控制标准》等为指导，加强开发区危险废物监管力度，特别是加强对危险废物主要产生企业的管理力度，实行集中收集、统一处置的管理办法，保证危险废物 100％处理处置。严格实施转移联单制度，对其利用、处理和处置实施许可证制度，防止任何形式的不合理利用和处理处置。对于新建、扩建和改建项目进行危险废物的安全处理和风险评价，明确危险废物的产生情况、综合利用情况以及安全处置方式。

（5）建设完善固体废物交换信息系统

规划期内，在收集各企业固废产生动态信息的基础上，通过对信息的分类、登记、编号、汇总及数据库的建立，构建完善的开发区固体废物交换信息系统。通过系统发布固体废物产生信息，并由潜在客户向废物交换中心提出需求意向，促使有交换意向的企业完成配对，实现固体废物的交换利用。

4. 节能与新能源利用

（1）不断优化能源结构，推进新能源重点项目建设

规划引进新能源项目，加快风能、太阳能、地热能、海洋能以及生物质能等新能源的开发利用，积极发展新能源产业，实现现有能源结构的优化升级，建立新能源供应体系。

（2）实施能源安全保障工程

实施发电厂四期扩建工程，建设 670 兆瓦超临界燃煤供热机组及配套设施，增加网内电源能力；开展胶黄高压管线联络线及天然气门站建设工程，铺设高压管线联络线 18 千米，并建设供气能力 120 万方/日天然气门站一座；加快开发区燃气管网建设，完成场站及管网的升级改造，提升环形管网运行能力；引进中石油天然气资源，同时完成环形次高压管网建设，为开发区提供充足的燃气保障。

（3）积极开展重点行业节能

重点加强电力、热力的生产与供应业，石油化工行业及制造业等高耗能行业的节能力度，加快开发区重点节能项目建设，推进企业节能降耗。重点实施发电厂应用引射汇流技术对三期♯5 机组辅汽系统实施改造项目、670 兆瓦机组凝汽器真空系统改造项目、♯5 炉吸风机变频改造项目、海水淡化海水供水管道改造项目，部分企业利用窑炉余热，建设余热制冷机组项目；轮胎硫化废气回收利用项目、密炼机动态消谐高速无功补偿技术改造项目、氮气硫化动力站工艺系统改进项目等。

（4）推进能源审计进程

在不断完善能源审计相关法律法规的同时，开发区应积极推动全国、全省千户重点用能企业节能行动方案的实施，推进开发区节能降耗工作的进一步开展，对开发区综合能耗超过 1 万吨标准煤的重点用能企业每两年进行一次能源审计工作并编制相关节能规划。与此同时，注意加强能源审计师及能源审计机构的培育，形成完善的能源审计服务体系，为开发区的能源审计工作提供强大智力支持。

（四）低碳发展规划

依托开发区鲜明的海洋特色，以利用新能源和可再生资源及发展循环经济为重点，通过技术创新、制度创新、产业转型等多种方式，突破发展高新技术产业和现代服务业，推进家电电子、石油化工、汽车制造、船舶工业等重点领域的低碳化发展。发展低碳旅游、利用低碳能源、推进湿地碳汇、推行低碳建筑、创建低碳示范社区、推广节能环保型交通运输，建设低碳园区。

为保障生态工业建设规划、污染控制方案以及低碳发展规划的顺利实施，开发从组织机构建设、政府部门职能定位、企业职能定位以及公众职能定位等方面制定了详尽的保障措施。

六、H 园区生态工业园区建设规划

H 园区始建于 1992 年 11 月，是经国务院批准设立的首批国家级高新技术产业开发区之一。园区以高新技术产业为主导，是集产业孵化、出口加工、现代物流、行政管理、商务办公、金融贸易、文化娱乐和商业居住为一体的全新型现代化产业基地。主导产业为电子信息业、现代加工制造业、新材料业和海洋生物技术等产业领域，兼顾区位优势和差异性竞争优势的要求，以更好地体现高新区专业化生产基地的功能和特色。

（一）规划目标和指标

1. 总体目标

以循环经济和生态工业理论为指导，以电子信息业、现代加工制造业、新材料业和海洋生物技术四大重点产业为依托，用 5～10 年的时间，将 H 园区建设成为经济结构布局合理、产业集群优势突出、技术先进、知识密集、自主创新能力强、基础设施完善、人与自然和谐、环境景观宜人的现代化新型生态工业园区。转变生产和消费模式，提高资源能源利用效率，构建新型经济发展模式，达到节约资源、保护环境、提高经济运行质量和效益的目的，实现园区的可持续发展，促进生态系统良性循环。

2. 具体指标

在《综合类生态工业园区标准（试行）》的基础上，根据 H 园区的特点，提出指标体系，见表 5-11。

表 5-11　H 园区生态工业园区建设指标体系

项目	序号	指标	单位	近期	远期
经济发展	1	人均工业增加值	万元/人	≥15	≥20
	2	工业增加值增长率	%	≥25	≥30
物质减量与循环利用	3	单位工业增加值综合能耗	吨标煤/万元	≤0.5	≤0.4
	4	单位工业增加值新鲜水耗	m^3/万元	≤9	≤7
	5	单位工业增加值废水产生量	t/万元	≤8	≤7
	6	单位工业增加值固废产生量	t/万元	≤0.1	≤0.05
	7	工业用水重复利用率	%	≥75	≥90

项目	序号	指 标	单 位	近 期	远 期
物质减量与循环利用	8	工业固体废物综合利用率	%	≥90	≥98
	9	再生水回用率	%	≥40	≥50
	10	生活垃圾分类收集率	%	≥40	≥90
	11	可再生新能源所占比例	%	≥2	≥8
污染控制	12	单位工业增加值 COD 排放量	kg/万元	≤1	≤0.5
	13	单位工业增加值 SO₂ 排放量	kg/万元	≤1	≤0.5
	14	危险废物处理处置率	%	100	100
	15	生活污水集中处理率	%	≥70	≥80
	16	生活垃圾无害化处理率	%	100	100
	17	废物收集系统		具备	具备
	18	废物集中处理处置设施		具备	具备
	19	环境管理制度		完善	完善
	20	环保投入占 GDP 的比例	%	≥3	≥4
园区管理	21	信息平台的完善度	%	100	100
	22	园区编写环境报告书情况	期/年	1	1
	23	公众对环境的满意度	%	≥90	100
	24	公众对生态工业的认知率	%	≥90	100
	25	规模以上企业 ISO 14001 环境管理体系认证率	%	≥30	≥50
	26	企业实施清洁生产审核的比例	%	≥50	≥70
	27	绿化覆盖率	%	≥35	≥40

（二）生态工业建设规划

1. 总体框架

在循环经济和生态工业理论指导下，结合区位、产业和资本优势，通过完善电子信息业、现代加工制造业、新材料业和海洋生物技术内部及行业间的产业链和产品代谢链，优化产品结构，合理构建产品链，使产品生命周期中资源能源消耗最少、废物产生量最小；通过构建新产品链，增加工业链的稳定性和柔度，提高抗市场冲击能力，增强 H 园区在胶州湾产业带经济结构调整中的主动性和竞争力；通过实施"节流减污"措施和促进水的循环利用，提高水的过程效率，减少水的使用量和废水排放量；通过推行工业固体废物和生活垃圾的再生循环，构筑完善的废物分类、回收、再用和循环链，如图 5-29 所示。

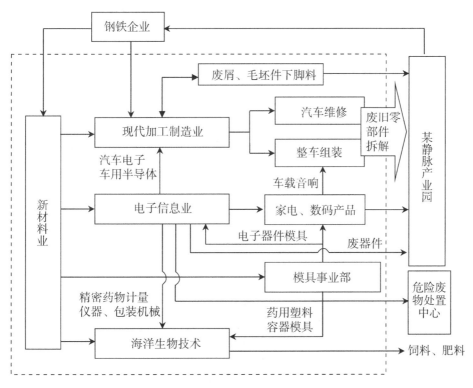

图 5-29 H 园区生态工业规划总体框架

2. 电子信息业

（1）产品代谢链条的构建与完善

引导电子信息产业链向多元化方向发展，形成以大企业为龙头，中小企业聚集发展的柔性工业网络。

某大型家电企业的模具事业部是整个电子信息业生态产业链的核心，既可以向 H 园区内集成电路和电子元器件生产企业提供所需的各类模具，又可以为国内外的众多家电企业提供配套产品；园区内的新材料企业为该大型企业的模具事业部提供各种纳米材料等新型原材料，同时为其他中小型电子信息企业提供生产所需的新型半导体材料，产品可以供应电子设备和数码产品生产企业；数字移动生产企业利用上游企业生产的专用芯片、主机板及零部件生产数字手机；该大型企业的模具事业部和其他电子信息企业生产的产品还可以用于家电配件的生产、组装，进一步装配为多种数码产品和家电；园区内的汽车、配件制造企业可以利用电子元器件生产企业生产的二极管及家电生产企业的产品生产各种车载电视和汽车音响等产品；包装材料生产企业根据其他企业的需求，提供各种规格的用于消费包装的包装材料和用于运输的包装材料。

（2）废物代谢链的构建与完善

某大型家电企业的模具事业部和其他中小型电子信息企业的产品经过市场报废后回收至静脉产业园，拆解的金属和塑料等废物送回加工企业，用于生产各种电子信息配套产品；电子信息企业的各种包装废物返回到包装物生产企业加工回用；危险废物由指定单位统一回收处理。加强电子产品回收管理，建立废旧电子产品回收中心，启动电子产品反向物流渠道建设，以实现资源的循环利用，如图 5-30 所示。

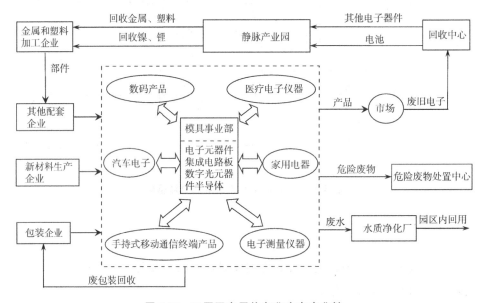

图 5-30　H 园区电子信息业生态产业链

3. 现代加工制造业

（1）产品代谢链的构建与完善

汽车工业是产业关联度高、规模效益明显、资金和技术密集的重要产业。H 园区的产业链关键点主要是整车组装、汽车零部件或辅件，近期的发展重点集中于泵车生产和客车生产。

　　通过发展电子信息业和新材料业，为现代加工制造企业提供配套产品，形成区内稳定的跨行业产品代谢链条；重点组装、生产客车和混凝土泵车；延长产品产业链，与外地的汽车装配和生产企业构建虚拟产业链；积极发展汽车维修服务业，培育新型的下游企业。

　　（2）废物代谢链的构建与完善

　　通过发展静脉产业园废旧汽车回收企业，回收、拆解汽车生产企业和汽车维修企业的各种废旧汽车配件，简单加工后部分回用于汽车维修企业，剩余部分进行深加工后再返回到企业配件生产企业，构建汽车回收的反向物流渠道，逐渐形成较为完善的现代加工制造业生态产业链，如图 5-31 所示。

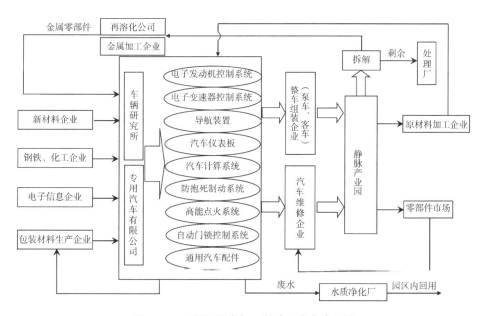

图 5-31　H 园区现代加工制造业生态产业链

　　4. 新材料业

　　（1）产品代谢链的构建与完善

　　新材料业是众多行业的边缘产业，其产品纳米材料、高分子材料、新型复合材料、新型功能材料等用途广泛。功能材料中的感光材料、导电和磁性材料、智能材料等与电子信息业发展密切相关，可以为电子信息企业的半导体和电子元器件生产提供新型原料；新型能源材料可以作为锂离子电池、镍氢电池重要的生产原料，成为移动通信产品和数码产品生产企业稳定的原料供应源；新型复合材料可以作为终端电子产品的外壳生产原料，也可以作为客车生产中仪表盘等配件的重要生产原料；高分子材料和纳米材料生产企业可成为制药企业稳定的原料供应商。

（2）废物代谢链的构建与完善

新材料业生产所需原料来源广泛，区内的其他企业产生的各种固体废物利用资源化技术可以转化为新材料企业的原料。H园区应重点研发各行业的废物资源化技术，发掘废物转化为复合新材料的潜力，推进资源再生企业转向新材料业，如图5-32所示。

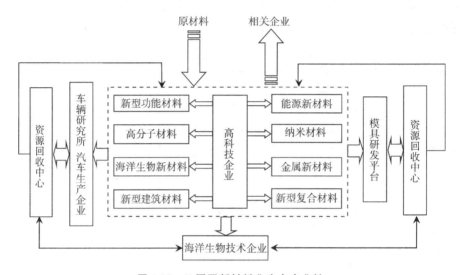

图5-32 H园区新材料业生态产业链

5.海洋生物技术

（1）产品代谢链的构建与完善

利用海洋优势，引进国内外大型制药企业，重点开发海洋医药产品；提高化学制剂工业的规模和实力，发展高端医药中间体和化学原料药，为园区外的医药生产企业提供原料；以生物技术公司为依托，研发现代生物技术产品；依托电子信息和新材料企业，挖掘电子医疗器械业发展的潜力。

（2）废物代谢链的构建与完善

开展有机工业固体废物资源化利用。以有机肥为媒介，形成第一产业、第二产业和自然环境有机结合的复合生态工业系统。

结合产业发展规划，前瞻性地开展生态工业网络的多样性建设，以支持未来多样化的固体废物以及其他副产品的资源化和代谢过程，如图5-33所示。

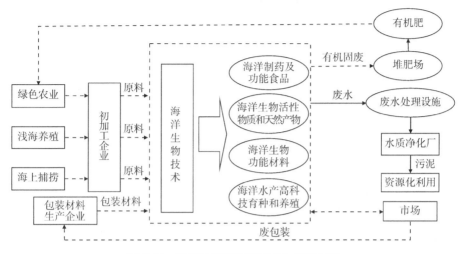

图 5-33　H 园区海洋生物技术生态产业链

（三）资源节约与综合利用

1. 固体废物

H 园区利用工业炉渣、建筑垃圾等固体废物进行基础回填，实现建筑垃圾和工业炉渣的资源化利用，该项工作已得到市政公用局的批准。项目实施后，减少了回填土对矿山资源和土地资源的依赖，保护了矿山和土地资源，解决了市区建筑垃圾处理难的问题。

H 园区开展与碱业股份有限公司的合作，利用碱渣（白泥）和粉煤灰混合制工程土取代土地和矿产资源，用于 H 园区二期工程的场地、地基和路基的填筑。H 园区二期工程规划用地规模 6.58 平方千米，附带规划用地 1.69 平方千米，总需回填土方量约 950 万立方米，通过项目实施可资源化利用碱渣（白泥）400 万立方米。实现河口浅滩（30 万立方米）以及废渣治理场内堆放碱厂碱渣（110 万立方米）的全部资源化利用，解决长期以来困扰市民、市政府以及碱业股份有限公司的碱渣（白泥）污染问题。

2. 水资源

H 园区建设水质净化厂一座，设计总规模为 6000 吨/天，其中一期为 3000 吨/天，二期为 6000 吨/天。出水水质达到《城市污水再生利用城市杂用水水质标准》的要求，主要用于绿化、冲厕、刷地、洗车、施工用水及补充园区景观用水，使园区实现污水零排放。工艺为 SBR 两级生化处理，经生物过滤和消毒，达标回用。再生水分配原则为：工业回用 50%，生活杂用 50%。

预计 H 园区年降雨量为 700 毫米/年，年降雨天数为 186 天，即平均每天 3.76 毫米。利用屋顶和停车场回收雨水，面积可达到 9000 平方米，则年回收雨水的最大量为 6300 立方米，除去蒸发量，回收率为 80%，主要用于街道清洗、厕所冲洗以及绿化喷洒。

3. 可再生能源

H 园区采用太阳能路灯照明系统，系统由光源、太阳能电池板、蓄电池、充电控制器等组成。目前已完成咸水湖浸水平台和周边太阳能路灯的安置。

H 园区综合楼供热采用闭合循环中央供热水系统，系统由蓄热装置和"BT"型集热器等组成。真空集热器接受太阳辐射，将收集的太阳辐射能转化为热能，使真空管和集热器内的水逐渐加热；当集热器内的水温达到设定温度时，通过温度传感器、温度控制器及电磁阀、水泵等设备，将集热器里的热水输送到具有保温功能的储热水箱中存储起来，同时自动补进冷水。当水位达到储热水箱上限后，温度控制器启动相应设备，将系统运行方式自动转为定温循环，使集热器与水箱之间形成循环，继续利用太阳辐射能量，进一步提高水箱水温。

(四) 绿色招商

1. 准入名录

根据市委、市政府对 H 园区的建设要求，H 园区以高新技术产业为主导，包括电子信息业（含电子家电）、现代加工制造业（含汽车、零部件）、新材料业（含新材料制品）、海洋生物技术（含海洋药物、生物制药等），其他行业不得入园建设。

根据 H 园区的结构功能划分，对入园行业的控制性建议见表 5-12。信息产业区优先进入的行业有仪器仪表及文化办公用机械制造业、电子及通信制造业、电器机械及器械制造业、邮电通信业等，控制进入行业有医药制造业、仓储业、交通运输设备制造业等；制造工业区优先进入的行业有医药制造业、电子及通信制造业、电气机械及器材制造业、仓储业、邮电通信业、农副产品加工业、建材业等，控制进入的行业有黑色金属冶炼及压延工业、橡胶制品业等；各区严格控制进入行业有黑色金属冶炼及压延加工业、橡胶制品业、化学原料及化学制品制造业、皮革、毛皮、羽绒及其制造业。不准进入的有电镀业、纸浆业、焦化业、酿造业、基础化学原料制造业和不符合国家产业政策的项目。

表 5-12　H 园区入园行业的控制建议

行　业　类　别	信息产业区	制造产业区
仪器仪表及文化办公用机械制造业	★	★
黑色金属冶炼及压延加工业	×	×
橡胶制品业	×	×
化学原料及化学制品制造业	×	×
皮革、毛皮、羽绒及其制造业	×	×
造纸及纸制品业	×	×
新型医药制造业	▲	★
新材料及其制品	★	★
电子信息（不包括耗水较大的集成电路等）及通信制造业	★	★
电气机械及器材制造业	▲	★
仓储业	▲	★
邮电通信业	★	★
交通运输设备制造业	▲	★
火力发电业	×	×

注：★—优先进入行业；▲—控制进入行业；×—严格控制进入行业。

2. 企业准入条件

根据 H 园区的特点和生态工业发展的要求，入园企业除必须符合主导行业的发展方向以外，还必须达到园区在资源能源消耗水平、污染物排放强度和环境管理等方面的规定和要求。入园企业控制性指标见表 5-13。

表 5-13　H 园区入园企业准入条件

指　标	行　业	取　值	要　求
单位工业增加值综合能耗（吨标煤/万元）	电子信息业	≤0.5	企业符合国家产业政策，拒绝落后工艺入园，生产工艺和设备必须处于国内先进水平。
	现代加工制造业	≤0.5	
	新材料业	≤0.5	
	海洋生物技术	≤0.5	
单位工业增加值新鲜水耗（m³/万元）	电子信息业	≤0.6	
	现代加工制造业	≤4	
	新材料业	≤9	
	海洋生物技术	≤5	

续　表

指　　标	行　　业	取　值	要　　求
单位工业增加值废水产生量（t/万元）	电子信息业	≤0.5	排放水平必须达到水质净化厂的接管要求，限制重污染企业入园。
	现代加工制造业	≤3.5	
	新材料业	≤0.8	
	海洋生物技术	≤3	
单位工业增加值固废产生量（kg/万元）	电子信息业	≤0.5	一般废物必须由企业进行综合利用或废物交换，危险废物交由园区进行安全处置。
	现代加工制造业	≤5	
	新材料业	≤0.3	
	海洋生物技术	≤0.1	
单位工业增加值 SO_2 产生量（kg/万元）	电子信息业	≤0.1	达到规定要求。
	现代加工制造业	≤1	
	新材料业	≤1	
	海洋生物技术	≤1	
环境管理	积极执行 H 园区管委会的环保政策；对员工开展安全环保健康培训；有条件的企业要建立企业环境风险管理和预警系统。		
环境责任	明确企业在园区的环境责任；入园前必须进行环境影响评价；在规定时间内通过清洁生产审计；污染物排放必须达到国家或园区的要求；企业定期向公众发布污染处理、排放、环境管理等方面的信息。		

表 5-13 对 H 园区入园企业的资源能源消耗强度、污染排放强度等方面做出详细的要求，以便控制各行业和园区总体的资源能源消耗强度和污染排放强度，使得园区在经济发展的同时，对环境的压力降到最小。同时，企业也要建立自身的环境管理制度，符合园区的环境管理要求，进行绿色融资。有条件的企业可以根据实际情况开展环境风险管理、员工环境教育、环境信息公开等方面的活动，使企业明确自身的环境责任，提高整体的环境管理水平。

七、I 园区循环经济园区建设规划

I 园区位于山区和平原的结合地带，自开展循环经济园区创建以来，一直坚持以发展新型工业为支撑，以现代服务业为主体，以现代农业为基础的产业体系，重点发展精细化工、冶金机械制造、高端建材和现代物流为主导的四大特色产业集群，是全国百佳科学发展园区。

（一）规划目标与指标

1. 总体目标

坚持生态环保优先、保护与开发并举的原则，优化布局，推进产业集聚。加快转方式、调结构的步伐，构建起以生态工业为支柱、生态服务业为骨架、生态农业为基础的生态产业体系。将发展生态工业与发挥区域优势、提高市场竞争力相结合，重点培育化工产业、冶金机械产业、机械电子产业、高端建材产业和现代物流产业，形成具有五大生态产业特色的循环经济示范园区。通过园区内外的物质、能源集约、梯级利用、废物的交换利用以及基础设施和信息的集成共享，实现资源利用的最大化和废物排放的最小化；实现工业生产与环境保护相容、节能降耗与减污增效并举、生态良性循环和社会经济持续协调发展。

2. 具体指标

I 园区循环经济园区建设指标体系见表 5-14。

表 5-14 I 园区循环经济园区建设指标体系

项目	序号	指标	现状值（2011 年）	近期（2015 年）	远期（2020 年）	标准值
经济发展	1	人均工业增加值（万元/人）	11.666	25.71	54.44	≥10
	2	工业增加值年均增长率（%）	13	23	22	≥15
	3	单位工业用地工业增加值（亿元/km²）	8.25	18.52	27.52	≥9
	4	高新技术产业产值占规模以上工业总产值的比重（%）	30	≥36	≥40	≥35
物质减量与循环	5	单位工业增加值综合能耗（吨标煤/万元）	0.44	0.24	0.15	0.5
	6	综合能耗弹性系数	0.58	0.25	0.47	<0.6
	7	单位工业增加值新鲜水耗（m³/万元）	9.76	7.85	5.19	≤9
	8	新鲜水耗弹性系数	0.31	0.13	0.36	<0.55
	9	单位工业增加值废水产生量（t/万元）	9.34	3.74	1.72	≤8
	10	工业用水重复利用率（%）	53	80	90	≥75
	11	中水回用率（%）	33	45	60	≥40

项目	序号	指　标	现状值 (2011 年)	近期 (2015 年)	远期 (2020 年)	标准值
水污染控制	12	单位工业增加值 COD 排放量（kg/万元）	1.35	0.14	0.07	≤1
	13	COD 排放弹性系数	0.28	0.24	0.21	<0.3
	14	生活污水集中处理率（%）	80	90	95	≥85
大气污染控制	15	单位工业增加值 SO_2 排放量（kg/万元）	1.48	0.75	0.32	≤1
	16	SO_2 排放弹性系数	0.15	0.12	0.09	<0.2
	17	碳排放强度消减率（%）	—	10.0	12.0	≥8
固体废物污染控制	18	单位工业增加值固体废物产生量（t/万元）	0.74	0.098	0.09	≤0.1
	19	工业固体废物综合利用率（%）	80	95	98	≥85
	20	生活垃圾无害化处理率（%）	90	100	100	100
环境风险防范	21	危险废物处理处置率（%）	100	100	100	100
	22	废物收集和集中处理处置能力	基本具备	具备	具备	具备
园区管理	23	环境管理制度与能力	基本完善	完善	完善	完善
	24	循环经济信息平台的完善度（%）	50	100	100	100
	25	园区编写环境报告书情况（期/年）	1	1	1	1
	26	重点企业环境报告书编制率（%）	0	25	35	≥20
	27	重点企业清洁生产审核评估/验收通过率（%）	40	100	100	≥80
	28	公众对环境的满意度（%）	91	94	96	≥90
	29	公众对生态工业的认知率（%）	80	92	95	≥90
	30	公共污染治理设施通过 ISO 14001 环境管理体系认证比率（%）	0	100	100	100
	31	工业企业通过 ISO 14001 环境管理体系认证比率（%）	15	≥30	≥50	≥20
	32	工业企业产品通过环境友好产品认证比率（%）	10	≥30	≥50	≥20

（二）循环产业发展规划

1. 循环产业链网设计

以综合工业聚集区、四大特色产业园（冶金机械产业园、化工产业园、物流加工产业园、机械电子产业园）为主体，纵向耦合、横向共生，建设一批产业关联度大、资源共享、副产品利用的生态工业集群。以物流仓储、商贸物流业为发展重点，结合独特的风景资源开展生态旅游，促进生态服务业的发展。着重发展"畜（禽）—沼—果（菜、林、果）"复合型模式、"花卉种植—休闲观光—种植"体验等模式，积极发展生态农业。寻找三次产业之间在物质交换、能量梯级利用等方面的链接潜力，建立起若干个一、二、三产业复合的生态链网体系。以基础设施共享、社会服务共享、信息共享等为媒介和支撑，建立起生态产业系统与和谐社会体系、保障体系之间的有机关联，带动产业系统的价值增值，推动社会保障体系的逐步完善。园区循环经济生态链网体系如图5-34 所示。

2. 循环型工业发展规划

（1）综合工业集聚区

综合工业聚集区涵盖化工、建材、机械、电子和物流五大产业，是目前园区主要的工业发展带。今后的发展重点是在保持现有产业发展规模的基础上，进一步整合产业资源，优化产业布局，加大产业升级和技术改造力度，逐步淘汰产能落后、规模小和清洁生产水平低的企业。凸显原有石化行业的主体地位，辐射影响带动园区其他化工行业发展；突出建材和机械电子的特色地位，成为园区特色经济增长点；依托园区运输区位资源优势，大力发展现代物流产业。

（2）冶金机械产业园循环经济发展规划

利用铁资源优势，依托龙头企业，在实施专业化分工的基础上，重点突破，在做精做强优势产品的基础上，突出特色产品，打造冶金产业体系。充分利用冶金产业上下游产业链带动机械行业的快速发展。

（3）化工产业园发展规划

化工产业园属新建园区，主要是充分利用园区现有化工产业基础，结合国际、国内化工领域的最新发展动向，重点发展以 HDI 产业为龙头的化工产业体系，同时加大科技研发投入，形成具有较强创新能力高分子产业体系和化工产品研发基地。

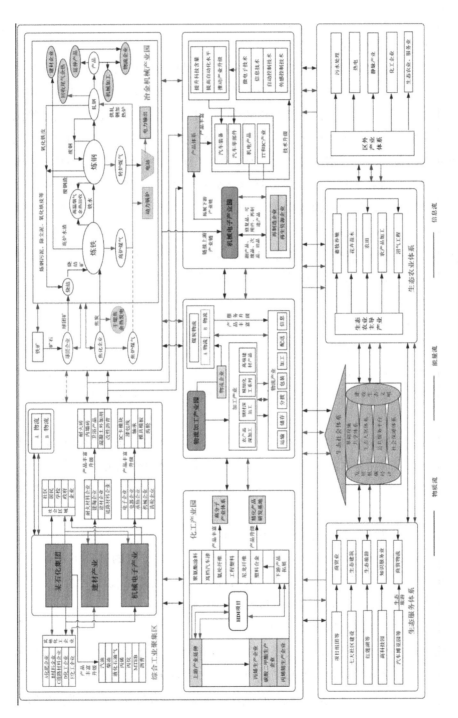

图 5-34 1园区循环经济生态链网体系示意图

（4）机械电子产业园发展规划

机械电子产业园为新规划的产业园区，现在尚没有企业入驻。其功能定位为发展汽车装备、汽车零部件、机电一体化产品、IT 和 IC 电子产业，形成覆盖高、中、低端市场的多样化的产品体系，打造成区域内乃至全国最大的汽车装备及零部件生产高地。

（5）物流加工产业园发展规划

充分利用铁路和公路网的运输资源优势，与物流企业形成良好互动，构建物流加工产业园，形成园区的三大特色现代物流产业体系，为入园企业做好现代物流服务。

（6）循环经济生态工业链网构建

以改造提升钢铁、化工建材、机械加工等传统产业为基础，以培育发展战略性新型产业园区为重点，抓好产业结构调整；以要素集中、产业关联、设施共享为导向，加快产业优化布局；以采用清洁高效利用技术为支撑，实现资源的集约利用和对污染物的有效控制；以建立绿色管理体系为核心，实现园区的绿色管理；构建产业间、区域间的生态链网体系。I 园区工业生态链网如图 5-35 所示。

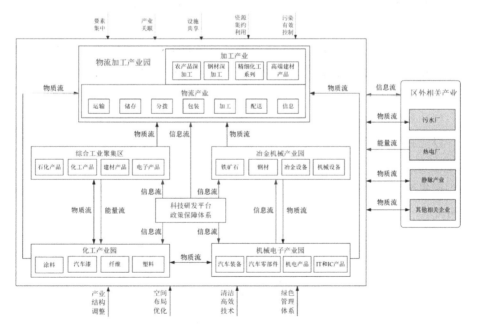

图 5-35　I 园区循环经济工业生态链网示意图

3. 循环型服务业发展规划

建立以生态旅游、商贸物流业为支柱，以科技咨询、金融保险业等为辅助，以房地产业为保障，布局合理、业态多样、服务园区、辐射周边的生态服务业体系。

（1）商贸物流业发展规划

充分发挥中心片区作为商务中心和政务中心的辐射带动影响功能，发展商业综合体项目、休闲娱乐商业、特色商业、商业街和搞好社区商业网点布局工作等，建立布局合理、运作规范的商贸物流新格局，使商贸物流业成为繁荣地方经济、强化城市功能、便利人民生活的现代服务业的支柱产业，把园区建设成带动区域内，辐射周边，具有重要影响的商贸物流中心。

（2）生态旅游业发展规划

积极推行生态资源保护优先、限制开发的生态旅游开发模式，全面对园区内景点实施生态环境保护，大力发展生态产业，加强生态保护工程建设；按照"高起点规划、跨越式发展"的发展思路，整合园区现有自然环境，以及独特的区位、人文历史、社会文明、经济发展等资源优势，把现代城市文明与田园风光、青山绿水、鸟语花香、民俗风情等完美地糅合在一起，发展现代旅游服务业，配套规划建设相应的餐饮、住宿、娱乐、文化休闲等核心服务内容；积极发展生态农业观光旅游，把其建设成为园区服务行业的又一新经济增长点；与区域旅游规划有效衔接，与区域内著名景区进行配合和联动，形成相互配合、相互促进的发展态势，发挥整体化效应，带动园区旅游产业的健康快速发展。

（3）其他服务业发展规划

以完善配套基础设施、实施安居工程为重点，加快发展以"绿色、低碳、生态"为导向的生态房地产业；发展生产性服务业和消费性服务业，着重发展知识密集型服务业和劳动密集型服务业，加快发展会展经济、知识经济等新兴服务业。

4. 循环型农业发展规划

优化农业产业内部结构，重点发展生态农场、花卉苗木、大棚种植及畜牧养殖等农业产业体系；合理配置农业资源，改善农业生产条件和生态环境，加快发展农业循环经济，打造优势明显、特色突出的新型农业体系；构建以沼气为纽带的农业生态经济发展模式，花卉苗木生产—加工—流通产业链条以及都市型农业循环经济综合利用产业链条。园区农业循环经济生态链网如图 5-36 所示。

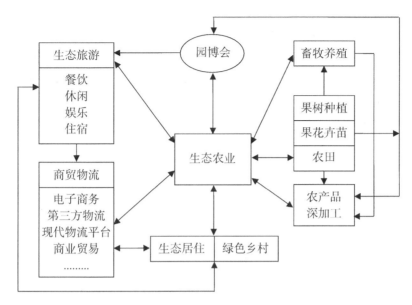

图 5-36　I 园区农业循环经济生态链网示意图

（三）主要污染物控制方案

1. 水循环利用和污染控制规划

制定了水资源管理方案、水资源减量化方案、水资源开发与高效利用方案以及水污染控制方案，通过以上四种方案的实施，建立起园区的水资源利用生态链网。

2. 大气污染控制和利用规划

通过优化能源结构，减少大气污染源；关停小锅炉、实行集中供热；控制工业废气污染源，削减工业废气排放量；控制机动车尾气污染；控制扬尘污染；控制饮食服务业废气污染；倡导低碳生活方式，发展低碳经济；促进绿色建筑和建筑节能等手段推动对大气污染的有效控制。

3. 固体废物循环利用和污染控制规划

通过源头削减、分类收集、循环利用、无害化处理处置等手段，建立起完善的固体废物收集和集中处理处置设施，形成区域集中处置与分散处理相结合的、高效的处理处置规模；完成区内垃圾中转站、垃圾收集系统的建设，在全部企业及生活服务区推行垃圾分类回收，建立起"分类收集、分类运输、分类处理"相互配套的分类回收体系；固体废物的收集、处理、处置过程不对环境产生明显的影响。

4. 能源利用规划

全面推广天然气利用，充分利用热电厂产生的蒸汽，增加太阳能等可再生能源的利用水平，以提高园区绿色能源的使用比例。大力推广利用污水处理过程中产生的沼气，主要用于居民生活的照明和炊事等日常生活，从而促进能源的梯级循环利用。

（四）低碳发展规划

按照循环经济和低碳经济理念、工业生态学原理，根据发展实际从"低碳产业、低碳生产、低碳生活"等方面入手，通过产业结构优化、产业技术创新和社会管理升级等措施，提高能源利用效率、降低能源消费强度和改善能源消费结构，逐步实现减少碳排放的目标。

（五）生态文明建设

通过生态社区、绿色学校、生态景观建设以及全民生态教育、倡导绿色消费等措施全面落实生态文明建设；塑造新型的生态社区，营造居住环境宜人、文化氛围浓厚、服务体系完善、社会风气良好、生态和谐的社会环境；实现公众、企业、决策管理者生态文明程度的显著提高，在全社会树立起建设生态工业示范园区的共同理想和坚持可持续发展的共同理念。

第三节　社会层面的循环经济规划

社会层面的循环主要针对社会层面的废物的收集、再利用及安全处置。从产业层面来讲，对固体废物进行回收和再加工利用的产业，俗称"再生资源产业"或"资源再生产业"。这个产业的最大功能，如同将含有二氧化碳的血液送回心脏的静脉一样，是能使工业废物和生活垃圾变废为宝、循环利用，因此，国际上也形象地将其称为"静脉产业"（Veinous Industry）。静脉产业园是静脉产业的最佳实践形式，也是实现循环经济的"资源化"理念的最佳实践形式之一。在我国，又被称为静脉产业类生态工业园区，其是以从事废物资源化生产加工企业及对废物的环境安全处置企业为主体建设的循环经济园区。它以废物减量化、再利用及资源化为指导原则，以实现节约资源、减少废物最终处置量、降低环境污染负荷为目标，运用先进的技术，将生产和消费过程中产生的废物最大限度地进行资源化处置。

一、J园区循环经济产业区规划

J园区是目前中国北方最大的再生资源专业化园区，现入驻中外企业187家，重点培育了废旧机电产品拆解加工业、精深加工与再制造业、节能环保新能源业等六大主导产业，形成了循环经济发展雏形。为更好地发展循环经济，推进资源再生利用水平的提高，该园区开展规划编制，力求建立"静脉串联""动脉衔接"、产业间"动态循环"的循环经济发展新模式。

（一）规划目标与指标

1. 总体目标

根据当前的循环经济发展趋势，立足区位优势，以现有产业发展为基础，将J园区打造成为国际一流循环经济产业示范区、国家级循环经济产业带动基地、中国节能环保新能源高新技术孵化推广基地以及中国北方地区的"城市矿山"，体现循环、生态、便捷、智慧和宜居的鲜明特色。

2. 具体指标

为保证产业区高起点发展，在比较分析国内外同类产业区案例基础上，构建本区发展循环经济的指标体系。从经济发展、资源循环与利用、污染控制和园区管理四方面，确定了园区发展循环经济的31项具体指标，见表5-15。

表 5-15　J园区循环经济指标体系

项目	序号	指　标	单　位	2009 年	2015 年
经济发展	1	人均工业增加值	万元/人	13	≥14
	2	静脉产业对园区工业增加值的贡献	—	100%	100%
	3	土地产出率	万元/亩	391	433
	4	能源产出率	万元/吨标煤	40	≥28
	5	水资源产出率	万元/m³	3	≥1.9
	6	投资强度	万元/亩	77	≥90
	7	单位工业增加值综合能耗	吨标煤/万元	0.2	≤0.3
	8	单位工业增加值新鲜水耗	m³/万元	2.7	≤4.1

项目	序号	指　标	单　位	2009 年	2015 年
资源循环与利用	9	废弃资源处理量	万吨/年	100	≥340
	10	工业固体废物综合利用率	—	90%	≥95%
	11	工业用水重复利用率	—	70%	≥80%
	12	拆解机械化率	—	80%	≥90%
	13	废旧电子信息产品资源化率	—	—	≥97%
	14	报废汽车资源化率	—	—	≥99%
	15	废旧轮胎资源化率	—	—	≥95%
	16	废塑料资源化率	—	—	≥90%
	17	其他废物资源化率	—	符合相关规定	符合相关规定
污染控制	18	单位工业增加值固废产生量	t/万元	0.07	≤0.05
	19	单位工业增加值废水产生量	t/万元	3.5	≤3.0
	20	单位工业增加值 SO₂ 排放量	kg/万元	0.8	≤0.7
	21	单位工业增加值 COD 排放量	kg/万元	0.4	≤0.3
	22	危险废物安全处置率	—	100%	100%
	23	入园企业污染物排放达标率	—	90%	100%
	24	集中式污水处理设施	—	具备	具备
	25	废物集中处理处置设施	—	具备	具备
园区管理	26	园区环境管理制度	—	健全	健全
	27	入园企业的废物拆解和生产加工工艺	—	达到国际同行业先进水平	达到国际同行业先进水平
	28	园区绿化覆盖率	—	15%	≥40%
	29	信息平台的完善度	—	100%	100%
	30	园区旅游观光、参观学习人数	人	5000	≥50000
	31	园区编写环境报告书情况	—	1 期/年	1 期/年

（二）总体规划

1. 总体布局

J园区总体布局为"一心、两带、三轴、三区"，即：高标准的科研服务中心（一心）；林下经济发展带，河流生态保护带（两带）；黑龙港河景观发展轴，高常快速路综合发展轴，迎宾大道产业发展轴（三轴）；产业功能区，科研服务功能区，居住功能区（三区）。

2. 产业规划

依托静脉产业发展优势，根据比较优势、产业关联、区域分工和协作、生态化等原则，着力发展废旧机电产品拆解加工业、废旧电子信息产品拆解加工业、报废汽车拆解加工业、废旧轮胎及橡塑再生利用业、精深加工与再制造业、节能环保新能源业等六大主导产业，并根据产业链关联程度，合理安排各产业功能的空间关系，从而促进产业链条转化过程中再生资源的"零损耗"，以及在整个产业循环过程中再生资源在区内的"自消化"。J园区产业发展总体框架如图5-37所示。

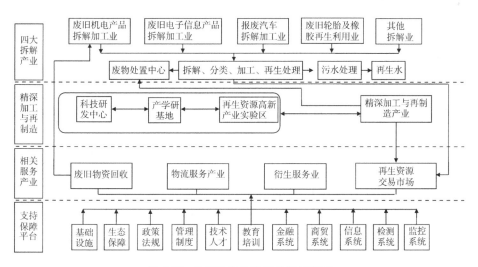

图 5-37　J园区产业发展总体框架图

四大拆解产业以废铜、废铝、废橡胶、废塑料等资源化深加工项目为重点，以再生资源装备制造项目为支撑，以汽车零部件再制造项目和贵金属、稀有金属的资源化回收利用项目为提升，以新能源战略性新兴产业项目为补充，构建适用、合理的产业链条。J园区近期发展产业链条如图5-38所示。

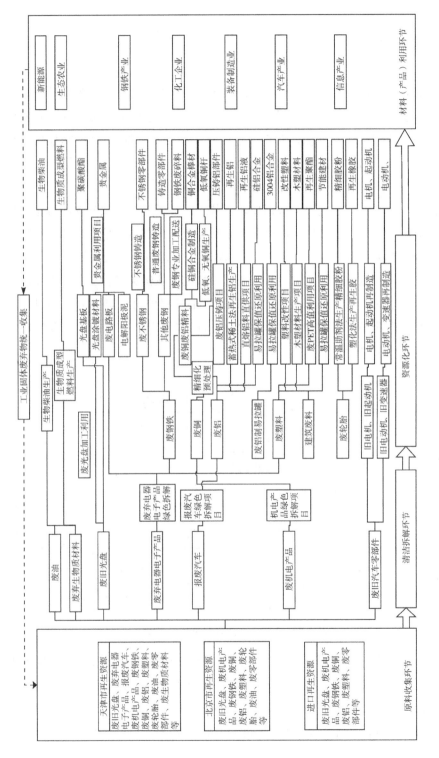

图 5-38 J园区近期发展产业链条图

（三）物质代谢规划

1. 能源

推进新能源产业，提高可再生能源的利用比例，大力推广太阳能技术，如生活热水、道路照明等；因地制宜、采用地源热泵、水源热泵以及工业污水源热泵技术，充分利用地热与工业余热资源；远景规划一座生物质能热电厂，通过冷热电联产，作为远景产业区的主要能源供给，并提高产业区可再生能源利用的比例。通过以上措施实现能源的梯级利用，使产业区清洁能源利用率达到 30％。

2. 水资源

建设统一的雨水收集回用系统和污水处理再生回用系统，达到雨水、污水循环利用，根据处理后的水质等级，用于相应的生产、生活及景观用水，实现水的分类循环使用。

3. 固体废物

规划在市政公用工程岛内新建 1 座垃圾焚烧发电厂，通过垃圾分类收集、集中处理，将生产和生活垃圾焚烧发电，进行资源化处理。同时通过建设危险品处理中心，将产业区中危险品集中处理，满足环保要求，实现安全生产。

二、K园区循环经济产业区规划

K园区规划占地面积 200 公顷，园区内拥有工业废物和生活垃圾最终处置设施，环境安全保障设施完善，是国内唯一获得国家相关部委认可的、典型的静脉产业类循环经济示范园区。

（一）规划目标和指标

1. 总体目标

以循环经济、生态工业和静脉产业理论为指导，大力开展固体废物处理产业的关键技术研发和国外先进资源化技术的引进。通过各种静脉产业项目的实施和基础设施的完善，实现园区内物质、能源的集约利用和梯级利用；实现基础设施和信息的共享；实现固体废物综合利用和污染零排放，把园区建设成为以综合利用和废物处理处置相结合的现代化国家级静脉产业类循环经济示范园区。

2. 具体指标

该园区的循环经济规划具体指标见表 5-16。

表 5-16　K 园区循环经济建设指标体系

项目	序号	指　标	单　位	数　值 2010	数　值 2020
经济发展	1	人均工业增加值	万元/人	5	10
	2	静脉产业对园区工业增加值的贡献率	%	50	70
循环经济特征	3	固体废物再资源化率	%	45	55
	4	再生资源的使用比例	%	10	15
	5	固体废物最终安全处置率	%	100	100
	6	单位工业增加值综合能耗	吨标煤/万元	0.75	0.55
	7	单位工业增加值新鲜水耗	m³/万元	12	9
	8	单位工业增加值废水排放量	t/万元	10	7
	9	工业用水重复利用率	%	100	100
环境负荷与环境状态	10	单位工业增加值 COD 排放量	kg/万元	1	0.7
	11	单位工业增加值 SO_2 排放量	kg/万元	1.5	1
	12	环境噪声质量		达到功能区标准	达到功能区标准
	13	空气环境质量		达到功能区标准	达到功能区标准
	14	地下水环境质量		达到功能区标准	达到功能区标准
园区管理	15	基础设施的完善度	分值	2	3
	16	信息平台完善度	分值	2	3
	17	园区旅游观光参观学习人数	人次/年	8000	30000
	18	园区编写环境报告书情况	级	1	2
	19	园区人均绿地面积	m²	20	25
	20	公众对环境满意率	%	100	100

注：表中"达到功能区标准"是指达到生态示范区标准。

（二）总体规划

1. 功能定位

K园区的功能定位是建立固体废物处理处置国际交流基地、固体废物处理处置技术研发中心、生态环境保护教育基地、高等院校实习基地、固体废物资源化与污染控制生态工业园区，总体框架如图5-39所示。

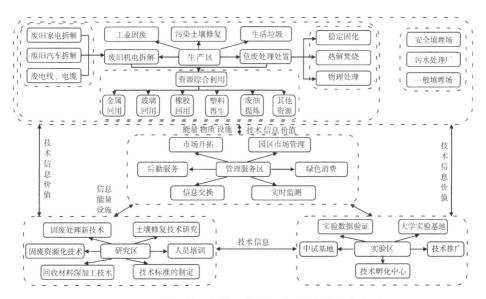

图 5-39 K园区循环经济示范园区建设规划总体框架图

2. 功能区设计

将园区规划为研究区、实验区、生产区、服务区4个功能区和1个预留区，各个功能区各有侧重，主要功能不同但又相互联系。

（1）研究区：以研究中心为主，主要包括研究中心大楼和各种仪器设备。主要功能是研究开发各种固废处理处置与综合利用的新技术、污染土壤修复的新技术、固体废物资源化新技术、再循环利用新技术、各种回收材料的深加工技术、各种测试手段的建立、相关技术标准的制定、验证和人员培训等。

（2）实验区：以实验中心为主，主要包括技术孵化中心和中试基地。主要功能是各项研究数据的实验验证、相关固废处理与综合利用技术的推广应用、污染土壤修复技术的推广应用等。

（3）生产区：是园区的核心组成部分，主要包括各种固体废物处理与处置车间和固体废物无害化填埋场所。主要功能是废旧机电产品综合利用（废旧家电及资源化综合利用项目、废旧汽车拆解项目、电线电缆电机变压器等综合利用项目）、其他固体废物（废橡胶、废塑料、废玻璃）的处置与利用、危险废物处理与处置（医疗废物、铅蓄电池、灯管等）、生活垃圾处理、污染土壤修复项目等。

（4）服务区：主要包括办公楼、宿舍楼、展览中心、参观人员接待设施（住宿、餐饮等）、固体废物信息交换平台、营销中心、生产调度中心、控制中心、设备管理中心、监测中心、综合服务中心（电、暖、水、汽、通信等）、生产技术管理中心和危险废物处理中心等。主要功能是园区的日常管理、生产调度、园区环境状况及生产过程的实时监测、应急处理、固体废物信息交换、接待考察人员、其他服务工作等。

（三）物质代谢分析

1. 水资源代谢分析

通过对园区废水和生活污水进行回收、再利用和再生循环等过程的废水集成，使园区新鲜水用量、需处理废水总量和水污染物总量大幅度减少。通过园区雨水收集来开发水源。逐级用水，实现一水多用，再生水回用和再生水的利用，提高水的重复利用率，因地制宜，强化处理，建立分散式与集中式处理系统相结合、工业废水与生活污水相配合的水处理系统。对工业废水中大量的可回收物质或重金属进行回收，对有毒有害物质进行集中处理、安全处置。对于企业不能回用或循环的污水实施集中处理，出水用于绿化和生活杂用。

2. 能源代谢分析

在对园区消耗的液化气、燃料油、煤炭、电力等能源消耗现状分析的基础上，根据入园项目和企业的能源需求进一步确定园区的能源消耗。为减少能量消耗，在园区企业内推广新型节能技术和节能工艺，限制采用能耗大、利用率低、对环境污染严重的工艺，并积极推广再生资源的使用；能源梯级利用，避免能量数量上的损耗；优化用能结构，集中供热供电，充分利用园区焚烧炉的余热，实现节约能源、改善环境、提高供热质量、节约成本、提高经济效益。

3. 物质代谢分析

入园固体废物包括废旧汽车、废旧家电、生活垃圾、危险废物、废电线、废电缆、废电机、废变压器、废玻璃、废橡胶和塑料等。这些固体废物作为处理对象被收集运输至园区进行处理，一部分转化为其他生产过程的原材料，一部分无利用价值的废物被安全填埋，从而实现固体废物的减量化、资源化和无害化。园内建设报废汽车、废机电拆解、废家电拆解、废轮胎废橡胶加工、废旧塑料加工、废玻璃加工、废电缆的加工和其他固体废物加工等板块，从而实现各种废物的综合利用和无害化处理。各板块的代谢过程如图 5-40 所示。园区的物质代谢全景如图 5-41 所示。

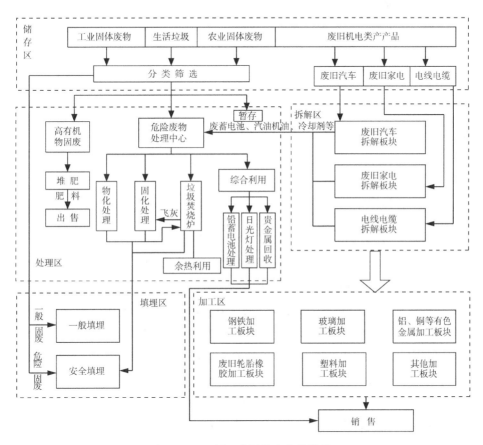

图 5-40　K 园区内固体废物代谢图

三、L 市循环经济物流管理规划

L 市位于我国西部内陆地区，是典型的资源依赖型城市，以 L 市的资源情况和工业化水平，相当长时间内还是要以资源型产业为主，为保障资源型产业的可持续发展，以最有效利用资源、保护环境、提高经济效益，L 市将循环经济与生态城市结合起来，以循环经济的模式创建生态城市，开展了循环经济型生态城市建设，并编制了基于循环经济理论的城市物流管理总体规划。

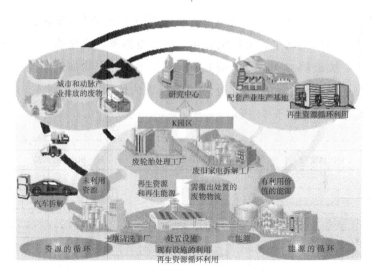

图 5-41　K 园区物质代谢全景

（一）物流管理方法

物流管理（MFM）是物质流（MFA）和能量流（EFA）管理的简称。1994 年德国联邦议会将其定义为："围绕经济，生态和社会协调发展的目标，可靠、综合、有效地影响和改变系统的物质流和能量流。"物流管理包括对输入流（自然资源、能源、劳动力等）的有效管理、环境友好的转变过程（即，同产品一体化的环保）以及符合生态和经济规律的、合理的输出流管理。物流管理要研究一个系统内的物质和能量的输入、转化和输出关系。在分析研究物流现状之后，通过新的管理和技术方法把当前的"低效率流"或"废物流"转变为"资源流"。从而，激活当地可再生能源（电、生物气、热能等）、能效和二次原材料（如肥料、二次燃料、可回收再利用物资）的巨大潜力。物流管理方法的实施流程如图 5-42 所示。

（二）规划边界及目标

L 市的行政区域被选为要调查的系统边界。

物流管理的目标是在一个明确的体系内优化所有相关的物流。除了工商业有机废物、工业矿物质废物、医疗废物、废水污泥、来自酒店和农业的残余物以外，像交通、生态建筑物、土壤保护、噪音污染、生物多样性这样的领域通常也都包括在物流管理规划中。但由于时间和经费有限，本次对 L 市物流管

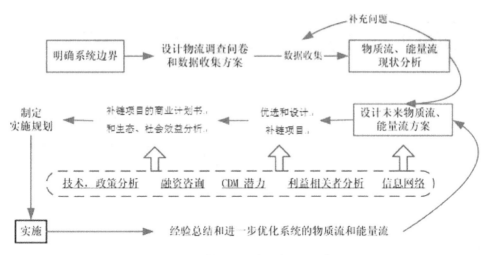

图 5-42　物流管理方法的实施流程示意图

理规划的物流主要集中在城市固体废物、工农业有机废物、部分工矿废物、医疗废物、能源和旅游业。

长期的目标是考虑分析所有物流的优化问题，并创造物流间有机结合的机会。根据物流现状的分析结果，规划建议的技术和管理优化战略，其经济、生态和社会的可行性需要用补链项目进行小规模实施和再优化。规划分为以下三个阶段，即：

到 2005 年年底为阶段 1：初步设计、规划和试验项目阶段；（2005—2010）为阶段 2：初步实施和体系再设计阶段；（2010—2020）为阶段 3：最后实施和汇总阶段。

该规划在 2020 年实现目标为：固体废物实现百分之百分类回收，危险废物实现百分之百安全处置，城市生活垃圾、工业固体废物和商业废物以及农业残余物的处理实现百分之百对环境无害化，通过完善医疗废物管理体系来实现医疗废物的经济、有效、及时、安全处理处置。

（三）物质流和能量流现状分析

本规划主要分析城市生活垃圾、主要工业企业和商业部门的有机废物、畜禽养殖业的粪便、污水处理场的污泥、果蔬批发市场的有机废物、医疗废物、主要工矿企业的黄磷渣和发电厂的脱硫石膏等。

1. 城市生活垃圾物流现状

图 5-43 为城市生活垃圾的物流状况。

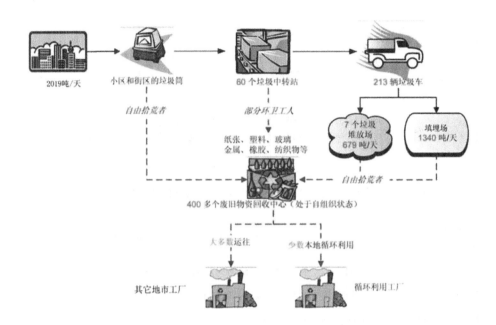

图 5-43　L 市城市生活垃圾物流现状示意图

由图 5-43 可见，目前，L 市还没有形成有效的网络系统或设施来对城市固体废物进行分类收集、再利用和再循环。绝大多数废物回收站和废物循环利用场所都是由私人业主经营。由于缺乏系统组织，迄今为止，还没有有关可回收利用废品的质量和数量方面的统计数据。建议制定规划并开始逐步收集相关数据，以准确评估废物的收集、重新利用、循环利用情况，为未来的物流管理方案提供充足的背景材料使新旧系统能有效衔接、逐步顺畅结合。

2. 工商业有机废物和畜禽粪便的物流现状

L 市有机废物的总量接近 12 万吨。这些有机废物流通过适当的管理和新技术的使用可能转变为可再生能源和有机肥料，在区域内可产生新的附加值。

3. 污泥的物流现状

污泥是可持续废物管理系统的一个重要组成部分。目前的处理方法是浓缩脱水后运往填埋场。目前 L 市已经投入使用运行的填埋场只有 1 座，其他在建和规划的废物处理厂有 5 座。

4. 医疗废物的物流现状

目前，L 市还没有关于医疗机构废物产生量的可靠统计数据，本规划根据医疗卫生机构的数量及病床数进行估算。

目前，L市市区的医疗废物通过小型焚烧装置进行焚烧处理。在其他区域，各个医院使用小型烧煤的锅炉来焚烧医院废物，这些锅炉同时作为医院供热水系统和供热系统为医院提供热量。另外一种医院常用的处置医疗废物的方法是将医疗废物在指定隔离区域掩埋。

计划建设的新医疗废物焚烧中心距离市区约 27 公里，日处理能力为 50 吨。

5. 发电厂的脱硫石膏物流现状

L市发电厂装机容量为 2×200 兆瓦，新上了脱硫装置，脱硫装置运行后，每月将产生 2.5 万～3 万吨，每年将产生 25 万～30 万吨脱硫石膏，因此，对脱硫石膏如何处置，选择何种处置方案和开发利用途径至关重要；对电厂脱硫石膏产生前进行如何处置和利用的研究，从中选择最佳的技术方案对城市的循环经济发展具有十分重要的意义。

6. 工矿企业黄磷渣的物流现状

L市的磷矿资源量大、质优，是经济发展重要的资源优势。生产 1 吨黄磷产生 10 吨黄磷渣。每年共产生近 130 万吨的黄磷渣。目前的处置方法主要是堆放，少部分用于水泥行业做添加剂。

（四）物流体系规划目标及阶段性实施措施

1. 城市固体废物、生物质能及能效

（1）目标

将L市工业、农业生产领域、商业活动和居民消费领域产生的废物分类收集、重复利用和循环利用；以物资、能源优化利用、循环利用的综合性区域物流管理代替目前的固体废物管理系统；利用效率潜力为体系成本提供再融资，即，排放减量的潜力被转化成"经验证的排放减量单位（CER）"，并可在清洁发展机制（CDM）的框架内出售给有义务购买 CER 的国家；在地区物流储运和利用中心，有价值的物资被转变成再生原料或再生能源，从而大大提高了资源使用效率，创造了新的附加值；有机废物流在沼气发电厂转变成能源和有机肥。有机肥用于当地的生态农业，既可以生产出高质量的产品，又避免了负面的环境影响；对环境无害的少量无机废物被送到垃圾填埋场处理，从而有效避免了温室气体的排放、渗滤液的排放和二次污染；利用工业企业生产工艺产生的余热烘干污水处理厂的污泥，生产二级燃料，再用于水泥行业作为能源利用。L市远期规划的物流模式如图 5-44 所示。

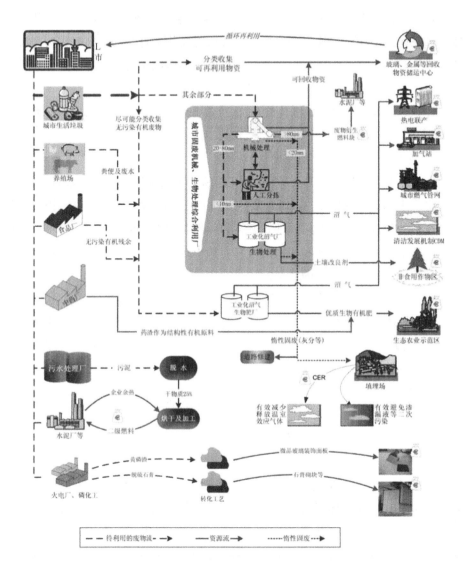

图 5-44　L市远期规划的物流模式

（2）目标实施阶段

上述规划目标的实施分为如下三个阶段。

阶段1：初步设计、规划和试验项目阶段

在第一阶段，根据指标体系要求，对L市到2005年的近期规划任务进行分解。同时，在这一阶段实施一些具体的循环经济补链项目，为今后未来更大范围应用提供技术可行性分析数据，具体规划项目如下：

① 划定适当的区域（大约 5000 城市居民）以进行有机废物分类收集的前期试点工作。获取该区废物管理的详细基础数据，如市民的态度、可利用的垃圾箱、废物数量、废物种类、废物收集的费用等。

② 为一个实验型的地区回收物资储运和再利用中心进行物流和技术设计，该中心用来对目前循环使用和重复使用体系进行协调和记录。

③ 对污水处理厂实际脱水工艺的成本进行核算，同时对污泥质量和数量进行分析，对污泥二级燃料市场的潜力进行调研。

④ 对各类废物进行筛分及测试，规划并建造一个各单元可以在未来进一步扩充的试验厂，对废物进行机械生物处理（处理量大约 5 万吨/年）。规划收运系统（如垃圾箱系统、运输车辆、收集时间间隔）。

⑤ 宣传和信息交流中心，以提高公众对新物流体系的理解和支持。

⑥ 回收物资储运和再利用中心的选址和规划。

⑦ 对 L 市餐饮行业的能源、水资源的消耗和需求进行分析。

阶段 2：初步实施和体系再设计

物流管理总体规划的第二阶段持续到 2010 年，主要是在较大规模范围内的初步实施阶段。根据第一阶段的小试经验、设计和实施更好的技术和管理方法；要扩大试点项目，并找出适合整体规划的循环经济补链项目。继续加大宣传力度；加强实地考察、增加抽样调查和试点项目，以便改进和更新现有的数据库。

阶段 3：最后实施和汇编阶段

在最后的汇编阶段中，将上述阶段所取得的成绩和经验用于区域物流管理系统的设计和实施。此阶段要实现的目标是在整个 L 市建立固体废物分类回收系统；建立生物能利用和有机肥网络；建立协调运作的可回收物资储运中心和再利用系统；使城市固废（包括污泥）得到可靠利用和安全处理，仅填埋惰性固体废物；建立黄磷渣和脱硫石膏产业化再利用的生产和销售体系。

2. 医疗废物处置

建设城市的循环经济体系的一个重要内容是对医疗废物实现安全、生态友好和经济可行的管理。这种管理包括医疗废物的收集、运输和处理三个环节。

（1）收集和运输方案

将 L 市作为一个整体开展垃圾收集工作。全市所有医疗废物都由 1 个医疗废物集中处理厂进行处置。

（2）医疗废物的运输成本估算

根据 L 市不同地区的医疗废物到医疗废物处置场的距离和各点产生的医疗废物量，对医疗废物的运输成本进行估算。

（3）两种处理方法的比较

目前，医疗废物处理方法主要为焚烧处理技术和蒸汽灭菌技术。

医疗废物焚烧处理技术能对范围很广的医疗废物进行完全处理。但医疗废物中含有大量 PVC，在对 PVC 焚烧的过程中，会产生危险气体或致癌气体，如二噁英和呋喃。另外，在焚烧过程中还产生一些有毒炉灰，这些炉灰必须在危险废物填埋场进行处理，而目前在 L 市没有这样的填埋场。另外，焚烧处理技术成本较为昂贵，且焚烧系统必须稳定，以保证对医疗废物进行完全热分解。因此，采用焚烧处理的话，就无法根据医疗废物数量的变化来调整废物管理和废物分离措施。

脉冲式高温灭菌装置处理医疗废物是将医疗废物装入高压灭菌器，通过分馏，经过几次蒸发—真空—蒸发周期，所有可能隔离的气体都被蒸发，来避免所谓的"冷岛问题"。

（4）运输和处置方案的选择

规划对可能的方案进行了估算，结果表明在所有方案的比较中，用高压灭菌体系处理医疗废物成本最低。一般来说，对医疗废物实施高压灭菌处理是实施焚烧处理成本的三分之一。

（5）目标及阶段性工作建议

目标："在 L 市医疗机构中实施医疗废物管理体系来改进 L 市的医疗废物处理现状，并实现医疗废物经济、有效、及时、安全的处理。"

该目标将通过三个阶段实现：阶段 1：开始阶段，收集信息、形成解决方案和确定最佳步骤；阶段 2：试点阶段，逐渐确立方案；阶段 3：跟踪阶段，扩大社区利用的最优步骤。其中，阶段 1 的工作重点包括：发展并引进一项完整的适合于固体废物管理的政策；对全市所有的医疗行政、监控、管理和主要操作人员进行医疗废物管理方面的培训；建立试点医疗机构的医疗废物减量化措施和安全管理体系；培养市民形成生态环境保护意识。

（五）循环经济补链项目

通过对 L 市物质流、能量流和信息流的优化，促进区域可持续发展，并确定经济可行、生态和社会效益良好的循环经济补链项目，主要包括 1. 某填埋场固体废物的物理和生物法处理厂；2. 某填埋场利用未污染的有机废物生产生物能的有机肥厂；3. 生物能有机肥厂；4. 污泥和工业余热综合利用；5. 餐饮行业循环经济可赢利性节能潜力开发；6. 脉冲式高温杀菌法处理医疗废物；7. 发电厂脱硫石膏综合利用；8. 黄磷渣制微晶玻璃。其中：

1. 实施循环经济补链项目 1、2、3 可以每年减少温室气体排放 1121900 吨二氧化碳当量。这些减排量不但对环境保护意义重大，在清洁发展机制（CDM）框架内，减排的温室气体也可能成为项目的一个补充收入来源，因此在预算项目投资和成本时，都考虑了与申请和监测温室气体核准减排量（CER）有关的费用。

2. 实施循环经济补链项目 4、5、8 在能量回收、节能和提高能效方面的意义非常突出，不过目前还没有估算循环经济补链项目 5 和 8 所减少的能耗相当于减排了多少温室气体。这些工作都将在下一步的落实，并成为项目与公众交流的一个重要宣传内容。

3. 实施循环经济补链项目 1、2 是在探索如何实施中国城市生活垃圾适当分类收集和综合处置的战略和配套政策问题。此外，对延长垃圾填埋场使用寿命的贡献很大，同时也有效减少了填埋场渗漏液污染地下水和土壤等二次污染问题。

4. 实施循环经济补链项目 2、3 将使 L 市在产业化利用有机废物开发生物能和有机肥方面处于国内领先地位。为此，不但给区域内的有机废物创造附加值，同时也为技术和经验的输出创造了条件。

5. 实施循环经济补链项目 4 将为 L 市如何将污泥转变为资源提供一个选择，同时也为正在规划建设的污水处理厂的污泥综合利用提供一个参考。

（六）建立循环经济项目合作机制

为了达到建立循环经济和生态城市的规划目标，应当将所有的循环经济补链项目和商业机构相结合，共同确保对实施策略的优化，避免只选择可以赢利的投资，而摒弃非营利的基础行业和服务。

因此，物流管理总体规划提议以 BOT（建设—运行—移交）模式在以下业务部门提供物流管理的多种服务（项目规划、建设和运行）：市政固体废物管理、医疗废物管理、有机废物管理、污水污泥管理、宣传生态旅游和循环经济酒店、工业固废管理。

（七）评估循环经济补链项目的可行性

对上述 8 个循环经济补链项目的投资估算包括规划、设备、土建、调试和清洁发展机制项目认证的投资等，合计投资为 6500 万欧元。对项目的经济效益进行了初步的粗略计算，8 个项目的年收入的估算见表 5-17。

表 5-17　循环经济补链项目的收支估算

服务领域	项目编号	收入来源	年收入（欧元）
市政固体废物管理	1、2	温室效应气体减排销售收入	2179.372
		沼气销售收入	508.686
		优质有机肥销售收入	480.000
		合　计	3168.058
未污染有机废物管理	3	替代电力	196.098
		替代煤	30.010
		优质有机销售收入	788.400
		温室效应气体减排销售收入	64.428
		合　计	1078.936
污泥管理	4	替代煤	16.917
		运输/填埋成本节约	14.595
		填埋场维护成本节约	50.000
		合　计	81.512
餐饮行业循环经济	5	成本节约	69.315
		合　计	69.315
医疗废物管理	6	医疗废物处置费	583.635
		合　计	583.635
工业固体废物管理	7	石膏砌块	1650.000
		石膏粘合剂、石膏粉刷材料	1500.000
		合　计	3150.000
	8	水晶玻璃装饰面板	9000.000
		合　计	9000.000
年收入合计：17131.456			

四、M啤酒生产企业循环经济实践案例

M啤酒股份有限公司是中国历史悠久的啤酒制造厂商。该公司构筑了立体化的品质管理体系，包含品质导航理念、质量管理体系、全方位品评、第三方食品安全集中检测机制以及科技研发支撑，形成了产品生产全过程的质量保障系统，确保了啤酒生产整个产业链的食品安全和产品口味的一致性。全过程的质量保障如图5-45所示。

该公司以履行社会责任、防范环境风险、提升环保绩效为宗旨，持续推进精细化、标准化和规范化的环境管理机制。不断加强用水管理，规范污水运行过程，推进水的循环利用，全力打造节水型企业。通过工艺创新、技术改造、细化节能降耗全过程管理，不断提升能源绩效，打造绿色节能环保企业。秉承"减量化、再利用、资源化"的3R原则，对生产及服务过程中的副产物进行资源化利用、梯级利用、循环利用，对附加值高的废物深度加工，实现资源节约最大化。指标削减情况如图5-46所示、循环经济链如图5-47所示。

该公司下辖的两个主要生产工厂，在发展循环经济方面均做了大量工作，其中的一个工厂占地15万平方米，年生产能力45万千升，全套引进德国、法国生产设备，是目前国内设备配置优良、自动化程度最高、控制手段最先进的现代化啤酒生产企业之一。该厂生产流程如图5-48所示。

2003年7月开始，该厂不断开发高新节能技术和引进国内外新设备，从二氧化碳回收、燃气锅炉系统、热能回收、副产品输出、包装废物循环利用等方面开展循环经济工作，实现了节能减排的目标。

1. Union二氧化碳回收系统

该厂2007年投资1000万元，引进丹麦技术，建设Union二氧化碳回收系统（收集能力为2吨/小时），对啤酒发酵过程中产生的二氧化碳进行收集提纯。Union系统流程如图5-49所示，各设备在Union二氧化碳回收系统中作用见表5-18。

由图5-48和表5-18可见，原料气首先进入除沫器，在除沫器内高压水（循环利用）的作用下，去除混合气体中的有机杂质；再经洗涤塔，通过塔内洗涤水（循环利用）冲洗后，去除二氧化碳中残留的可溶水杂质和气泡中的颗粒；继而进入为缓冲压缩机内压力而设立的缓冲气囊（容积：80立方米）；随后，气体经压缩机加压后，进入双塔型活性炭吸附器（活性炭再生周期：300小时），去除其中的剩余酒精和异味；然后进入双塔型干燥吸附器（吸附剂再

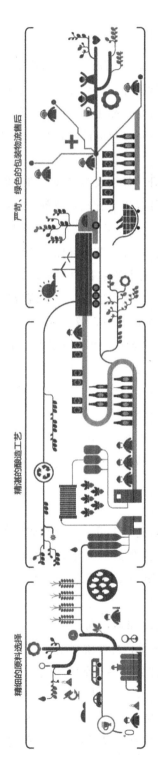

图 5-45 M啤酒股份有限公司全过程的质量保障

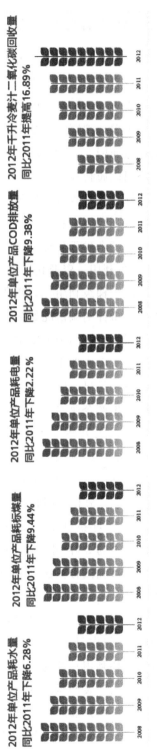

图 5-46 M啤酒股份有限公司指标削减情况

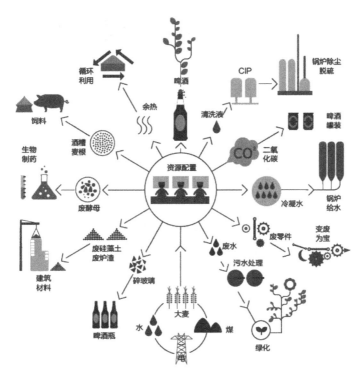

图 5-47　M 啤酒股份有限公司循环经济链

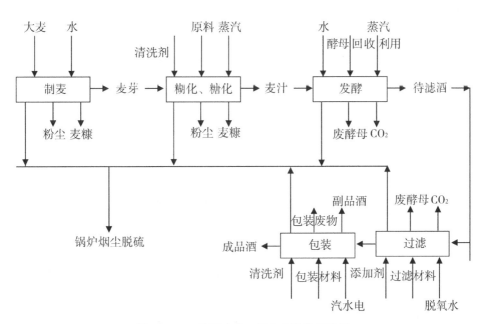

图 5-48　M 啤酒生产工厂生产流程示意图

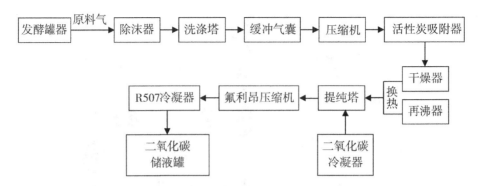

图 5-49 M 啤酒生产工厂 Union 二氧化碳回收系统流程图

表 5-18 M 啤酒生产工厂 Union 二氧化碳回收系统主要设备表

设　备	作　用	备　注
除沫器	去除有机杂质	水可循环利用
洗涤塔	去除可溶水杂质和气泡	水可循环利用
缓冲气囊	为原料气与压缩机提供缓冲	缓冲气囊的充盈状况直接影响着压缩机的负载
压缩机	增加气体压力	压缩机的开停频率由缓冲气囊的容积决定
活性炭吸附器	去除剩余酒精和异味	活性炭再生周期为 300 小时
干燥器	去除水分	吸附剂再生周期为 7 小时
再沸器	与来自干燥器中气体换热，产生气提气	板式换热器
提纯塔	气提气与液态逆向流动完成提纯	液态 CO_2 来自 CO_2 冷凝器
CO_2 冷凝器	向提纯塔输送液态 CO_2	
氟利昂压缩机	提高气体压力	
R507 冷凝器	将气体液化	
CO_2 储液罐	储存液态 CO_2	可储存 260 吨液态 CO_2

生周期：7 小时），去除二氧化碳中的水分；而后与再沸器中的液体二氧化碳换热产生气提气，并用于提纯塔提纯（二氧化碳冷凝器中的液态二氧化碳通过液体泵抽入提纯塔的顶部，在提纯塔填料床内气提气和液体二氧化碳逆向流动，完成提纯过程）；最后经氟利昂压缩机和 R507 冷凝器压缩冷凝后，进入二氧化碳储液罐，完成二氧化碳回收和提纯过程。通过 Union 二氧化碳回收系统，该厂对发酵过程中产生的二氧化碳进行收集、净化、提纯、干燥、冷

却、液化和储存，并用于产品包装过程，有效减少了二氧化碳排放和企业原材料支出。

2. 燃气锅炉系统

该厂采用了 8 台先进的 4 吨天然气锅炉设备，这套设备采用了独创的双重管结构，无需空气预热器、给水加热器即能达到 90% 以上的锅炉效率。安装给水加热器后可实现 96% 以上的高效率，并且只需 5 分钟快速启动，开炉后数分钟内即可获得干度高于 99.5% 的高品质蒸汽，节能效果优异。此外，设备设计紧凑、节省空间，负荷稳定持久，可持续的获得高品质蒸汽。

3. 糖化热能回收技术

啤酒制造业的煤耗主要集中在糖化工序，该厂在主体设备建设时便同步建设热能回收系统，有效减少煤炭消耗，热能回收流程如图 5-50 所示。

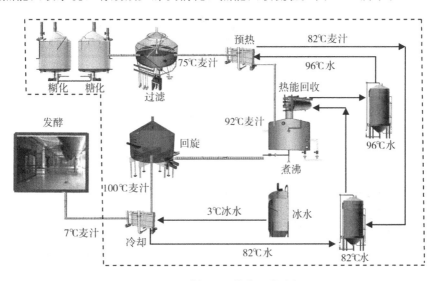

图 5-50　M 啤酒工厂热能回收流程图

热能回收所制热水的用途：

① 用于再次从热能回收系统中或从蒸汽加热器制取 96℃ 热水。

② 被锅炉房回收制取蒸汽。

③ 用于糖化配置热碱液。

④ 用于加热即将进入煮沸锅的麦汁。

4. 副产品输出

在制麦工序原料为大麦，经精选、发芽、干燥、除根后制成麦芽，作为啤酒生产的主要原料。副产品有小粒大麦、浮麦、麦根和麦皮，这些副产品可全部出售给饲料加工厂，经加工制成优质的动物饲料供应养殖业；在糖化工序中，通过把大米、麦芽经过糊化、糖化、过滤、煮沸并添加酒花，经过回旋和冷却制成麦汁作为发酵的原料输送到发酵罐进行发酵。主要副产品是碎大米、麦皮、啤酒糟和热凝固物（酒花糟和蛋白质），这些都是饲喂牲畜营养丰富上好的饲料。该厂制麦工艺副产品生产流程和糖化工序副产品生产流程分别如图5-51和图5-52所示。

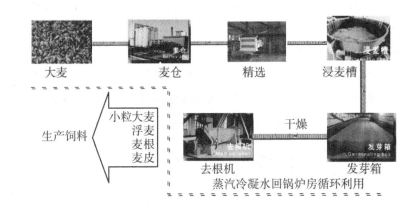

图 5-51　M啤酒生产工厂制麦工艺副产品生产流程图

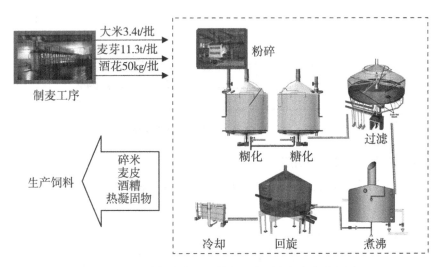

图 5-52　M啤酒生产工厂糖化工序副产品生产流程图

5. 包装工序固体废物输出

在包装工序中主要固体废物是碎玻璃和废纸板，碎玻璃收集后由玻璃厂用作制瓶原料，废纸板由纸箱厂统一处理，包装工序固体废物流程如图 5-53 所示。

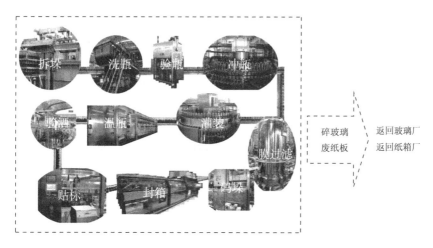

图 5-53　M 啤酒生产厂包装工序固体废物流程图

参 考 文 献

[1] Rene Van Berkel, Tsuyoshi Fujita. Industrial and urban symbiosis in Japan: Analysis of the Eco-Town program 1997—2006 [J]. Journal of Environmental Management, 2009: 1544—1556.

[2] York, R., Rosa, E. A. and Dietz, T. STIRPAT. IPAT and ImPACT: analytic tools for unpacking the driving forces of environmental impacts [J]. Ecological Economics, 2003: 351—365.

[3] Wang Jun. Standard for Venous Industry Based Eco-industrial Parks of China [C]. The 2nd. Expert Meeting on Solid Waste Management in Asia and Pacific Islands: 4—9, kitakyushu, Nov. 2006: 23—24.

[4] World Resource Institute. The Weight of Nations. 2000.

[5] Hideaki Koyanagi. Toward the recycling society [J]. Pacific Friend, 1996, 24 (2).

[6] Exporting Harm: The High-Tech Trashing of Asia [R]. The Basel Action Network and Silicon Valley Toxics Coalition, 2002, 2: 15—22.

[7] Seiji Hashimoto, Yuichi Moriguchi. Proposal of Six Indicators of Material Cycles for DescribingSociety's Metabolism: From the Viewpoint of Material Flow Analysis [J]. Resources, Conservation and Recycling, 2004 (40): 185—200.

[8] J. H. Spangenberg, F. Hinterberger, S. Moll, H. Schütz. Material Flow Analysis, TMR and the Mips -Concept: A Contribution to the Development of Indicators for Measuring Changes in Consumption and Production Patterns. Int. J. of Sustainable Development, Vol 1/2, 1999.

[9] Society of Environmental Toxicology and Chemistry (SETAC), Guidelines for life-cycle assessment: a code of practice [M]. Brussels: SETAC. 1993 (11).

[10] Brow Ⅲ M, Matos G R, Sullivan D E. Compilers. Materials and Energy Flows in the Earth Science Century. USGS. 1998, 21.

[11] Handbook of Environmental Measures in Kitakyushu [M]. 2004 (3).

[12] Toru Matsumoto. Study and Information Generation Regarding the Introduction of an Advanced Recycling-Based local System for Developing Countries Aiming to Establish a

Sound Material-cycle Society in East Asia [C]. The 2nd Expert Meeting on Solid Waste Management in Asia and Pacific Islands: 4—8, kitakyushu, Nov. 2006: 23—24.

[13] Measuring material flows and resource productivity OECD approach and work plan [R]. ESA/STAT/AC. 108 UNCEEA/Prelim/10, 2005.

[14] De Marco, Lagioia, and Pizzoli Mazzacane, Materials Flow Analysis of Italian Economy [J]. Journal of Industrial Ecology, 2001: 55—69.

[15] Adriaanse, A., S. Bringezu, A. Hammond, Y. Moriguchi, E. Rodenburg, D. Rogich and Schütz. Resource flows: The material basis of industrial economies [R]. Washington, DC: World Resources Institute, 1997.

[16] Eurostat. Economy-wide material flow accouts and derived indicators—A methodological guide [M]. 2001.

[17] Seiji Hashimoto, Yuichi Moriguchi. Proposal of Six Indicators of Material Cycles for Describing Society's Metabolism: From the Viewpoint of Material Flow Analysis [J]. Resources, Conservation and Recycling, 2004 (40): 185—200.

[18] Wang Jun. Standard for Venous Industry Based Eco-industrial Parks of China [C]. The 2nd Expert Meeting on Solid Waste Management in Asia and Pacific Islands: 4-9, kitakyushu, Nov. 2006: 23—24.

[19] Handbook of Environmental Measures in Kitakyushu [M], 2004, (3).

[20] Yuichi Moriguchi. Recycling and waste management from the viewpoint of material flow accounting [J]. J Mater Cycles Waste Mang, 1999: 2—9.

[21] A. J. D. Lambert, F. A. Boons . Eco-industrial parks: stimulating sustainable development in mixed industrial parks [J]. Technovation, 2002 (22) .

[22] Adriaanse, A., S. Bringezu, A. Hammond, Y. Moriguchi, E. Rodenburg, D. Rogich and Schütz. Resource flows: The material basis of industrial economies [R]. Washington, DC: World Resources Institute, 1997.

[23] Society of Environmental Toxicology and Chemistry (SETAC), Guidelines for life-cycle assessment: a code of practice [M]. Brussels: SETAC. 1993 (11) .

[24] Industrial Ecology: Material and Energy Flows in the United States [R]. Washington, D. C. : July 2000.

[25] Handbook of Environmental Measures in Kitakyushu [M], 2004 (3).

[26] A. J. D. Lambert, F. A. Boons . Eco-industrial parks: stimulating sustainable development in mixed industrial parks [J]. Technovation, 2002 (22) .

[27] Lloyd Connelly, Catherine P. Koshland . Exergy and industrial ecology: Part 2: A non-dimensional analysis of means to reduce resource depletion [J]. Exergy Int. J. 1, 2001 (4) .

［28］ Paul H. Brunner and Helmut Rechberger. Practical Handbook of Material Flow Analysis ［M］. Lewis Publishers. 2004.

［29］ Bio Cycle "15th Nationwide Survey of Municipal Solid Waste Management in the United State of Garbage in America" ［R］, April 2006.

［30］ Bette K Fishbein. Waste in the Wireless World: The Challenge of Cell Phones ［J］. Inform, Inc, 2002.

［31］ End-of-Life Electronic and Electrical Equipment Analysis of Five Community Consumer/ Residential Collections ［R］. United States Environmental Protection Agency, 1999, 4: 44.

［32］ Peter Heck. The circular economy in China ［J］. Journal of Material Cycles and Waste Management, 2007, 9: 121—129.

［33］ Masui, T., A. Ranan and Y. Matusuoka. "AIM/Material Model", in Kainuma M., Y. matsuka, and T. Morita eds., Climate Policy Assessment ［M］. Tokyo: Springer, 2003.

［34］ Eco-Towns in Japan-Implications and Lessons for Developing Countries and Cities ［R］. Global Environment Centre Foundation, 2005.

［35］ Wikipedia: Uebersicht Abfallrecht der Bundesrepublik Deutschland ［OL］. http://de. wikipedia. org/wiki/Abfallrecht, 2010-2/2011-10-28.

［36］ Kenichi Togawa. The 2nd Expert Meeting on Solid Waste Management in Asia and PacificIslands: 4-3, kitakyushu, Nov. 2006: 23—24.

［37］ German Federal Ministry for the Environment. Development of Renewable Energies in Germany in 2008 ［J］. Nature Conservation and Nuclear Safety, April 2009.

［38］ Vivian W. Y. Tam. Economic comparison of concrete recycling: A case study approach ［J］. Resources Conservatuin &.Recycling , 2008, 52 (28): 821—828.

［39］ T. Y. Hsiao, T. Y. Huang. Model materials flow of waste concrete from construction and demolition wastes in Taiwan ［J］. Resources Policy, 2002, 28: 39—47.

［40］ Vivian W. Y. Tam. Comparing thr implementation of concrete recycling in the australian and Japanese construction industries ［J］. Journal of Cleaner Production , 2009 (17): 688—702.

［41］ Wikipedia: Verpackungsverordnung ［OL］. http://de. wikipedia. org/wiki/Verpack-ungsverordnung#cite _ ref-0, 2011-10-5/2011-10-28.

［42］ Federal Ministry for the Environment. Renewable Energies Innovations for the future ［J］. NatureConservation and Nuclear Safety. 2006.

［43］ Shima H, Tateyashiki H, Nakato, T, Okamoto M. New Technology for Recoveing High Quality Aggregate from Demolished Concrete ［C］. Proceedings ofInternational

Symposium on Recycled Concrete，Niigata，Japan，2000.

［44］ Oyeshola Femi Kofoworola，Shabbir H. Gheewala. Estimation of construction waste generation and management in Thailand［J］. Waste Manage 2009，29：731—738.

［45］ Wikipedia：Mehrwegpfand［OL］. http：// de. wikipedia. org/wiki/Mehrwegflasche，2011-10-15/2011-10-28.

［46］ Calcott，K. and M. Walls. Can Downstream Waste Disposal Policies Encourage Upstream "Design for Enviroment"?［J］. American Economic Review，2000（90）：233—237.

［47］ Shima H，Tateyashiki H，Matsuhashi R，Yoshida Y. Life Cycle Analysis of High Quality Recycled Aggregate with Use of Byproduct Powder as Soil Stabilisher［J］. Concrete Research and Tecnology，2004，15（1）：81—91.

［48］ Bundesministerium für Umwelt，Naturschutz und Reaktorsicherheit：Abfallwirtschaft［OL］. http：// www. bmu. bund. de/abfallwirtschaft/sitemap/sitemap/5211. php，2011-3-30/2010-10-28.

［49］ NZZ：Der grosse Recycling-Report.［OL］. http：// www. nzzfolio. ch/www/21b625ad-36bc-48ea-b615-1c30cd0b472d/showarticle/a0f43dcc-9d07-4c25-9475-95217664e2fe. aspx，2009-07/2011-10-28.

［50］ Washington D. C. Industrial Ecology：Material and Energy Flows in the United States［R］. July 2000.

［51］ Handbook of Environmental Measures in Kitakyushu［M］，2004（3）.

［52］ Massazumi Ao. Comparative research related to improved management capacity of resourcefrom waste at a city level in Japan，China and Korea［C］. The 2nd Expert Meeting on Solid Waste Management in Asia and Pacific Islands：4-7，kitakyushu，Nov. 2006：23，24.

［53］ 环境省编. 循环型社会白书［M］. 株式会社：行政，东京，日本，平成 20 年.

［54］ 环境省编. 循环型社会白书［M］. 株式会社：行政，东京，日本，平成 21 年.

［55］ 环境省编. 循环型社会白书［M］. 株式会社：行政，东京，日本，平成 22 年.

［56］ 环境省编. 循环型社会白书［M］. 株式会社：行政，东京，日本，平成 23 年.

［57］ 环境省编. 循环型社会白书［M］. 株式会社：行政，东京，日本，平成 24 年.

［58］ 環境局，広島県環境基本計画. 2003 年.

［59］ 国土交通省. 瀬戸環境計画平成 23 年.

［60］ 産経新聞東京経済部編著：『資源小国ニッポンの挑戦』産経新聞出版，2007 年.

［61］ 坂田裕輔：『ごみ問題と循環型社会』晃洋書房，2007 年.

［62］ 田中勝編著：『循環型社会への処方箋 資源循環と廃棄物マネジメント』中央法規出版，2007 年.

[63] 田中勝：『循環型社会評価手法の基礎知識』技報堂出版，2007 年.

[64] 吉田文和：『循環型社会 持続可能な未来への経済学』中公新書，2004 年.

[65] 遠藤保雄：『循環型社会への挑戦 ごみ列島化回避の処方箋』ぎょうせい，2002 年.

[66] 永井 進・寺西 俊一・除本 理史 2002 年「環境再生 川崎から公害地域の再生を考える」.

[67] 加藤正嗣. 名古屋市民怎样减少了垃圾排放量[J]. 废弃物学会志，2002（3）.

[68] 名古屋市环境局. 名古屋垃圾报告Ⅱ—激变的 3 年，向循型社会的挑战[J]. 2002（12）.

[69] 柳下正治. 通过市民参加实现循环型社会的研究. 社会技术研究系统公开招聘型研究《循环型社会》第 1 次研讨会演讲集（1），科学技术振兴事业团，2003. 8. 29.

[70] 名古屋市环境局.《事业概要 2011 年度版》，2011.

[71] 名古屋市环境局.《事业概要 2012 年度版》，2012.

[72] 環境省大臣官房廃棄物：リサイクル対策部，循環型社会形成推進地域計画作成マニュアル，平成 17 年.

[73] 産業構造審議会環境部会廃棄物：リサイクル小委員会国際資源循環ワーキンググループ，持続可能なアジア循環型経済社会圏の実現へ向けて，平成 16 年.

[74] 日本学術会議循環型社会と環境問題特別委員会：循環型社会と環境問題特別委員会報告，循環型社会形成への課題—"もの活かし大国"に向けて—，平成 17 年.

[75] 日本經濟新聞社. 第 6 回「環境經營度調查」調查報告書，日本經濟新聞社，2003.

[76] 清水孝行著. ゼロエミッション工場実現ノウハウと成功ポイント. 日刊工業新聞社，2003.

[77] 石狩バイオマスネットワーク研究会. 平成 17 年度石狩バイオマスネットワーク研究会活動報告書，2006.

[78] 古市徹. 循環型社会と廢棄物管理. 都市問題研究，第 54 卷，第 9 號，2002：29—38.

[79] 国土交通省北海道局. 有機性廢棄物廣域綜合処理基盤整備推進調查報告書，2004 年.

[80] 森口佑一. 物质流分析（MFA）的国际动向、手法以及对日本循环型社会政策的贡献 [A]. 第一届中日友好循环经济与物质流分析研讨会，2005（1）.

[81] 松本亨，左健，岩尾拓美. 都市の有機物資源循環構造を記述するマテリアルフローコスト会計の提案 [A]. 環境システム研究論文集，Vol. 2003，30：305—313.

[82] 干场信司. 資源循環型酪农経営をめざして. 农林水产技术研究ジャーナル，Vol. 28，NO. 8，5—9，2005.

[83] 独立行政法人国立環境研究所：循環型社会形成推進? 廃棄物管理に関する調查? 研究（終了報告）平成 13～17 年度国立環境研究所特別研究報告 SR75、2006.

[84] 循環型経済社会調查研究評価? 助言会議：ミレニアム? プロジェクト「循環型経済社会構築のための大規模な調查研究」平成 13 年度評価報告書，平成 14 年.

[85] 北九州市. 北九州市ルネッサンス構想，まちづくり推進計画 2010. 北九洲市企画政

策室企画政策課，2006.

[86] 末吉兴一．北九州生态工业园零排放的挑战［M］．海象社，2002.

[87] 北九州市ルネッサンス構想評価研究会．2003 年「北九州市ルネッサンス構想評価研究報告書」．

[88] 寺西俊一・細田衛士．2003 年 岩波講座 環境経済・政策学「環境保全への政策統合」．

[89] 財団法人クリーン・ジャパン・センター．経済産業省：資源循環技術システム表彰．平成 19 年．

[90] 財団法人クリーン・ジャパン・センター．早わかり資源有効利用促進法．2001 年．

[91] 財団法人エネルギー総合工学研究所：新エネルギーの展望 循環型社会の構築，2002 年．

[92] 山口県環境生活部：山口県循環型社会形成推進基本計画第 2 次計画，平成 23 年．

[93] 山口県環境生活部：山口県循環型社会形成推進基本計画，平成 18 年．

[94] 環境省：日本の3R 推進の経験．循環型社会構築に向けて，2005 年 4 月．

[95] 環境庁：循環型社会への挑戦-循環型社会形成推進基本法が制定されました-，平成 12 年．

[96] プラスチックリサイクル研究会編著．最新プラスチックのリサイクル100の知識．東京書籍，2000.

[97] 大前厳著．プラスチックリサイクルをどうするか．化学工業日報社，2000.

[98] 山地憲治著．バイオエネルギー，ミオシン出版，2000.

[99] 大塚直．循環型社会形成推進基本法の意義和课题，2001.

[100] 高德明．生态文明与可持续发展［M］．北京：中国致公出版社，2011：37—47.

[101] 王军．循环经济的理论与研究方法［M］．北京：经济日报出版社，2007：63—65.

[102] 王军，周燕，岳思羽等．关于循环经济理论基础的思考［A］．青岛市第四届学术年会论文集，2005：46—49.

[103] 国家环境保护总局科技标准司．循环经济和生态工业规划汇编［Z］．北京：化学工业出版社，2004：1—15.

[104] 海热提，涂尔逊．城市生态环境规划——理论、方法与实践［M］．北京：化学工业出版社，2005：116—120.

[105] 王军．资源循环型经济社会-城市的发展方向[J].环境经济，2004，1（10）：29—32.

[106] 朱鹏飞，卿贵花．规划生态学［M］．北京：中国建筑工业出版社，2009：2—3.

[107] 张泉．低碳生态与城乡规划［M］．北京：中国建筑工业出版社，2011：1—3.

[108] 王家骥．区域生态规划理论、方法与研究［M］．北京：新华出版社，2004：11—17.

[109] 王军．我国政府开展绿色采购的思考［N］．政府采购信心报，2006-4-6.

[110] 黄海峰，陈立柱，王军等．废物管理与循环经济［M］．北京：中国轻工业出版社，2013：33—46.

[111] 韩庆利，王军．关于循环经济 3R 原则优先顺序的理论探讨[J]．环境保护科学，2006，32（2）：59—62．

[112] 王军，王文兴，刘金华．循环经济：可持续发展战略的新探索[J]．中国人口·资源与环境，2002，12（4）：57—60．

[113] 刘赟，王军，岳思羽．德国的固体废物管理及启示［A］．青岛市第五届学术年会论文集，2006：191—194．

[114] 王军．以循环经济为动力推动我市环保产业的发展[J]．世界环境，2004（6）：18—20．

[115] 刘向群，刘依群，刘铮等．改变世界的垃圾革命——论生态文明取代工业文明的必然性［M］．北京：学苑出版社，2009：40—45．

[116] 崔铁宁．循环型社会及其规划理论和方法［M］．北京：中国环境科学出版社，2005：29—37．

[117] 黄海峰，刘京辉等．德国循环经济研究［M］．北京：科学出版社，2007：253—262．

[118] 张小冲，张学军．循环经济发展之路［M］．北京：人民出版社，2006：10：118—127．

[119] 王军，刘金华 建设循环型经济社会的最佳选择[J]．山东环境，2002（5）：3—4．

[120] 奚旦立．清洁生产与循环经济［M］．北京：化学工业出版社，2005．

[121] 张坤民．低碳经济：可持续发展的挑战与机遇［M］．北京：中国环境科学出版社，2010：290—313．

[122] 黄海峰，周国梅等．中国经济创造之路［M］．北京：首都经济贸易大学出版社，2010：407—412．

[123] 冯之浚．循环经济导论［M］．北京：人民出版社，2004：13—16．

[124] 马传栋．工业生态经济学与循环经济［M］．北京：中国社会科学出版社，2007：104—121．

[125] 刘国祥．我国循环经济规划制度的完善[J]．山东社会科学，2011（s1）．

[126] 黄怀友．循环经济规划的理论、方法及初步利用［D］．东南大学，2004．

[127] 王军，韩子叻，刘赟等．关于青岛市电子废物回收处理处置法规体系的研究[J]．中国循环经济，2008，3：44—47．

[128] 王炯，徐振强．中国循环经济发展规划的进展探讨[J]．北方环境，2011（05）．

[129] 吴季松．循环经济——全面建设小康社会的必由之路［M］．北京：北京出版社 2007.5：30—31

[130] 李慧明，王军锋，左晓利等．内外均衡·一体循环——循环经济的经济学思考[M]．天津：天津人民出版社，2007：69．

[131] 王军．国外发展循环经济的主要对策[J]．环境经济，2005，2（1—2）：85—88．

［132］张翠梅，姚连起．循环经济与低碳经济关系之辨析研究［J］.北方经贸，2010（12）：5—7.

［133］周慧军，高迎春．绿色经济、循环经济、低碳经济三个概念辨析［J］.天津经济，2011（11）.

［134］史云娣，王军，岳思羽．青岛市发展循环经济与低碳经济的对策研究［J］.中国人口·资源与环境，2010（s1）.

［135］万磊，郑季良．基于 IPAT 方程的云南省能源消耗分析及情景预测．昆明理工大学学报［J］.2009，34（5）：93—96.

［136］陈亮，刘玫，黄进．GB/T24040-2008《环境管理生命周期评价原则与框架》国家标准解读［J］.标准科学.2009（02）.

［137］乔永锋．基于生命周期评价法（LCA）的传统民居的能耗分析与评价［D］.西安建筑科技大学，2006.

［138］邓倩．低碳经济发展现状及路径选择［D］.西北大学，2012.

［139］董继红．循环经济指标体系：概念、架构及评价方法［J］.统计与决策.2007（06）.

［140］王军，周燕，刘金华，岳思羽．物质流分析方法的理论及其应用研究［J］.中国人口·资源与环境，2006（4）：68—72.

［141］陆钟武，王鹤鸣，岳强．脱钩指数的理论研究——及脱钩曲线图和国家级实例［A］.中国金属学会能源与热工分会.2010 全国能源与热工学术年会论文集（大会报告）［C］.中国金属学会能源与热工分会，2010：9.

［142］黄海燕．当前构建循环经济规划体系的基本设想［J］.中国经贸导刊，2010（16）：27.

［143］龙岩市人民政府．龙岩市"十二五"节能和循环经济发展专项规划，2011 年 8 月.

［144］陈思，王舜．基于科技创新的循环经济发展战略［J］.理论探讨，2010：253—255.

［145］王军，刘金华，王俊央．青岛市建设循环型经济社会的探讨［J］.上海环境科学，2003，22（9）：635—638.

［146］冯长．从发达国家的经验看我国循环经济的发展模式［J］.边疆经济与文化，2006（9）：37—38.

［147］王军，刘金华．循环经济的发展历程及主要运行模式［A］.青岛市第三届学术年会论文集，2004：73—75.

［148］刘海滨．对我国发展循环经济的内外环境因素分析［J］.青海社会科学.2006（3）：32—35.

［149］崔木花．基于情景分析法的循环经济规划研究——以安徽能源循环经济规划为例［J］.安徽大学学报（哲学社会科学版），2009，33（4）：147—151.

［150］王军．紧扣环境安全不放松——谈静脉产业类生态工业园区标准编制思路［N］.中国环境报，2006 年 8 月 21 日.

［151］张玉民，牛江艳，梁学彦等．城乡规划空间理念在县域循环经济规划中的应用探

讨——以永济市为例[J].规划师，2010，26（3）：79—82.

[152] 王军，高帅，刘汉儒等．青岛市发展低碳经济的对策思考[J].绿色能源，2010，1：28—31.

[153] 张玲玲．苏南小城镇循环经济规划初探——以张家港市南丰镇为例［D］．苏州科技学院，2008.

[154] 诸大建，邱寿丰．城市循环经济规划的分析工具及其应用——以上海为例[J].城市规划，2007，（3）：64—69.

[155] 陆钟武．关于进一步做好循环经济规划的几点看法[J].环境保护，2005，（1）：14—17.

[156] 王军，林晓红，许嘉钰等．静脉产业发展对策初探[J].中国人口·资源与环境，2006，16（4）：27—29.

[157] 国务院批复第一个区域循环经济规划．中国环境管理干部学院学报，2010，20（1）：71—71.

[158] 王军．循环经济——可持续发展战略的思考．战略论坛，2004（11）：42—47.

[159] 杨征．循环经济战略：再生金属新引擎——首部循环经济规划再生金属获益几何——专访中国有色金属工业协会再生金属分会副会长兼秘书长于吉位．中国有色金属，2013（5）：26—29.

[160] 张凯，马春元，刘长灏等．循环经济的输入输出问题研究——对区域循环经济规划中边界资源交换问题的思考[J].环境保护，2009，（13）：67—69.

[161] 朱曙光．合肥市循环经济规划方案的探讨[J].安徽建筑工业学院学报（自然科学版），2009，17（2）：35—39.

[162] 王军，周燕，宋志文等．区域物质流分析实践[J].环境与可持续发展，2006（6）：44—46

[163] 姚扬，郭静．中国区域循环经济规划意义、现状和发展方向［C］．中国环境科学学会环境规划专业委员会2009年学术年会论文集．2009：227—232.

[164] 陈亢利．工业集中区环境保护与循环经济规划编制实践［C］．中国环境科学学会环境规划专业委员会2009年学术年会论文集．2009：233—235.

[165] 高红．循环经济规划的理论与方法探讨[J].特区实践与理论，2008，（5）：103—105.

[166] 王军．城市发展与建立循环型经济社会［A］．青岛市首届学术年会论文集，2002：54—56.

[167] 陈吕军，陈亚林，田金平，谢仲骞，刘锐，邹骥，张天柱，杨福卫，刘涌江，杜鹏飞，李荧，蔡强．浙江杭州湾精细化工园区循环经济规划研究[Z].浙江清华长三角研究院，清华大学，中国人民大学，浙江杭州湾精细化工园区管理委员会．2008.

[168] 程胜高．循环经济规划与案例分析［C］．//2008中国矿冶新技术与节能论坛论文

集．2008：10—22.

[169] 张天柱．区域循环经济规划的概念与方法［C］．//中国环境科学学会环境规划专业委员会 2008 年学术年会论文集．2008：29—35.

[170] 王军，刘金华．日本循环型社会发展动向[J].山东环境，2002（4）：16—17.

[171] 朱曙光．苏州市循环经济规划的研究进展[J].安徽建筑工业学院学报（自然科学版），2007，15（5）：38—40.

[172] 诸大建，邱寿丰．城市循环经济规划的分析工具及其应用——以上海为例[J].城市规划，2007（3）：64—69.

[173] 王军，王文兴，刘金华．可持续发展战略的新探索——循环经济[J].中国人口·资源与环境，2002，12（57）：57—60.

[174] 解振华．关于循环经济理论与政策的几点思考［N］.中国环境报，2003-11-15.

[175] 冯之浚．论循环经济［A］.2004 年中国循环经济发展论坛，2004：1—17.

[176] 王军．循环经济——21 世纪生态型城市发展的必然选择［A］.山东省环境科学学 2002 年度学术论文集，2002：105—110.

[177] 国家环保总局政策法规司．中国环境保护法规全书（1997－1999）［M].北京：学苑出版社，1999.

[178] 王军，刘金华，郭启民．循环经济与包装废物回收利用展望[J].山东环境，2003（1）：14—16.

[179] 解振华等．循环经济知识读本［M］.北京：中国环境科学出版社，2005.

[180] 王军．发展循环经济·转变污水处理策略——关于青岛市小城镇水环境发展战略的思考［A］.全国小城镇污水处理技术（设备）交流与工程咨询研讨会论文集，2003：350—354.

[181] 刘滨，王苏亮，吴宗鑫．以物流分析为基础，建立我国循环经济指标体系［A］.中日友好循环经济与物质流分析研讨会，2005（1）.

[182] 王军．树立科学发展观·加快推进资源循环型经济社会的建设［A］.青岛市第三届学术年会论文集，2004：3—7.

[183] 周国梅．物质流分析理论与应用：水泥行业［A］.第二届中日技术合作循环经济与物质流分析研讨会论文集，2006.

[184] 谭培功，王军．论循环经济对青岛发展环保产业的带动作用［A］.青岛市第三届学术年会论文集，2004：81—83

[185] 张书武，王军．以循环经济理念·解决农村水污染问题［A］.第一届污染控制与资源化全国学术会议论文集，2004：78.

[186] 周震峰，王军，周燕等．关于发展循环型农业的思考[J].农业现代化研究，2004，25（5）：348—351.

[187] 王鲁明，王军，周震峰．循环经济示范区建设体系的理论思考[J].中国人口·资源

与环境，2005，15（3）：18—21.

[188] 王军，周燕，岳思羽等. 关于循环经济理论基础的思考［A］. 青岛市第四届学术年会论文集，2005：46—49.

[189] 解振华. 坚持求真务实，树立科学发展观，推进循环经济发展[J].环境经济，2004（8）.

[190] 刘赟，王军，岳思羽. 德国的固体废物管理及启示［A］. 青岛市第五届学术年会论文集，2006：191—194.

[191] 王鲁明，王军，徐少才. 资源循环型农业理论的探索与实践[J].中国环境管理干部学院学报，2005，15（2）：27—30.

[192] 国家环境保护总局科技标准司. 循环经济和生态工业规划汇编［M］. 北京：化学工业出版社，2004.

[193] 王军，岳思羽，韩庆利等. 关于电子废物资源循环利用的思考[J].环境保护科学，2006，32（3）：31—33.

[194] 韩庆利，王军. 关于循环经济 3R 原则优先顺序的理论探索[J].环境保护科学，2006，32（2）：59—62.

[195] 王鲁明，王军，刘金华. 建设循环经济示范区·促进区域可持续发展［A］. 中国环境保护优秀论文集，2005：9—13.

[196] 王军，周燕，刘赟等. 静脉产业类生态工业园区评价指标体系构建的探讨［A］. 中国环境保护优秀论文集，2006：1058—1061.

[197] 王军，林晓红，许嘉钰等. 关于建设资源节约型和环境友好型城市技术支持体系的探讨［A］. 青岛市第五届学术年会论文集，2006：9—13.

[198] 汤大伟，王军，岳思羽. 循环型农业的实践——农村生活污水零排放技术研究. 第六届中日水环境研讨会，2006：113—117.

[199] 约翰·伊特韦尔，默里·米尔盖特，彼得·纽曼. 新帕尔格雷夫经济学大辞典（第三卷）［M］. 北京：经济科学出版社，1996.

[200] 韩子叻，林晓红，王军. 中日韩三国城市层面废物资源管理能力的对比研究［C］. 中国环境科学学会 2008 年学术年会优秀论文集.2008：1696—1700.

[201] 李超. 日本发展循环经济的背景、成效与经验分析[J].现代日本经济，2008（4）：26.

[202] 王军. 绿色能源的开发与利用展望[J].绿色能源，2008，1：1—7.

[203] 丁丁，周同. 我国低碳经济发展模式的实现途径和政策建议[J].环境保护与循环经济，2008，3：4—5.

[204] 王军，韩子叻，张琦等. 名古屋废物减量化对我国污染减排的启示[J].城市生态与城市环境，2008，21（5）：45—47.

[205] 李洪微，李楠，吴瑾. 浅析啤酒生产的二氧化碳回收与消耗控制[J].啤酒科技，2009，5：47—48.

[206] 王军，史云娣，岳思羽．发展静脉产业对"两型社会"建设的重要作用［C］．武汉城市圈"两型社会"建设论文集，2009（11）：170—173．

[207] 岳思羽，王军，刘赞等．北九州生态园对我国静脉产业园建设的启示［J］．环境科技，2009，22（5）：71—73．

[208] 韩冬梅，戴铁军．基于耗散结构理论的生态工业园发展研究［J］．物流与采购研究，2009：44—47．

[209] 高帅，朱坦，王军等．生物质综合利用及管理对策分析——以日本生物质产业园建设为例［C］．第十四届中国科协年会第16分会场：环境保护与经济转型研讨会论文集．

[210] 史云娣，张冬梅，王军．大力发展静脉产业的探讨［J］．绿色能源，2009，3：22—25．

[211] 翟帆，刘汉儒，王军等．污染零排放与生物质利用［C］．中国环境科学学会2009年学术年会优秀论文集，2009：837—842．

[212] 王崇梅．以静脉产业为主导的日本生态工业园循环经济模式研究［J］．科技进步与对策，2010，27（3）：12—14．

[213] 王军，史云娣．沿海地区的绿色发展与静脉产业园建设［J］．中国发展，2010（4）：15—17．

[214] 刘啸．中日产业园区发展模式比较［D］．吉林大学，2010．

[215] 王军，高帅，刘汉儒．生物质能源利用与低碳经济．城市生态文明：复兴与转型论文集［C］．承德：国际生态城市建设论坛组委会，2010：128—133．

[216] 史云娣，王军，岳思羽．青岛市发展循环经济与低碳经济的对策研究［J］．中国人口·资源与环境，2010，20（3）：211—213．

[217] 邹吉宏等．将"垃圾分类"进行到底［N］．青岛日报，2010.06.13．

[218] 王军，高帅，刘汉儒．"零碳排放"校园建设的综合效果分析——以特里尔应用科技大学贝肯费尔德校区为例［J］．中国发展，2011（2）：6—9．

[219] 史云娣，王军．关于以垃圾分类收集促进低碳经济发展的探讨［C］．中国环境科学学会2010年学术年会优秀论文集，2010：185—187．

[220] http：// www. aichi-shigen-junkan. jp.

[221] http：// www. caepi. org. cn.

[222] http：// www. city. kitakyushu. jp.

[223] http：// www. env. go. jp.

[224] http：// www. jepix. org.

[225] http：// www. kitaq-ecotown. com.

[226] http：// www. miit. gov. cn.

[227] http：// www. qddpc. gov. cn.

［228］ http：// www. qdxtd. com. cn.

［229］ http：// www. recycle-china. com. cn.

［230］ http：// www. stats. gov. cn.

［231］ http：// www. zjjmw. gov. cn.

［232］ http：// www. zhb. gov. cn.

［233］ http：// www. sdpc. gov. cn.